职业生涯规划与自我修炼

吴宝龙 张立新 张立莉 主 编

李金阳 马 丽 李志涛 副主编

清华大学出版社

北 京

内 容 简 介

本书旨在教会高职学生如何进行职业生涯规划，主要内容包括：职业生涯规划概论，自我认知，职业环境分析，能力探索与发展，生涯决策，规划成功的人生，大学生活与学习，情商修炼与职场发展，自信、潜能与素质拓展训练。

本书在编写过程中，在系统地讲解理论知识的同时，结合一些实用的练习，有步骤地帮助学生学会思考和规划，使学生能对自身进行清晰的定位，认识自身的优势与劣势；帮助学生学会如何进行行业、企业、职业方面的探索，树立正确的人生目标；帮助学生学会规划和管理自己的职业生涯。同时，通过对本书的学习可以进一步加深学生对通用技能的认识。

本书可作为广大高职院校学生的必修课教材及选修课教材，也可作为社会人士的职业生涯规划参考用书。

图书在版编目(CIP)数据

职业生涯规划与自我修炼 / 吴宝龙，张立新，张立莉 主编. —北京：清华大学出版社，2014(2019.12重印)

ISBN 978-7-302-37356-8

Ⅰ.①职… Ⅱ.①吴… ②张… ③张… Ⅲ.①职业选择 Ⅳ.①C913.2

中国版本图书馆 CIP 数据核字(2014)第 159781 号

责任编辑：施　猛　易银荣
封面设计：张玉敏
版式设计：方加青
责任校对：邱晓玉
责任印制：丛怀宇

出版发行：清华大学出版社
　　　　　网　　　址：http://www.tup.com.cn，http://www.wqbook.com
　　　　　地　　　址：北京清华大学学研大厦 A 座　　　　邮　　　编：100084
　　　　　社 总 机：010-62770175　　　　　　　　　　邮　　　购：010-62786544
　　　　　投稿与读者服务：010-62776969，c-service@tup.tsinghua.edu.cn
　　　　　质 量 反 馈：010-62772015，zhiliang@tup.tsinghua.edu.cn
印 装 者：三河市君旺印务有限公司
经　　　销：全国新华书店
开　　　本：185mm×230mm　　　　印　　　张：19.5　　　字　　　数：326 千字
版　　　次：2014 年 8 月第 1 版　　　印　　　次：2019 年 12 月第 9 次印刷
定　　　价：39.80 元

产品编号：060976-02

前　言

随着职业市场竞争的不断升温，人们越发意识到好的职业生涯规划在一生中是至关重要的。给自己制定一个好的职业生涯规划，充分发挥自己的优势，在众多的竞争者中脱颖而出，这是所有人的梦想。可以预见，职业生涯规划将会让更多的人从中受益。

也许你正在为全新的大学生活而兴奋，也许⋯⋯但你是否想过，为自己的职业生涯做一份计划呢？

职业生涯(Career)即事业生涯，是指一个人一生连续担负的工作职业和工作职务的发展道路。职业生涯设计要求你根据自身的兴趣、特点，将自己定位在一个最能发挥自己长处的位置，以最大限度地实现自我价值。

一个职业目标与生活目标相一致的人是幸福的，职业生涯设计实质上是追求最佳职业生涯的过程。成功的人生需要正确的规划，你今天站在哪里并不重要，但是你下一步迈向哪里却很重要。

步骤一：了解你自己

一份有效的职业生涯设计，一定是在充分且正确地认识自身的条件与相关环境的基础上进行的。对自我及环境的了解越透彻，越能做好职业生涯设计。因为职业生涯设计的目的不只是协助你实现个人目标，更重要的是帮助你真正了解自己。

因此，你需要审视自己、认识自己、了解自己，并做好自我评估。自我评估的内容包括：自己的兴趣、特长、性格、学识、技能、智商、情商、思维方式、思维方法、道德水准以及社会中的角色定位等内容。

详细估量内外环境的优势与限制，设计出适合自己的合理且可行的职业生涯发展方向，通过对自己以往的经历及经验进行分析，找出自己的专业特长与兴趣点，这是职业设计的第一步。

值得注意的是，很多人往往认为选择最热门的职业就意味着对自己是最有前途的。但专家认为，选择职业时重要的是能正确地分析自己，找到自己最适合做的专业，然后努力成为本行业的佼佼者。

步骤二：清楚目标，明确梦想

如果你不知道你要到哪里去，那通常你哪里也去不了。

每个人眼前都有一个目标。这个目标至少在你本人看来是伟大的。如果没有切实可行的目标做驱动力，人们是很容易对现状妥协的。

盖尔·希伊在《开拓者们》一书中，通过一份内容十分广泛的"人生历程调查问卷"，访问了六万多位来自各行各业的人士，发现那些最成功和对自己生活最满意的人有一个共同的特点：他们都致力于实现一个凭其实际能力所难以达到的目标。他们的生活因此变得有意义，而且比那些没有长远目标驱使其向前的人更会享受生活。

制定自己的职业目标并没有想象的那么难，只要考虑一下你希望在多少年之内达到什么目标，然后一步一步向前走就可以了。目标的设定要以自己的最佳才能、最优性格、最大兴趣、最有利的环境等信息为依据。通常目标分短期目标、中期目标、长期目标和人生目标。

确立目标是制定职业生涯规划的关键，有效的生涯设计需要切实可行的目标，以便排除不必要的质疑和干扰，全心致力于目标的实现。

步骤三：制定行动方案

你的职业正在帮助你实现人生的最终目标吗？是否有一种途径可以让你当下所从事的职业与你的人生基本目标相一致？

正如一场战役、一场足球比赛都需要确定作战方案一样，有效的生涯设计也需要有切实可行的生涯策略方案，这些具体的且可行性较强的行动方案会帮助你一步一步走向成功，从而实现目标。

通常情况下，职业生涯方向的选择需要考虑以下三个问题。

- 我想往哪方面发展？
- 我能往哪方面发展？
- 我可以往哪方面发展？

如果你现在是一名高职学生，你的3年、5年或10年个人职业规划是希望成为某行业的佼佼者。那么，你应该问自己下列几个问题。

- 我的大学专业能教会我做什么？我还需要哪些辅助性的专业和技能？
- 我的第一份工作应选择什么行业？进入这个行业需要具备哪些基本知识和能力？
- 在大学里我要做哪些方面的修炼才能使我在毕业时获得一份自己想要的工作？
- 在大学里我要积累什么样的人脉才能获得最大的帮助？
- 在大学里我应采取哪些措施关注我喜欢的行业和职业？

步骤四：停止梦想，开始行动

这是所有生涯设计中最艰难的一个步骤，因为这就意味着你要停止梦想并切实地开始行动。如果动机不转换成行动，动机终归是动机，目标也只能停留在梦想的阶段。

要想取得职业规划的成功，首先应明确职业目标，然后在求职过程中尽可能地靠近这个目标。当然，并不是每一个人都具有远见，能及时确定自己的目标，并有计划地不断朝这个方向努力。但确定目标对职业发展起着至关重要的作用。无论你是大学毕业刚刚踏上职业路途的年轻人，还是40岁左右并且正陷在一份你不喜欢的工作之中的中年人，现在都是你进行职业规划的好时机。只要你还没有到安享晚年的时候，任何时候开始你的职业规划都不算晚。

影响职业生涯规划的因素有很多，有的变化因素是可以预测的，而有的变化因素则难以预测。要使职业生涯规划行之有效，就须不断地对职业生涯规划进行评估，修正生涯目标、生涯策略及方案，使其切实可行，以适应环境的改变，同时可以作为下轮生涯设计的参考依据。

成功的职业生涯设计需要时时审视内外环境的变化，依此调整自己的前进步伐。目标存在的意义只是为你的行动指示一个方向。而你是它的创造者，你可以在不同时间、不同环境下更改它，让它更符合你的理想。

在今天，我们的工作方式不断推陈出新，除了学习新的技能和知识外，还需时时审视自己的生涯资本并及时意识到不足之处，不断修正自己的目标，这样才能使自身立于不败之地。

本书的编写兼顾学生的使用和阅读，在系统的理论知识中结合了一些实用的、科学的练习，逐步地帮助学生进行思考和规划，使学生置身其中，对自己进行清晰的定位，认识自身的优势和劣势，认识行业、企业、职业的相互关系，树立正确的人生目标，学会规划和管理自己的生涯。同时，通过对本书的学习，可进一步加深学生对通用技能的认识，并帮助学生找到修炼技能的合适途径。

本书的编写分工如下：由吴宝龙统筹计划，并负责编写第5、6章内容；张立新负责编写第1、2、3章内容；张立莉负责编写第4、8章内容；李金阳负责编写第7章内容；马丽和李志涛负责编写第9章内容。由于时间仓促、水平有限，书中难免存在不足之处，恳请读者批评指正。反馈邮箱：wkservice@vip.163.com。

编者

2014年5月

目　录

第1章 职业生涯规划概论

在人生的各个阶段，每个人都应找准自己的坐标点，充分发挥自己的潜能。因此，个人职业生涯规划非常重要。我们经常听到有些大学毕业生发出这样的感叹："如果我刚大学毕业，如果能回到起点……"为什么会有这样的感叹呢？这个问题与大学生在校期间的职业生涯设计密切相关。现代个人职业生涯设计不仅能帮助个人实现目标，更重要的是有助于个人真正了解自己，从而确定合理、可行的职业生涯发展方向。那么，如何进行职业生涯设计？在进行职业生涯设计的过程中，如何进行全面、客观、准确的自我评价？个人职业生涯规划的依据和内容有哪些？这些都是大学生需要了解和掌握的。

职业是人生的开端，职业选择得好坏在一定程度上决定了一个人一生的命运，个人职业生涯规划是选择职业的基础。为此，做好个人职业生涯规划对每个人来说都是非常重要的。只有准确把握职业生涯规划的内涵，才能将成功选择职业的"钥匙"掌握在自己手里。

一个美国小伙子立志做一名优秀的商人。中学毕业后，他考入麻省理工学院，但他没有去读贸易专业，而是选择了工科中最普通、最基础的专业——机械专业。大学毕业后，这位小伙子没有马上投入商海，而是考入芝加哥大学，攻读为期三年的经济学硕士学位。然而，出人意料的是，获得硕士学位后，他还是没有从事商业活动，而是考了公务员。在政府部门工作了5年后，他辞职进入通用公司。又过了两年，他开办了自己的商贸公司。20年后，他的公司资产从最初的20万美元发展到2亿美元。这个小伙子就是美国知名企业家比尔·拉福。

1994年10月，比尔·拉福率团来中国进行商业考察，在北京长城饭店接受《中国青年报》记者采访时，他谈到他的成功应归功于他父亲的指导，他们共同制定了一个重要的生涯规划，最终这个生涯设计方案使他功成名就。我们来看一下这个生涯设计方案的简图：

工科学习→工学学士→经济学学习→经济学硕士→政府部门工作→锻炼处世能力，建立广泛的人际关系→大公司工作→熟悉商务环境→开公司→事业成功

1. 第一阶段：工科学习

选择：中学时代，比尔·拉福就立志经商。他的父亲是洛克菲勒集团的一名高级职员，他发现儿子有商业天赋，机敏果断，敢于创新，但经历的磨难太少，没有经验，更缺乏必要的知识。于是，父子俩进行了一次长谈，并描绘出职业生涯的蓝图。因此，升学时比尔·拉福没有像其他人一样直接去读贸易专业，而是选择了工科中最基础、最普通的机械制造专业。

评析：做商贸必须具备一定的专业知识。在商品贸易中，工业品占绝大多数，不了解产品的性能、生产制造情况，就很难保证在贸易中获得收益。工科学习不仅能培养知识技能，而且能帮助比尔·拉福建立一套严谨求实的思维体系。而缜密的推理分析能力，脚踏实地的工作态度，正是经商所需要的。

收获：比尔·拉福在麻省理工学院的4年，除了学习本专业知识，还广泛接触了其他领域的知识，如化工、建筑、电子等，这些知识在他后来的商业活动中发挥了举足轻重的作用。

2. 第二阶段：经济学学习

选择：大学毕业后，比尔·拉福没有立即投身商海而是考进芝加哥大学，开始了为期三年的经济学硕士课程。

评析：在市场经济下，一切经济活动都是通过商业活动来实现的，不了解经济规律，不学习经济学知识，就很难在商场立足。

收获：比尔·拉福掌握了经济学的基本知识，了解了影响商业活动的众多因素，还认真学习了相关法律和微观经济活动的管理知识。几年下来，他对会计、财务管理也较为精通，在知识方面已完全具备了经商的素质。

3. 第三阶段：政府部门工作

选择：比尔·拉福获得经济学硕士学位后考取了公务员，在政府部门工作了5年。

评析：经商必须具备很强的人际交往能力，要想在商业上获得成功，必须深谙处世规则，善于与人交往，建立诚信合作关系。这种开拓人际关系的能力只有在社会工作中才能得到提高。

收获：在环境的压迫下，比尔·拉福养成了强烈的自我保护意识，由稚嫩的热血青年成长为一名老成、处事不惊的公务员，并结识了各界人士，建立起一套关系网络，为后来的发展提供了大量的信息和便利条件。

4. 第四阶段：通用公司锻炼

选择：5年的政府工作结束之后，比尔·拉福完全具备了成功商人所需的各种素质，于是辞职下海，去了通用公司。

评价：通过各种学习获得足够的知识，但知识要通过实践的锻炼才能转化为技能。

收获：在国际著名的通用公司进行锻炼，比尔·拉福不仅为实践所学的理论知识找到了一个强大的平台，而且学习到丰富的管理经验，完成了原始的资本积累。这也是大学生创业应该借鉴的地方，除了激情还应该考虑更多的现实因素。

5. 第五阶段：自创公司，大展拳脚

两年后，比尔·拉福已熟练掌握了商情与商务技巧，便婉言谢绝了通用公司的高薪挽留，开办了拉福商贸公司，开始了梦寐以求的商人生涯，着手实现多年前的计划。

评析：时机成熟后，应果断决策，切忌浪费时间，应抓住契机实现计划。

收获：比尔·拉福的准备工作，几乎考虑到了每个细节。拉福公司的成长速度非常快。20年后，拉福公司的资产从最初的20万美元发展为2亿美元，而比尔·拉福本人也成为一个奇迹。

结论：比尔·拉福的生涯设计脉络清晰、步骤合理，充分考虑了个人兴趣、个人素质，并着重职业技能的培养，他的生涯设计在他坚持不懈的努力下，终于变为现实。亲爱的同学们，也许他的这套生涯方案并不完全适合你，但是却带给你一个重要的信息：人生是可以设计的！只要你有信心、有恒心，再加上科学的规划和设计，案例中成功的主角也许就是明天的你！

1.1　职业生涯规划的概念及意义

1.1.1　职业生涯规划的概念

职业生涯规划(Career Planning)，又称为职业生涯设计，是指个人结合自身情况以及眼前制约因素，为自己实现职业目标而确定的行动方向、行动时间和行动方案。

我们对职业生涯规划概念的认识，应着重把握以下三点。

(1) 职业生涯规划分为认知、设计、行动三大部分。

职业生涯规划是一种复合化的行为过程。认知包括对人生理想、职业价值观、兴趣爱好、个性特征、能力状况等主体方面的认知，也包括对家庭条件、社会环境、职业分类、工作性质的认知，还包括对职业生涯规划理论和方法的认知。设计是指个体根据认知的结果，有针对性地树立职业目标、制定实施方案、确定阶段任务。行动则是将设计的内容付诸实施。三者环环相扣，浑然一体。

(2) 职业生涯规划以职业实现和职业维持为中心，但同时包含对性情培养、家庭角色扮演、生活方式和状态等非职业因素的规划。

对于大多数人而言，职业是物质生活来源的基础，也是心理塑造的重要因素，正因如此，职业生涯规划才会成为一个独立的研究主题，甚至在某种意义上，职业生涯规划可以等同于生涯规划。所以，职业生涯规划的核心是找到适合自己的理想职业，并努力坚持下去。但是职业的实现和职业的维持不是孤立的，它们需要生涯的其他方面作支撑。比如，家庭的建立往往有助于职业因素更大限度地发挥作用，并且家庭的建立形态等也会影响职业的选择。另外，家庭的建立也影响着职业结束后个体的归属。所以，职业生涯规划是关于个人生涯较全面的规划过程。

(3) 职业生涯规划深受客观条件的影响，具有框架性。

首先，职业生涯规划属于一种社会科学，本身无法做到像自然科学那样严谨精确。其次，职业生涯规划调整的是主体与客观因素的适应关系，但客观上的因素是无法完全预料的。职业生涯规划所能做的，一是根据既有的因素去安排路线和行动；二是在客观因素变化时，运用合理的方法去应对。但是，如果没有这些准备，我们将漫无方向，在面对新情况时，也难以找到合理的方法解决。所以，职业生涯规划为个体的发展提供的并非如建筑图纸那样细致无缺的指导，它提供的是框架，是让我们合理有序发展的框架。

1.1.2　职业生涯规划对大学生的意义

我们可以发现，我们周围的人在性格、能力、心理、价值观念、身体素质、物质条件、生活状态等各方面都没有完全相同的，这是由人生发展中的"质"与"量"的差异所造成的。人生发展的"质"与"量"可以说是人与人之间的区别标签。因此，在发展的起步时期，只有找准自己当前的"质"与"量"，才能知道自己所处的位置、所具备的条件；只有找准自己未来的"质"与"量"，才能知道自己所努力的方向和所要达到的境界——这需要一种衡量工具。在发展的过程中，只有运用恰当的方法，科学系统地去规划发展的路径，才能找到理想的"质"与"量"——这需要一种勾画手段。我们都知道，标尺的作用就是衡量与勾画，而职业生涯规划正是人生发展的标尺，对于站在生涯发展十字路口的大学生而言，更是如此。

1. 职业生涯规划的衡量作用

1) 指导大学生制定恰当的人生目标

目标是人生之路的灯塔，它指引着奋斗的方向，也给予奋斗的动力。但是，制定一个恰当的人生目标绝非易事。目标制定得过于宏大，就会找不到实现目标的入手之处，对个人成长起不到促进作用；目标制定得过于狭隘，会导致个人的成长受到过多的拘泥，最终限制发展的空间。而职业生涯规划所包含的各种理论、方法、工具，可以帮助大家准确地认识自我，在正确的自我定位的基础上，结合外部条件和社会需要，制定切实可行的目标。

2) 帮助大学生认识既有的发展状态

认识既有的发展状态，包括对个性的认识、对现有能力和不足的认识、对发展阶段的认识等。如果对既有的发展状态有较好的把握，就可以确定通过之前的努力所取得的效果，明确下一步应做的工作。这样，我们就能知道今后是应该沿用之前的发展路径，还是做适当的调整。这既可以作为一种对之前制定的人生目标的检验，又能促进我们逐渐朝人生目标迈近。

2. 生涯规划的勾画作用

1) 帮助大学生树立正确的择业思想

时下就业市场上之所以会出现"公务员热""金融热""房地产热"等现象，很重要的原因就是很多大学生没有树立正确的择业思想，而一味地追随大流，或者仅仅认识到社会环境对职业发展的影响，而没有考虑到自我的身心特点和未来发展的目标。延伸到相关的"考研热""出国热"等，这也是大学生群体缺乏正确就业思想的表现。没有正确的择业思想，带来的结果往往要么是就业中的四处碰壁，要么从事了一个不适合自己的职业，导致个性被压抑、能力被限制，生活上郁郁寡欢、事业上步履维艰。"三百六十行，行行出状元。"对于有抱负的人而言，其实大多数职业都有广阔的施展空间，都能给人生带来成功的荣耀。正确的择业思想应当是自我认识、环境认识、价值目标认识的系统结合。而职业生涯规划可以帮助个体在此基础上树立具体的、有针对性的择业思想，从而对机遇的把握更为全面和深刻。

2) 引导大学生重视并有针对性地培养素质和能力

对于大学生而言，当前社会的发展充满着机遇，同时又面临着严峻的挑战。可以预见，未来对人才要求的趋势是越来越多样化、越来越专业化，而且越来越注重品行合一。那么，在挑战和趋势面前，大学生应该怎样培养素质和能力呢？我们常常听说这样的事，有的学生在工作中由于不能熟练地使用各种现代化的工具，使得其能力大打折扣；有的学生在大学期间饱览群书，可谓满腹经纶，但在工作时无论是在口头还是在书面，表达能力都不强，直接影响社会对自己的观点、思想的认可；还有一些学生在工作时感慨专业知识学得不深，很有重回校园学习的冲动。这些都是大学生没能有针对性地培养自己的素质和能力的结果。个体学习和实践的时间是有限的，我们几乎不可能使自己的素质和能力面面俱到，使自己成为无所不能的"全才"。而且当代社会分工的日趋精细，使得任何人都不能在所有领域内大展身手。因此，我们应该以发展目标为核心，有针对性地培养自己在某些关联方面的素质和能力。了解了职业生涯规划后，相信大多数人都能理解这一点，并付诸行动。

1.2 大学时代职业生涯的主要任务

对大多数人来说，大学时代都是一段永远值得怀念的宝贵时光。那如画的校园，那飞扬的青春热情，那深厚的同学情谊，都是人们记忆深处最美好的画面。但是，较少为人所提及的是，大学时代也是个人职业生涯中极为重要的一个时期。根据美国学者施恩的职业生涯发展理论，大学时代是个人职业生涯的探索阶段，这个阶段的主要任务有如下几个。

(1) 发现和发展自己的需要和兴趣，发现和发展自己的能力和才干，为进行实际的职业选择打好基础；

(2) 学习职业方面的知识，寻找现实的角色模式，获取丰富的信息，发现和发展自己的价值观、动机和抱负，作出合理的受教育决策，将幼年的职业幻想变为可操作的现实；

(3) 接受教育和培训，培养工作以后所需要的基本习惯和技能。

换句话说，你这辈子将成为什么样的人，在很大程度上就是由你这4年中的努力所决定的。在毕业的时候，无论你是参加工作、读研，还是出国，你选择的空间和最终的结果，都与你平时的生活息息相关。大学4年具体应做好如下方面的准备。

(1) 大一时期。应发展自己的兴趣与能力，通过参加学生会组织，参与体育、通时教育和课外活动，逐步熟悉学校就业中心的资料，阅读一些关于不同职业的介绍材料，和家人、朋友、教授等已经有过工作经历的人谈谈自己的职业兴趣，到学校的就业中心做一些职业倾向测试，更多地了解自己，确认自己喜欢的职业和所长，刻苦学习，尽己所能，争取获得好成绩。

在此期间，需要思考的问题包括：我是谁？适合我的位置在哪里？我做得最好的事情是什么？我应该选择什么专业？

(2) 大二期间。应扩展自己的生涯平台，继续探索和搜集有关生涯发展领域的信息。其中，最重要的资源是那些工作在生涯发展领域又令自己感兴趣的人。另外，通过暑假工作、实习实践和参加志愿者活动等，也可以获得第一手资料。

在此期间，需要思考的问题包括：我了解我的专业吗？我能通过这个专业做什么？我的专业未来会有怎样的发展？我做了什么样的职业选择？我获得的学位会带给我什么？

(3) 大三期间。应在实践和暑期工作中提升自己的能力，建立更广泛的职业发展网络；汇集自己的选择，并且和职业咨询老师讨论，评价自己早期的选择；如果自己选择的职业要求更高一级的学位，就开始准备考研；研究工作单位和工作环境，寻找自己与这些职业的名称和组织相吻合的能力；开始建立专门的联系渠道，以便辅助自己的求职整体战略计划的实施；继续通过各种途径获取工作实践的经历。

在此期间，需要重新思考：我是谁？我到底要什么？在我尝试接触的几个职业中，哪一个最适合我？我需要为此做哪些准备？从大一开始我的兴趣是怎样转变的，对我现在的行为有什么影响？

(4) 大四期间。应计划和确定生涯目标。面对从学校到职业人的转变，应提前准备好求职申请信、简历和成绩单；通过校园招聘会、人才市场和网络等确认自己的职业岗位；去学校的就业中心参加就业求职练习，与就业指导老师沟通咨询；与校友联系，了解他们在工作第一年面对的挑战；利用你的联系渠道确定工作机会，并争取拿到被推荐的材料；参加招聘会和用人单位的介绍活动，查阅提供就业职位的目录；参加各种校园招聘活动，确认你的学位能否达到要求。

在此期间，需要思考的问题是：哪些职业岗位可能提供给我？我怎样可以找到适合的岗位？

1.3 职业生涯规划的要素和步骤

1.3.1 职业生涯规划的要素

著名职业生涯规划专家罗双平曾用公式总结出职业生涯规划的三大要素，该公式为

$$职业生涯规划=知己+知彼+抉择$$

式中，"知己"是对自身条件的充分认识和全面了解；"知彼"是对欲从事职业的环境、相关的组织等信息的有效掌握；"抉择"是在知己知彼的基础上，再来确定符合现实、能充分发挥自己专长和强项、自己有浓厚兴趣并且与环境相适应的职业目标。

在此基础上，他还将个人职业生涯规划三大要素间的关系与具体内容整理成图，如图1-1所示。

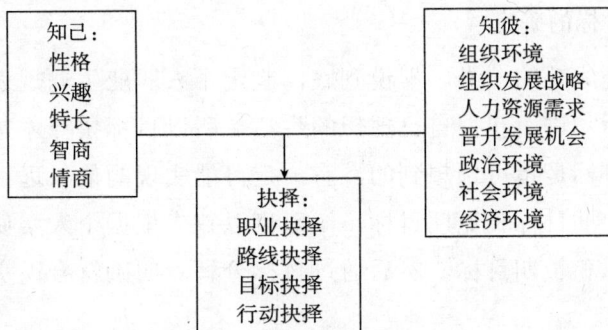

图1-1 职业生涯规划要素

因此，"择己所长"(选择自己擅长的领域，才能发挥自我优势)、"择己所爱"(只有对自己选择的职业有极大的热爱，才会全身心地投入，作出一番成绩)、"择世所需"(职业只有为社会所需，才会有发展的保障)和"受益最大"(适合自己，并有发展前景的职业)就是正确抉择的黄金准则。

1.3.2　职业生涯规划的步骤

一份完整有效的职业生涯规划应包括职业素质分析(自我识别与测评定位)、职业环境分析、职业生涯目标的确定、实施策略与措施及反馈调整5个环节。

1. 职业素质分析(自我识别与测评定位)

自我识别和测评定位的主要内容包括与个人相关的所有因素，如兴趣、气质、性格、能力、特长、学识水平、思维方式、价值观、情商及潜能等。简言之，要弄清自己是谁？自己想做什么？自己能做什么？在自我识别的基础上，更重要的是通过科学的测评来准确定位，避免一厢情愿。当然，一个人对自己的认识往往是片面的，所以在自我识别和定位中还应善于听取他人的意见。

2. 职业环境分析

职业环境分析包括对社会政治环境、经济环境和组织(企业)环境的分析。即要评估和分析职业环境条件的特点、发展与需求变化的趋势、自己与职业环境的关系以及职业环境对自己的有利条件和不利因素等，以便不断地调整自己，以适应职业环境的变化和要求。

3. 职业生涯目标的确定

"明确方向是成功的一半。"说到底，制定个人职业生涯规划，就是为了实现某种职业生涯目标，进而获得自己理想的生活，所以目标抉择才是职业生涯规划的核心。职业生涯目标是指可预想到的，有一定可能实现的最长远目标，包括人生目标、长期目标、中期目标和短期目标。一般可以首先根据个人素质与社会大环境条件，确立人生目标和长期目标，然后通过目标分解，明确符合现实和组织需要的中期目标、短期目标。

4. 实施策略与措施

所谓的职业生涯策略与措施，是指为实现职业生涯目标而制订的行动计划。在确定职业生涯目标后，就要制定相应的行动方案来实现它们，这就如同设计攀登目标的阶梯。实施策略与措施要具体可行、容易评量，应包括职业生涯发展路线、教育培训安排、时间计划等方面的措施。

5. 反馈调整

由于社会环境的变化及其他不确定因素的存在，原来的职业生涯规划与实际情况肯定会存在一定的偏差。"计划赶不上变化"，尤其是在现代职业领域，只有变化才是永恒的主题。影响职业生涯设计的因素很多，有的变化因素是可以预测的，而有些则是难以预料的，这就需要对职业生涯目标和生涯规划进行必要的调整。此时，职业生涯的评估和反馈会给个人带来收获。评估与反馈过程是个人不断认识自己的过程，也是不断认识社会的过程，是使职业生涯更加有效的手段。对职业生涯设计的评估与反馈主要包括职业的重新选择、职业生涯路线的重新选择、人生目标的修正、实施措施与计划的变更等。

1.3.3　如何做好职业生涯规划

1. 正确的心理认知

1) 认清人生的价值

社会价值观并不被所有人等同接受。

"人云亦云"并不等于实现了自我的人生价值。

人生价值包括：经济价值、权力价值、回馈价值、审美价值、理论价值。

2) 超越既有的得失

每个人都很努力，但成就并不等同。

后悔与抱怨对未来无济于事，自我陶醉则会使自己成为"龟兔赛跑"中的兔子。

人生如运动场上的竞技，当下难以断输赢。

3) 以万变应万变

任何的执著都是一种"阻滞"前途的行为。

想想"流水"的启示。

"学非所用"是真理。

2. 剖析自我的现状

1) 个人部分

(1) 健康情形。身体是否有病痛？是否有不良的生活习惯？是否有影响健康的活动？生活是否正常？有没有养生之道？

(2) 自我充实。是否有专长？经常阅读和收集资料吗？是否正在培养其他技能？

(3) 休闲管理。是否有固定的休闲活动？这些活动有助于身心和工作吗？是否有休闲计划？

2) 事业部分

(1) 财富所得。薪资多少？有储蓄吗？有动产、有价证券吗？有不动产吗？价值多少？有其他收入来源吗？

(2) 社会阶层。现在的职位是什么？还有升迁的机会吗？是否做好了升迁的准备呢？内、外部的人际关系如何？

(3) 自我实现。喜欢现在的工作吗？理由是什么？做好实现人生理想的准备了吗？

3) 家庭部分

(1) 生活品质。居家环境如何？有没有计划换房子？家庭的布置和设备使用情况如何？在心灵或精神文化方面有一定的活动安排吗？小孩、夫妻、父母有学习计划吗？

(2) 家庭关系。夫妻关系和谐吗？是否拥有共同的发展目标？是否有共同或单独的创业计划？与父母、公婆(岳家)、姑叔、子女的关系如何？是否常与家人沟通、活动、旅游?

(3) 家人健康。家里有小孩吗?小孩多大?健康吗?需要托人照顾吗?配偶的健康状况如何?家里有老人吗?有需要你照顾的家人吗?

3. 人生发展的环境条件

(1) 友伴条件。朋友要多量化、多样化,且有能力。

(2) 生存条件。要有储蓄、发展基金、不动产。

(3) 配偶条件。个性要相投,社会态度要相同,要有共同的家庭目标。

(4) 行业条件。注意社会当前及未来需要的行业,注意市场占有率。

(5) 企业条件。要稳定,则选择大中型企业;要创业,则选择小企业。应密切关注公司的改革计划,明确公司所需要的人才类型。

(6) 地区条件。视行业和企业的实际情况而定。

(7) 国家(社会)条件。关注政治、法律、经济(资源、品质)、社会与文化、教育等条件,了解社会的特性及潜在的市场条件。

(8) 世界条件。密切关注全球正在发展的行业,用"世界观"来发展事业。

4. 人生成就的三大资源

(1) 人脉。包括家族关系、姻亲关系、同事(同学)关系、社会关系。

解决方案:沟通与自我推销。

(2) 金脉。包括薪资所得、有价证券、基金、外币、定期存款、财产(动产、不动产)、信用(与人品和职位有关)。

解决方案:储蓄,提高理财能力,夫妻合作,努力工作提高自己的能力条件及职位。

(3) 知脉。包括知识力、技术力、资讯力、企划力、预测(洞察)力、敏锐力。

解决方案:做好时间管理,制订学习计划,积极上课、听讲座、进修,参加组织内轮调,多做事,反复练习,经常做笔记,模拟计划的实施。

5. 设定执行方案

(1) 设定目标的原则。先有大目标,再补充小目标;亦可先有小目标,再定大目标。

(2) 执行计划。人生计划—五年计划—年度计划—月计划—周计划—日计划。

(3) 注意遵循"轻重缓急"的原则。

(4) 实施"时间管理",不断奋斗。

(5) 每年配合环境变化及既有成就,随时修改。

6. 生涯描绘

1) 自我评价

在做自我评价时,可通过以下几个问题进行。

(1) 我的人生价值是什么?

(2) 我的人格特质是什么?

(3) 我此生最感兴趣的事情是什么?

(4) 我现有的技能和条件有哪些?

2) 自我探索

通过自我评价,确定切实可行的生涯方向,不要受他人影响。

3) 锁定特定目标

设定一个自己觉得值得而且愿意花最多时间去实现的目标。

4) 制订生涯策略性计划(可行性)

在此阶段,应确定以下几个问题。

(1) 为什么这个目标对我而言是最可能实现的目标?

(2) 我将如何达成此目标?

(3) 我将分别在何时实施上述行动计划?

(4) 有哪些人将会/应当加入此行动计划?

(5) 对我而言还有什么不能解决的问题?

7. 总结:生涯定位

(1) 做好自我定位。

(2) 拟定生涯发展策略。

(3) 规划短期可行方案。

(4) 检讨与修改。

1.4　生涯和职业生涯

1.4.1　生涯

"生涯"在汉语里本身就包含了丰富的含义,并不仅仅指"从事某种活动或职业的生活"。从词源上考究,"生涯"一词最早可追溯到《庄子·养生主》:"吾生也有涯,而知也无涯。"可见,"生涯"最初被用来说明生命是有边际、有限度的,人生的范畴不禁跃然纸上。然而,当"生涯"作为"生活"的替代词时才真正被广泛认知和使用。如北周的庾信在《谢赵王赍丝布启》所言:"望外之恩,实符大赍;非常之锡,乃溢生涯。"之后,这个词的用法日趋狭义,它的含义逐渐被限定为与谋生方法或者职业有关的生活。但这个词也有其他用法,如唐代名相牛僧孺在《玄怪录·杜子春》里写道:"吾落拓邪游,生涯罄尽,亲戚豪族,无相顾者。"此处的"生涯",则代表了与生活有关的财产。

由此可见,"生涯"的词义既可指光阴荏苒,也可指实实在在的日常之物;既借助对人生的思考将含义抽象化,也借助谋生方式将含义具体化。所以,"生涯"可以说是综合化的人生意象,代表的是一种与生命或生活有关的过程以及与这个过程有关的一切事物。理解了这一点,我们才能更深刻地领悟为什么生涯规划会对人生的发展具有重要的意义。

"生涯"(Career)一词是由"职业"(Vacation)一词拓展而来的,舒伯(Super)在1976年大胆地给出了迄今为止被认为是最科学的"生涯"的学术定义:"生涯是生活中各种事件的演进方向与历程,统合了个人一生中各种职业与生活的角色,由此表现出个人独特的自我发展形态。"这一定义既强调了生活才是"生涯"的核心,又表明了工作在生活中的位置以及对生活的影响,并正确地指出这种抽象过程的终极特色在于个人发展形态的独特展现。

1.4.2　职业生涯

职业生涯是一个人一生的职业工作过程。职业生涯有两种含义:第一种是一个人在一生中所从事的各种工作职业的总称，是客观的职业；第二种是一个人一生中的价值观、为人处世的态度与动机变化的过程。

职业生涯可以分为外职业生涯和内职业生涯。外职业生涯是一个人在一生中所从事的各种工作职业的总称，是客观的职业，可以理解为传统意义上的职务、职称、社会地位等；内职业生涯是一个人一生中的价值观、为人处世的态度与动机变化的过程，同时包括个人具有的能力、学识、经验等。外职业生涯通常由别人决定、给予、认可，在外职业生涯中外因很重要；内职业生涯主要靠自己不断探索获得，在内职业生涯中内因为主导。同时，我们也可根据一个人一生的职业生涯变化状态，将职业生涯分为传统性职业生涯和易变性职业生涯。传统性职业生涯相对稳定，拥有传统性职业生涯的人一般很少转换行业，如在一名工程师的职业生涯中，他最初的职位是技术员、助理工程师，随着其专业知识的增长和工作经验的丰富，其职位可能会逐步晋升为工程师、高级工程师，我们就将这种职业生涯叫做传统性职业生涯；易变性职业生涯是指一个人的职业生涯也可能因其兴趣爱好、能力大小、价值观的改变及工作环境的变化而发生变化，因而可能从事多项职业，如一个人最初从事技术工作，后来从事管理工作、金融贸易工作等。

1.5 人生发展

1.5.1 人生发展——个体角度的阐述

社会由千千万万的个体组成。在一定的物理环境和社会环境下，每一个个体都有属于自己的，并且贯穿生命始终的独特经历，这就是我们常说的人生。人生的发展，也就是每一个个体的独特经历的发展。所以，从哲学的角度来看，人生发展是一种站在个体角度的叙述，而与之相对的是一种站在全体角度的叙述，即人的发展，也就是人类的发展。如果没有这个基本的意识，就很可能在某一群体内部，并以该群体为参照，将群体整体性的发展特色归结为人生发展，从而也就无法正确把握人生，更不能有效地促进人生发展。例如，在一个生活水平不断提高、人类改造世界的能动性不断提高的社会里，我们可以说在这个社会里，人得到了发展，但我们却不能以此来评价人生发展，得出的结论必然是这个社会里所有的人都处在比较完满的状态之中，任何人都没有必要通过改变思想和行为来提升自我的状态。

1.5.2 把握人生发展的三个层面

从个体视角出发，我们可以将人生发展分为三个层面来把握。

第一个层面是从人生命的自然延续来把握。人生既然是一种过程，那么就必须有一定的时间和空间。从呱呱坠地开始，生命的延续为人生的发展提供了得以存在的时间和前提，而且生命的延续本身也代表了一种不断的革新。从这个意义上，我们可以称之为人生发展。

第二个层面是从人长期性知觉的积极变化来把握。在人的一生中，感官不停地将外在的条件和信息转入人的内部，变成感官刺激、身体素质、心理情感、智力认知等各种知觉。人生的历程，实际上就是这些知觉变化的集合。而知觉分为瞬间的、短期的、长期的。瞬间的知觉变化发生得最为频繁，几乎只要任何外部条件或者信息发生变化，都会使瞬间的知觉有反应，并且旧有的瞬间知觉也会很快因新的瞬间知觉的发生而消失；短期的知觉变化则需要等到外部条件或信息的改变达到一定程度时才会发生，发生之后也会等新的短期知觉产生之后才能被替代；而长期知觉具有很强的稳定性，能在较长的时间里保持不变，它的变化也必须在多种因素都达到相当程度的积累之后才能发生。例如，当手碰到冰块时会有冰冷的感觉，这就是瞬间知觉的变化；经过激烈的比赛后取得冠军所产生的喜悦感和兴奋感，这就是短期知觉的变化；经过长时间的学习和研究后能够熟练地掌握某个学科的知识，这就是长期知觉的变化。长期知觉的变化，会对人产生系统性和根本性的影响，当呈现积极变化的时候，说明将来很可能会创造比之前更优质的人生轨迹，所以此时我们即可以说人生得到了发展。

第三个层面是从人价值的实现来把握。"价值"是一个表明主客体关系的概念，即表示客体对主体需要的满足以及满足的程度。"人的价值"则是从物品的价值中引申而来的，是指作为客体的人对于作为主体的人的意义。作为主体的人也分为两种：第一种是与作为客体的人相同的人，即自我；第二种是除作为客体的人以外的人，即他人和社会。由此人的价值也就分为个人价值和社会价值。在人生的某个时点，如果人的思想、行为乃至单纯的存在能对自己产生积极的影响，给自己带来有形或者无形的利益，就表明个人价值在实现；而如果人的思想、行为乃至单纯的存在能对他人或社会带来积极的影响，给他人或社会带来利益，则表明社会价值在实现。价值的实现就意味着个人潜能的释放，集中体现了人的社会性，并且最能突出体现不同个体的差异。所以，这是从最高层次认识的人生发展。研究和讨论人生发展也只有触及这一层面时才具有终极意义。值得一提的是，要谓之价值实现，那么带来利益的意义就必须大于带来损害的意义。例如，盗窃诈骗等行为，虽然给自己带来了不菲的利益，但也给自己的品德和社会秩序带来极大的危害，在这种情况下，危害的意义已经彻底否定了利益的意义，所以不能称之为实现了个人的价值。因此，与前两个层面不同，第三个把握人生发展的层面不仅是客观的描述，更是主观的评价，需要运用一定的认识并结合具体的环境才能得出其是否属于人生发展的范畴。

1.5.3 人生发展的"质"与"量"

所谓人生发展的"质"，就是指人生发展的品质；人生发展的"量"，就是指人生发展的品质达到何种程度。这两者共同构成对人生发展的描述与评价。人生发展必然意味着生命的延续，所以生命的延续也就成了一切人生发展的基本共性。然而，品质的体现却要以差异的存在为前提，没有差异也就无法体现品质。例如，说一个人的生活品质很好，言外之意就是存在比这种品质更差的生活。既然生命的延续在大多数情况下对于人生发展仅具有共性方面的意义，并且对它的把握往往只需客观感知就够了，而不用也没必要运用来自主观的评价，那么一般不能将其归入人生发展的"质"。但生命延续的实质是时间在人生中的具体表现形式，而时间是一种最基本的"量"。因此，一切对人生发展的"质"的反映都离不开生命延续这个"量"。

但是，生命的延续并非永远都体现为"量"的意义。当一个人年老体衰或身患重病时，生命的延续具有同其他年老体衰或身患重病的人进行比较的意义。每前进一步，都意味着不同寻常的开始，意味着人生发展达到新的高度。此时，生命的延续在人生发展中也就具有"质"的意义。良好的长期知觉则代表人的能力，掌握一门技术、懂得调控情绪、能调整出合适的性格等这些知觉上的积极变化，都代表着个人某方面能力的提高。能力越多、能力越高，原则上就越有可能取得成功，越有可能享受高品质的生活，所做的贡献也会越高。而成功、生活水平、贡献等都是衡量生活品质的重要标准，因此，人不同方面的能力就是不同的"质"，能力的大小则代表了"质"的量度。人的价值实现是人生发展的最终体现，我们完全可以这样说，只有实现了自我价值，人生之路才真正得到了发展。提到人生发展，反映在多数人脑海里的，往往是住房、薪水、社会地位、荣誉等事物，这些其实都是人生价值得以实现的具体表现。我们通过努力，买了房子、买了汽车，或者我们向灾区捐赠物品，这些是物质上的价值实现，但不能仅仅把价值局限在物质范畴，而忽视精神上的价值实现，有时候，精神上的价值实现具有更加重要的意义。比如，有的人从事着收入不高，但劳动强度不大，且符合自己兴趣的工作，他能在这份工作中找到生活的乐趣，塑造了良好的身心；有的人生活拮据，但喜欢帮助别人；等等。这些价值实现的方式对个体本身以及对社会的影响往往更大。人的价值实现是人的社会属性最根本的反映。

最理想的人生发展就是"质"与"量"都达到最高的状态，使人的发展达到最优的水平，使人在一生中的各个发展阶段都能拥有健康的心理、体质以及和谐的社会关系，从而使人的自我价值得到全面的体现。但在现实中，不可能所有的"质"与"量"都能达到最优的状态，只要某些方面的"质"与"量"达到较高的水平，这样的人生发展就是成功的。所以，我们今后在人生旅途中不必为自己在某些方面的缺憾而苦恼，只要目标明确、方法得当、持之以恒，每个人都能找到并实现属于自己的"质"与"量"。

1.6　职业生涯理论

1.6.1　生涯发展理论

生涯发展理论是以心理学理论为基础，建立在社会实践指导以及经济产业分析活动之上的理论。在这个百家争鸣的领域里，学者们都各自以独特的视角来研究并尝试解决与生涯发展有关的问题。经过上百年的发展，生涯发展理论已积累了相当丰厚的研究成果。全面了解这些理论，有助于帮助大家建立起对生涯发展的科学认识，为系统地掌握正确的职业规划方法打下良好的基础，也有助于帮助大家准确地定位自我，从而找到适合自己的职业发展道路。

同其他领域的理论相比，生涯发展理论较多地呈现出各自为政的特点，学者们基本是从某个局部提出理论，鲜有独立、系统的生涯发展理论。所以，如果不对生涯发展的各种理论做系统归纳，初始接触生涯规划和职业发展的人比较容易产生"只见树木，不见森林"的倾向，不利于达到学习了解生涯发展理论的目的。常用的系统化归纳方法有如下几种。

1. 从生涯发展影响因素的角度归纳

任何影响生涯发展的因素都可归为内因或外因。内因是生涯发展主体产生的因素，通常包括兴趣、能力、性格、思想等；外因是生涯发展环境产生的因素，通常包括家庭环境、教育程度、社会状况等。从生涯发展影响因素的角度归纳就是以内因和外因为基本分界，按照研究侧重点，将各种生涯发展理论划分为偏重主体因素的、偏重环境因素的，以及综合主体因素和环境因素的三种。通常以"个体取向—社会取向—综合取向"这一脉络来安排各种理论在理论体系中的位置。

个体取向理论认为，个体在生涯发展中具有高度的自主性，个体的心理、体质、智力等因素会对个体的生涯发展产生根本性的作用，环境因素只能起到次要和间接的作用。在这一理论体系中，主要有特质因素论、人格类型论、心理动力论、素质匹配论、职业锚理论等。社会取向理论认为，虽然对生涯发展起直接作用的是个体特质，但主控生涯发展的关键却是个人选择和个人发展的社会环境。在这一理论体系中，主要有社会学习论和经济论。综合取向理论则认为，无论是个体因素还是社会因素，都不应简单地将其中的任何一种归结为生涯发展的决定性因素，两者应是相互作用的。在这一理论体系中，主要有认知决策论、生命周期论。

2. 从规划生涯发展所需的活动角度归纳

在某种行为发生之前，都必须先对行为本身以及行为的对象、所处的环境等有一定的认识，然后基于这种认识，作出决策，选择是否进行该行为以及行为方式。

在这个过程中,认识和决策就是这个行为所需的活动。如果将生涯发展理解为一个行为的集合体,那么其中的内容就可以分为认识和决策两大部类。侧重生涯发展认识的理论被称为匹配理论,强调对个人、职业以及环境因素的认知,诸如罗伊的人格类型论、鲍丁的心理动论,以及鼎鼎大名的霍兰德个人和职业类型化理论等,都可归为此类;侧重生涯发展决策的理论则被称做决策理论,偏向对决策历程和决策障碍的研究。另外,如果以长跨度、宽领域、多主体的视野来观察行为,会发现在很多情况下,行为会因发生时间、发生地点、主体的角色地位等因素而具有大量共性,或者说,人会因某些相同的外在因素而认识到决策产生的某种规律。在生涯发展理论中,针对认识和决策规律的理论,叫做发展理论,该类理论有很明显的整合特质,综合了心理学、社会学、哲学等学科的有关原理,以发展的观念来探讨生涯的阶段、生涯发展的选择,以及发展的成熟度等在生涯发展的历程中具有共通性的问题。这样,此种归纳方法就形成了"匹配—决策—发展"的理论体系。其中,"匹配"和"决策"合称为结构取向理论;"发展"又被称为过程取向理论。

3. 从个体与职业的关系角度归纳

如前所述,职业是生涯的重点,个体生涯的全面发展,离不开职业这一平台。我们在选择职业时,一般都会从两个方面做准备工作:一是认识个体,也就是认识自我;二是认识职业。这就形成两个基本的思考模式:一是什么样的职业适合我,二是我该怎样适应职业。这种归纳法认为,不同的生涯发展理论采取了不同的思考模式,产生了不同的研究重心。因此,将生涯发展理论分为:前职业生涯理论(Pre-career),又叫前进入理论(Pre-entry);后职业生涯理论(Post-career),又称后进入理论(Post-entry);以及整合的生涯理论。值得一提的是,我们不能望文生义地认为,前职业生涯理论就是研究从事职业前的理论,后职业生涯理论就是研究从事职业后的理论,整合的职业生涯理论就是贯穿从事职业前后的理论。应该说,这几个部类的理论大多都贯穿了从事职业前后,它们的区别在于研究思路的不同。前职业生涯理论以个体特征基本决定其所适应的职业为假设,分析什么样的个体适应什么样的职业;后职业生涯理论以个体可以并且应当适应职业为假设,探讨什么样的个体该怎样适应什么样的职业;而整合的生涯理论则兼有前后两者的思路,强调个体与职业的互动关系。

我们在具体的职业生涯规划中，往往是在分析了自我、环境、职业等因素后，根据自我对环境和职业的适应性来选择职业；或者遇到心仪的职业后，根据环境和职业的特点来调整自我。在这个意义上，从个体与职业的关系角度归纳出的理论体系更容易在实践中加以把握，更方便大家利用具体的理论来结合实际，从而做好自己的职业生涯规划。所以，本节将按照"前职业生涯—后职业生涯—职业生涯"的体系，介绍一些经典的、实用的生涯发展理论。

1.6.2　前职业生涯理论

1. 特质因素论

特质因素论的核心要旨是个人特质与职业因素相匹配。其中，对个人特质的分析主要建立在心理学基础上，认为人的特质可以通过心理测量的方法来衡量，主要包括兴趣、价值观、性格、能力倾向等。代表人物为帕森斯和威廉姆森。

帕森斯是职业辅导的开山鼻祖，被誉为"职业辅导之父"。他在其著作《选择一个职业》里最早提出职业选择应当按照两大原则进行：①对自身的兴趣、理想，以及各方面的能力水平、局限等有充分且准确的认识；②对不同职业对人员素质的要求及获得成功所应具备的条件，不同行业的优劣势、机会、前景也要有充分且准确的了解。最后，应对这两个原则之间的关系进行深入分析，实现人职相匹配。第一个原则的实现依赖于心理测量工具，第二个原则的实现依赖于职业信息的搜集方法和搜集途径。因此，特质因素论的每一次发展，基本都得益于心理学研究和职业研究的进步。比如，达维斯和洛夫奎斯特在20世纪60年代将对个体特质的评定因素从以往的人格、兴趣、价值观、能力等扩展到工作层面，即评定个体对工作环境的协调程度，主要通过个体对职业的满意度以及雇主认为员工的工作适合度这两个指标来评价。

威廉姆森的贡献是将帕森斯的见解系统地整合为所谓的"帕森斯特质因素论"，并提出了根据特质因素论分析职业选择结果的运用方法，进一步提升了该理论的实践价值。他强调，特质因素论最重要的意义在于帮助人们进行职业选择，而这就需要个体接受特质因素论的分析结果。他认为，主要包括以下三种方法。

(1) 直接建议。由职业指导人员直接告诉个体最恰当的选择结果。

(2) 说服。职业指导人员以恰当的方式向个体提供他对各项心理测验结果以及职业信息所做的评析，让个体根据评析推断出适合自己的选择。

(3) 解释。职业指导人员向个体说明各项资料的意义，让个体可以就每一项选择做系统化的分析，从而推断出各种选择获得成功的可能性，此种方法也是威廉姆森建议选择的方法。

特质因素论的最大缺陷在于将不断变化的人的特质以及工作所含的因素看成固定的，同时也忽视了社会因素对生涯发展的影响。另外，特质因素论是根据具体职业的因素来运用测量结果的，也就是说，所实现的预测只针对具体的职业。但对于生涯规划而言，职业目标过于具体往往缩小了个人的发展范围，反而不利于生涯发展。所以后来的生涯发展理论多用来确定职业选择和未来发展的可能范围。但特质因素论的影响仍然是巨大的，它所强调的对心理测量工具的运用和职业资料的收集，至今仍是职业辅导和职业选择的主要活动内容。威廉姆森提出的分析结果的应用方法也是使个体接受生涯发展规划结果的基本方法。

2. 人格类型论

这种理论和模式是由美国著名的职业指导专家约翰·霍兰德(John Holand)创立的。霍兰德于1959年首次提出职业选择的理论，并对人格类型和其相应的职业环境进行了划分。经过几十年的研究，他和他的助手形成了一套系统的职业指导理论与模式。主要包括人格与职业类型的划分、职业分类、类型鉴定表等。霍兰德在1971年提出了具有广泛社会影响的职业性向理论。他认为，每个人的人格都能划分为某种类型，具有某种类型人格的人，便会对相应的职业类型中的工作或学习产生兴趣。由价值观、动机和需要等构成的职业性向是决定一个人选择何种职业的一个重要因素。霍兰德基于自己对职业性向测试的研究，归纳了如下6种基本的职业性向。

(1) 实际性向。具有这种性向的人喜欢有规律的具体劳动和需要某种技能的工作。这种类型的人往往缺乏社交能力，这类职业包括机械工、电工、农民、森林工人、农场主等。

(2) 调研性向。具有这种性向的人喜欢考验智力的、抽象的、推理性强的、独立定向的工作，他们会被吸引去从事那些需要较多认知活动(思考、组织、理解等)的职业，而不是那些以感知活动(感觉、反应或人际沟通以及情感等)为主要内容的职业。具有这种人格的人往往缺乏领导能力，这类职业有生物学家、化学家以及大学教授等。

(3) 社会性向。具有这种性向的人会被吸引去从事那些包含着大量人际交往活动的职业，而不是那些包含着大量智力活动或体力活动的职业，这类职业有心理咨询医生、外交工作者以及社会工作者等。

(4) 常规性向。具有这种性向的人会被吸引去从事系统且有条理的职业，具有良好的控制能力，相当保守，一般按常规办事。在这些职业中，雇员个人的需要往往要服从于组织的需要。这类职业有办公室工作人员、会计、银行职员等。

(5) 企业性向。具有这种性向的人性格外向，喜欢从事冒险活动，喜欢担任领导角色，喜欢从事那些包含着大量以影响他人为目的的语言活动的职业。这类职业有管理人员、政治家、律师以及公共关系管理者等。

(6) 艺术性向。具有这种性向的人会被吸引去从事那些包含着大量自我表现、艺术创造、情感表达以及个性化活动的职业。这类职业有艺术家、广告制作者以及音乐家等。

霍兰德的职业性向理论的实质在于工作者的职业性向与职业类型相适应。霍兰德认为，同一类型的工作者与同一类型的职业互相结合，可达到适应状态，这样工作者找到了适宜的职业岗位，其才能与积极性才能得以发挥。然而，上述人格类型与职业关系也并非完全一一对应。霍兰德在研究中发现，尽管大多数人的人格类型可以划分为某一类型，但个人又有着广泛的适应能力，其人格类型在某种程度上相近于另外两种人格类型，则也能适应另两种职业类型的工作。也就是说，某些类型之间存在着较大的相关性，同时每一类型又对应着某种极为相斥的职业环境类型。比如，人的职业性向中很可能同时包含社会性向、实际性向和调研性向这三种性向。霍兰德认为，这些性向越相似或相容性越强，则一个人在选择职业时所面临的内在冲突和犹豫就会越少。为了描述这种情况，霍兰德用一个正六边形描述了6种人格类型的相应职业，如图1-2所示。

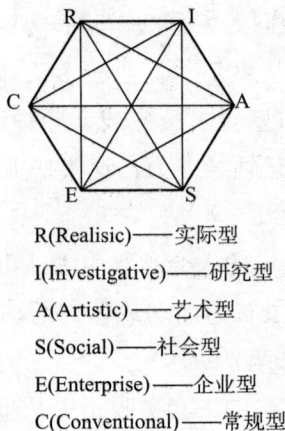

R(Realisic)——实际型

I(Investigative)——研究型

A(Artistic)——艺术型

S(Social)——社会型

E(Enterprise)——企业型

C(Conventional)——常规型

图1-2　霍兰德职业性向六边形

可以看到，图1-2一共有6个角，每一个角代表一个职业性向。根据霍兰德的研究，如果图中的某两种性向是相邻的话，那么他或她将会很容易选定一种职业。然而，如果此人的性向是相互对立的(比如同时具有实际性向和社会性向)，那么他或她在进行职业选择时将会面临较多的犹豫不决的情况，这是因为他或她的多种兴趣将驱使他们在多种不同类型的职业之间去进行选择。

1.6.3　后职业生涯理论

1. 生涯发展阶段理论

生涯发展阶段理论秉持这样一种理念：生涯发展不能解构为单一事件的组合，而是一个过程，职业选择也是一样。在人们的生命周期里，将生涯发展划分为不同的但又相互联系的阶段，并假定每一个阶段都有需要解决的独特问题和任务，个人要通过解决这些问题以及完成这些任务来调整自我，以期最大限度地符合各个阶段的要求。同时该理论认为，如果前一阶段的职业发展任务尚未很好地完成，就会影响后一阶段的职业意识与行为的成熟，最后导致生涯发展障碍。这类理论包含的学说较多，具有代表性的是金斯伯格(A. Ginsberg)的学说和格林豪斯(J. H. Greenhaus)的学说。

1) 金斯伯格的学说

金斯伯格认为,职业选择的经历是从模糊的空想走向现实,他的理论表明了首次就业前,人的生涯意识和职业追求的变化发展过程,强调个人通过这种过程达到符合职业需求的一般状态。他将这一逐渐成熟的心理过程分为三个阶段。

(1) 幻想期(11岁以前)。这一阶段也称为空想阶段,在这个阶段里,个体对所看到或接触的职业没有理性的认识,充满好奇。常常把部分职业当成引人注目、令人激动的理想化职业并为之憧憬。此阶段的职业需求情感色彩浓厚,极富冲动性和盲目性,不考虑实际因素,并且非常不稳定。

(2) 尝试期(11岁至17岁)。这个阶段一般伴随着青春期的到来。随着身心的逐渐成熟,个体开始具有独立思考的能力。这个阶段又包括由兴趣、能力、价值观起主导作用的三个时期。十一、二岁是兴趣主导期,在考量未来职业时,以兴趣为主;十三、四岁为能力主导期,随着身心的逐渐成熟,对自己独立完成工作的能力与职业的关系的认识在职业需求中占优势;其后是价值主导期,个人开始理解职业的社会意义,并试图将兴趣与能力统一到初步建立的价值体系中。这是职业意识形成的关键阶段。

(3) 现实期(17岁至成人)。如果说上一阶段还是主观因素占主导地位,那么这一阶段个体将职业需求的因素从主观转向客观,力求两者的协调。此时,个体已具有清晰具体的职业目标。这个阶段也分为三个时期。首先是探索期,即个体尝试将自己的选择与社会的需要相联系;其次是具体化时期,这时职业目标已基本确定,个体开始为之奋斗;最后是特定化时期,为了实现特定的职业选择,个体在教育、实践等方面开始做具体的准备,以迎接就业。

2) 格林豪斯的学说

金斯伯格的学说侧重不同生涯阶段对职业的需求与态度,对个人调适自我以适应职业的阶段的要求不高,而格林豪斯的研究则侧重不同年龄段的职业生涯所面临的任务,并把职业生涯阶段从事职业阶段扩展到个人生涯的全部时期。他把职业生涯划分为5个阶段,强调个体必须完成每一阶段的任务。

(1) 职业准备阶段(0至18岁)。主要任务是发展职业想象力,对职业进行评估和选择,接受必要的职业教育。个体在此阶段所做的职业选择,是最初的选择而不是最终的选择，主要目的是确定个人职业的最初方向。

(2) 进入组织阶段(18至25岁)。主要任务是在一个理想的组织中获得一份工作，在获取足够信息的基础上，尽量选择一个合适的、较为满意的职业。在这个阶段，个人所获得信息的数量和质量将影响个人的组织选择。

(3) 职业生涯初期(25至40岁)。主要任务是学习职业技术，提高工作能力；了解和学习组织纪律和规范，逐步适应职业工作，适应和融入组织。为未来的职业成功做好准备，是该期的主要任务。

(4) 职业生涯中期(40至55岁)。这是职业生涯中期阶段。主要任务是对早期职业生涯重新评估，强化或转变自己的职业理想；选定职业，努力工作，有所成就。

(5) 职业生涯后期(从55岁直至退休)。这是职业生涯后期阶段。继续保持已有的职业成就，维持自尊，准备隐退，是这一阶段的主要任务。

2. 职业转变理论

职业转变理论源于对生涯发展阶段理论的怀疑。秉持这种理论的人认为，难以找到支持职业生涯有序发展的证据，反而有更多的证据表明职业生涯是在某种随机性下展开的。但相较于无序的职业发展，职业转变过程确实是有序的，对此进行研究应当成为回避无序性的出路。当然，也有部分学者认为生涯发展的有序和无序两种模式在个体中并存，这就意味着在某些人身上表现出有序特征，在另外一些人身上则更显机会主义特征。尽管后者难以通过阶段划分进行规划，但可以通过足够的洞察力和控制力来对不久之后的职业变化作出适时的决策。

职业转变理论将分析的单元定位于工作历程中每一次职务、职位、组织的转变。施恩的员工职业发展圆锥模型可以集中地体现这种职业发展模式。如图1-3所示，该模型将雇员在组织内的职业发展看成在圆锥体内的运动。将员工的发展路线分为三种：垂直运动代表升迁，圆周运动代表改行，辐射运动代表接近组织的核心层。圆锥体表面是企业所提供的职业升迁上限，而脱离圆锥体代表离职。实验数据表明，简单的切向运动和垂直运动(连续、有序特征)不足10%，垂直和切向同时变化的情况占90%，其中有近半数是组织间流动(雇主变化)。

然而，上述观点未能突显决定职业生涯命运的关键事件。因为大量的职业转变不具有决定性意义。国内有人曾根据职业危机把发生职业关键性转变的时期归纳为以下4

个时段。

(1) 第一时段：定位危机。这一危机发生在刚毕业的大学生中。发生定位危机的毕业生可能会走向两个极端：一是过于自卑，二是自视甚高。

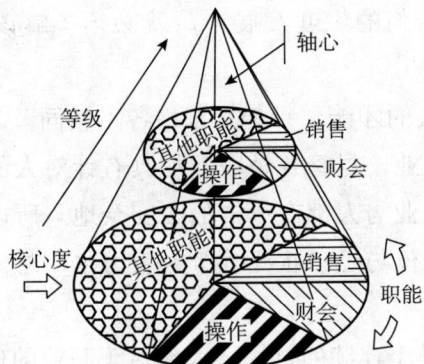

图1-3 施恩的员工职业发展圆锥模型

(2) 第二时段：升职危机。这一危机可能出现在30岁左右。在这一时段里，除少数人升职外，大部分人并不如意。如果不能正确地处理这一时段的危机，就可能会采用不正确的方法来发泄自己的失意。

(3) 第三时段：方向危机。过了40岁的人往往会因为方向不明而感到困惑。

(4) 第四时段：饭碗危机。过了50岁的人可能最担忧自己的饭碗，以及感受着"后浪推前浪"的压力。

总而言之，该理论要求个人应当对与职业生涯转变有关的事件给予充分的关注。并根据自身特点采取适当的应对方式，从而顺利实现职业生涯的发展。

1.6.4 整合的生涯理论

1. 生涯发展理论

美国著名职业管理学家舒伯是生涯发展理论的标志性人物。研究职业生涯发展的很多资料常常片面地介绍舒伯提出的关于生涯发展阶段的理论，甚至将其理论归为前述的"生涯发展阶段理论"中的一种，其实不然。舒伯的理论体系与前述的"生涯发展阶段理论"的根本区别是，该体系是建立在一种生涯整合观念之上的，强调的是主客观的相互作用，这种相互作用实际上系统地阐述了一种生涯发展的整合模式，正因如此，舒伯的理论才被冠以"生涯发展论"，并被视为一种独立的理论流派。

所以，要深刻理解舒伯的生涯发展论，就必须了解该理论所依赖的整合性观念。主要包括以下几个要点。

(1) 人是有差异的。人的才能、兴趣和人格各不相同，基于这种特性上的差异，人们各自适应于若干种职业。尽管各种职业均具有针对人的才能、兴趣和人格要求的一套特定模式，但是职业与人都有一定的改变余地。所以，个体职业生涯模式的不同，是由不同的家庭地位与经济状况、个人智力水平与人格特征，以及个人的机遇综合决定的。

(2) 职业选择与适应是个连续的过程。人们对于职业的偏爱和所具有的资格、人们的生活与工作情境以及人们的自我概念，都会随时间和经验而改变，这使得职业的选择与适应成为一种连续的过程。这个过程可以分为探索和固定两大阶段。在探索阶段中，又分为空想、尝试和现实三个时期；在固定阶段中，又分为尝试、固定两个时期。从更大的范围看，人在职业生涯中的成长、探索、固定、维持、衰退各阶段的总和，即构成连续的人生阶段。

(3) 职业发展过程具有可塑性。首先，职业发展的过程从根本上说是一种实现自我概念的过程，这种自我概念的建立过程，也是一种折衷、调和的过程。"自我"是个人自身条件与外界各种条件、各种反应相互作用的产物。其次，个人与社会、自我概念与现实之间的折衷、调和，是人们将自身投入社会职业角色的过程。再次，一个人对工作的满意(进而是生活的满意)程度，视个人的才能、兴趣、人格和价值观能否找到对应的归宿，或者说视上述各方面宣泄的适应程度而定。最后，职业发展的各个阶段可以通过指导而加以改善。这里既包括培养人的职业才能与职业兴趣，使人逐渐成熟，也包括帮助人进行职业选择和帮助人实现自我概念的发展。

舒伯以这一整合性观念为指导，在理论上的贡献主要有生涯发展阶段理论和生涯层面理论(又称生涯角色理论)。

1) 生涯发展阶段理论

与金斯伯格和格林豪斯的理论不同，舒伯的生涯发展阶段理论包含了人一生的完整发展过程，他将生涯发展分为5个阶段。

(1) 成长期(出生至14岁)。这个阶段的特征是，人开始考虑自己的将来，逐渐具备一定的生活控制能力，获得胜任工作的基础。并且在该阶段末期，个体将越来越关心长远的未来。个人所要做的，是通过学校学习、社会活动来认识自我，理解世界以及工作的意义，初步建立起良好的人生态度。

(2) 探索期(15岁至24岁)。这个阶段是职业认同阶段，个体在这一时期确定了初步的职业选择范围，并且为之准备接受教育或者实践。该阶段的任务是：深化对职业和工作的认识，将学习成果和实践经验沉淀结晶，具体化自己的职业倾向，并初步实施。

(3) 建立期(25岁至44岁)。个体在这个阶段开始确定自己在整个生涯中的位置，并开始进入家庭照顾者的角色。这个阶段的任务是：在不断的挑战中稳定工作，并学会平衡家庭和事业之间的关系。

(4) 维持期(45岁至65岁)。个体已经找到了适合的领域，并努力保持在这个领域所取得的成就。与前一阶段相比，这个阶段发生的变化主要是职位、工作和单位的变化，而不是职业的变化。这个阶段的任务是：巩固已有的地位并力争有所提升。

(5) 衰退期(65岁以后)。该阶段的重心逐步由工作向家庭和休闲转移。该阶段的主要任务是：安排退休和开始退休生活，在精神上寻求新的满足点。

不仅如此，舒伯在后期的研究中，又进一步深化了生涯发展阶段理论，将每个发展阶段同样分为成长、探索、建立、维持、衰退5个阶段，提出人生发展应遵循螺旋循环发展模式。但在所有的发展阶段理论中，舒伯都强调个体应重视生涯发展的规律，根据发展阶段安排自己的任务，完善生涯发展过程，使得各个阶段能够如期而至，并符合它们应有的意义。

2) 生涯层面理论

舒伯认为，人的一生是一个角色扮演和角色变换的过程，而角色的扮演和变换主要受生涯发展阶段的影响。他形象地将这种关系通过一个综合图形来描绘——"生涯彩虹图"。如图1-4所示，最外面的那层代表横跨一生的"生活广度"，即生涯发展的各个阶段。内部各层由一系列最基本的角色组成，代表纵跨上下的"生活空间"。阴影部分代表在各个阶段对角色的投入程度，颜色越深代表角色投入越多。该图简单精确地告诉我们各阶段该如何调配角色安排，十分有利于大家独立设计自己的生涯。

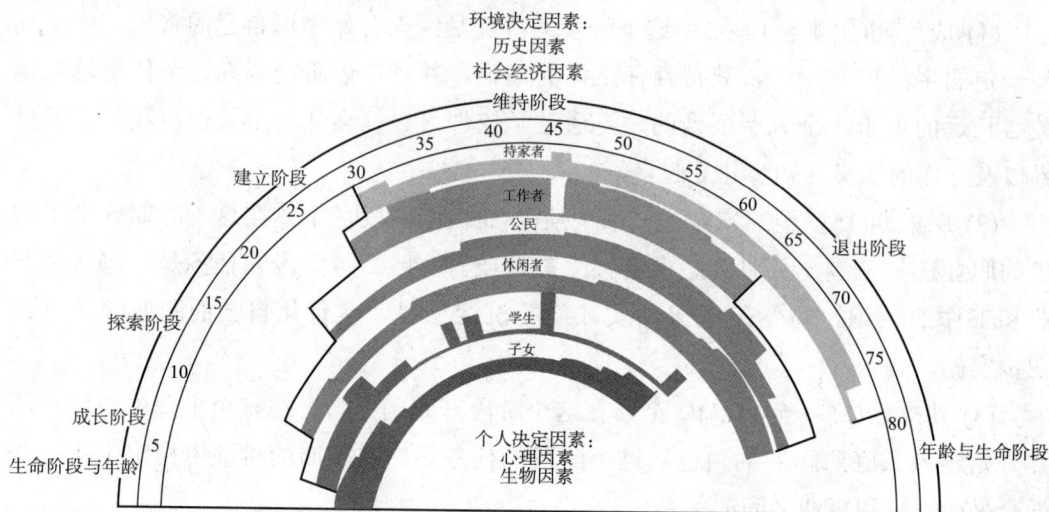

图1-4　生涯彩虹图

通过生涯彩虹图，我们可以发现舒伯把人生分为三个层面：第一个是时间层面，就是一个人的生命历程；第二个是广度层面，就是一个人终其一生所扮演的各种不同角色；第三个是深度层面，就是扮演每个角色时所投入的程度。这三者的结合，就是舒伯所理解的生涯。

2. 职业锚理论

"职业锚"是由美国著名组织行为学家埃德加·施恩(Edgar Schein)教授首次提出的。他认为，职业规划实际上是一个持续不断的过程。在这一过程中，每个人都在根据自己的天资、能力、动机、需要、态度和价值观等慢慢地形成较为明晰的、与职业有关的自我概念。随着个体对自己越来越了解，就会越来越明显地形成一个占主要地位的职业锚。施恩对"职业锚"的定义是："当一个人不得不作出选择的时候，他或她无论如何都不会放弃的职业中的那种至关重要的东西或价值观。"职业锚实际上是自我意向的一个习得部分，是指个人进入早期工作情境后，由习得的实际工作经验所决定，与在经验中自省的动机、需要、价值观、才干相符合，达到自我满足和补偿的一种稳定的职业定位。它实际上就是人们选择和发展自己的职业时所围绕的中心，它反映出个人的职业价值观和潜在的才能。一个人对自己的天资和能力、动机和需要以及态度和价值观有了清楚的了解之后，就会意识到自己的职业锚到底是什么。施恩根据他在麻省理工学院的研究指出，要想对职业锚提前进行预测是很困难的，这是因为一个人的职业锚是在不断地发生变化的，它实际上是一个不断探索的过程所产生的动态结果。施恩根据自己对麻省理工学院毕业生的研究，提出了5种职业锚，自1992年以后，麻省理工管理学院将职业锚拓展为以下8种锚位。

(1) 技术或职能型。技术或职能型的人，追求在技术或职能领域的成长和技能的不断提高，以及应用这种技术或职能的机会。他们对自己的认可来自于他们的专业水平，他们喜欢面对来自专业领域的挑战。他们大多不喜欢从事一般的管理工作，因为这将意味着他们要放弃在技术或职能领域所取得的成就。

(2) 管理型。管理型的人追求并致力于工作晋升，倾心于全面管理，既可以独自负责一个部分，也可以跨部门整合其他人的努力成果，他们想去承担整个部分的责任，并将促进公司取得成功看成自己的工作。而具体的技术或功能性工作仅仅被看做通向更高、更全面的管理层的必经之路。

(3) 自主与独立型。自主与独立型的人希望随心所欲地安排自己的工作方式、工作习惯和生活方式。他们追求能施展个人能力的工作环境，希望能最大限度地摆脱组织的限制和制约。他们宁愿放弃提升或工作扩展机会，也不愿意放弃自由与独立。

(4) 安全与稳定型。安全与稳定型的人追求工作中的安全与稳定感。他们可以预测将来的成功从而感到放松。他们关心财务安全，例如退休金和退休计划。稳定感包括诚信、忠诚以及完成老板交代的工作。尽管有时他们可以达到一个更高的职位，但他们并不关心具体的职位和具体的工作内容。

(5) 创业型。创业型的人希望运用自己的能力去创建属于自己的公司或生产完全属于自己的产品(或服务)，而且愿意去冒风险，并克服面临的障碍。他们想向世界证明公司是他们靠自己的努力创建的。他们可能正在别人的公司工作，但同时他们在学习并评估将来的机会。一旦他们感觉时机到了，他们便会自己走出去创建属于自己的事业。

(6) 服务型。服务型的人一直追求他们认可的核心价值。例如，帮助他人，改善人们的安全，通过新的产品消除疾病。他们一直追寻这种机会，即使这意味着变换公司，他们也不会接受妨碍他们实现这种价值的工作变换或工作提升。

(7) 挑战型。挑战型的人喜欢解决看上去无法解决的问题，战胜强硬的对手，克服无法克服的困难障碍等。对他们而言，参加工作或从事某一职业的原因是工作允许他们去战胜各种不可能。新奇、变化和困难对他们具有一定的吸引力。如果事情非常容易，他们会很容易产生厌烦感。

(8) 生活型。生活型的人喜欢允许他们平衡并结合个人需要、家庭需要和职业需要的工作环境。他们希望将生活的各个主要方面整合为一个整体。正因如此，他们需要一个能够提供足够的弹性让他们实现这一目标的职业环境，甚至可以为此作出某种程度的牺牲。例如，他们将成功定义得比职业成功更广泛，他们认为自己在如何去生活、在哪里居住、如何处理家庭琐事，以及在组织中的发展道路等方面是与众不同的。

一个人的所有工作经历、兴趣、资质、性向等集合成他的"职业锚"。它告诉此人，到底什么才是最重要的。在人生的进程中，梳理自己的职业经历，明确自己的职业定位，就可以让自己少走弯路，大步迈向成功。

1.7 职业生涯规划从大一开始

职业规划应从大一做起，大学时期是毕业起跑的助跑期。刚入学的大一新生进行职业生涯规划的方法有如下几种。

(1) 重新认识自我，通过一些测评工具对自身的需要、个性、能力、兴趣做进一步探索，正确认识个体的能力模式和人格特性、现有与潜在的资源优势，重新对自己的价值进行定位。

(2) 通过对专业课程的学习、对相关职业信息的收集及与企业人士和学长的交流，了解行业和与自己专业所对应的职业的发展前景及职业能力要求。

(3) 积极参与社会实践，可以尝试做一些与你想从事的职业相关的工作，提前感受职场氛围，以检验自己的兴趣和能力。

(4) 在知己知彼的基础上，经过职业决策，树立明确的职业发展目标。然后评估个人职业目标与现实之间的差距，制订可行性计划并付诸行动。在制定职业生涯规划中需要注意以下5个问题。

① 设定目标。用具体的事件或可以度量的语言来表达自己的目标。学业、职业

和事业是一脉相通的，从大学入学制定生涯规划开始，未来的职业生涯历程便已经开始。

② 管理时间。将目标分解为即时、短期、中期、长期目标，并给予相应的期限。

③ 目标策略。制定一些有助于实现各阶段目标的具体方法。

④ 评估修整。职业生涯规划是一个动态的过程，必须根据环境的变化和实施情况，审时度势，及时地评估与修正。

⑤ 持之以恒。90%的失败者不是被现实打败的，而是自己放弃了成功的希望。

1.7.1　大学四年里哪一年最重要，大三是关键

如果你要问大学四年里哪一年最重要，我肯定会说每一年都很重要；但如果你非要我四选一的话，那我会毫不犹豫地说，大三最关键。曾有人描述大三学生的状态是"不知道自己知道"。经历过大一的懵懂、大二的浮躁，大三的学生已经真切地感受到了自身的变化，开始正视自己毕业以后的发展问题，考研、就业、出国成了同学们从不离口的话题。然而，学校每年既要安排大一新生适应学校生活，又要处理大四毕业生的就业问题，往往对大三学生的关注程度没有大一、大四学生高，从而产生很多大三学生面临迷茫困惑却又无人解津的现象。如果学校能在大三的时候就给予学生适当的指点，使同学从各个方面做好足够的准备，对毕业及今后的努力方向有了明确的定位，我相信会有很多学生在毕业时能及时转变态度和提高自己。在这里，我想跟各位一起来探讨这个问题。

到了大三，学生会自然形成不同的群体。有学习成绩一直保持优秀的，有沉迷网络游戏的，有社会实践经验丰富的，也有在各类比赛中崭露头角的。一些学生已经小有成就，开始沾沾自喜，也有一部分学生则因为两手空空变得自暴自弃。对此，我认为大可不必。

失败的人可能从大一开始就萎靡不振了，而成功的人，一定都是到大三才奠定胜局。你可以说大一的时候什么都不懂，没有去珍惜，浪费了时光；大二的时候什么都懂了，又没有好好把握，也浪费了时光。可是如果你说大三的时候还是没有好好把握，那么大学的四年时间你就真的白白浪费掉了。大三是大学四年中韬光养晦的最佳时期。

步入大三以后，学习方式一改以前的填鸭式，转变为纯粹自主式，这也是不同学生在大三时期产生巨大差异的主要原因。主要问题在于大三时期选择什么样的生活，是三点一线，勤奋学习；还是终日赖床、上网、看电影、玩游戏，无所事事。生活状态决定了不同个体以后将要走的路。大一、大二的主要任务是学习一些基本知识，到了大三则开始接触专业课。这对每个学生来说无疑是至关重要的一年，可是往往很多同学都忽视了这一点，认为自己已经掌握了大学学习与考试的规律，开始学会偷油、学会突击，学会逃课，学会为自己的不负责任的行为找各种各样的理由。殊不知这样的观念害人不浅。其实，完全可以这样认为：大三才是真正的学习生活的开始。前两年可以说都在打地基，地基打得牢不牢就看大一、大二的努力程度了。有人会问那我大一、大二没打好基础，是不是就无法继续学习下去了呢？事实并非如此，有道是浪子回头金不换，很多有志气的学生都是在大三奋起的，他们中的很多人在大一、大二时离拿奖学金很遥远，可是到了大三却拿到了不菲的奖学金，让所有同学刮目相看。原因就是，只要你肯学，你就会有收获，世界是公平的。由此可见，大三才是真正成就人生的转折点。所以，那些认为自己已经失败的同学应该重新认识自己。大三是学习专业知识和充电的黄金时期。学业负担不重，业余时间充裕，可以把大段大段的时间好好利用起来。比如英语不过关，可以专门攻英语；专业知识不过关，可以整天泡在图书馆里学习专业知识；社会知识不过关，可以深入社会去了解、去体验。有很多人在大学毕业后感觉很遗憾，觉得大学教育制度有问题，导致自己没有学到有用的东西，其实问题不在于大学教育本身，而在于自己没有去努力，只要努力，就一定会取得成果。

对于大三学生来说，如何给自己正确定位很关键。因为今后选择什么样的路，所需要做的准备也是有所区别的。比如，准备找工作的人平时应该多关注社会信息，坚持每天都要听听或看看新闻，常买些时事类的报纸杂志看看，实在没有经济条件可以多往图书馆跑跑，多与同学讨论交流，总结别人的看法，再形成自己独到的见解，这样有助于对事物进行正确的分析判断，提高自己的敏感度，可避免自己成为那种"两耳不闻窗外事，一心只读圣贤书"的书呆子。多读一些名人传记也很有好处，不仅可以拓展自己的视野，也可以从别人的经历中品味很多生活哲理，增加面对挫折的勇气与战胜困难的决心。很多同学在大一、大二时利用业余时间出去做家教,不仅锻炼了自己,还可以增加收入贴补生活费用。但是对于进入大三尤其是以后面对找工作的同学来说不宜再做家教。家教只能算作初期打工的方法,虽然既简单又方便,不会占用自己太多时间还能很轻松地赚很多钱,但是大三与大一、大二不同,时间不如大一、大二那么紧张,所以找一个更接近社会的工作比较好,如果真的找不到再回头做家教也不迟。进入大三后,可以找一些能够锻炼自己、提高能力的工作,比如管理专业的学生去企业帮着做项目,为企业作企划,帮企业作调查、写文章等,这是真正能够提高自己思维与思考能力的工作,对以后的工作大有裨益。有些同学如果实在找不到这类工作,还可以多多参与学校的社会实践和科技创新活动,不仅方法简单,学校还提供支持资金,到最后如果做得不错还会得到一个奖励证书。此外,在活动过程中,还可与参与活动的其他同学建立深厚的感情,积累日后发展的人脉。另外,做一些社会调查是大学生参与科技创新的最佳方式。因为社会调查不仅可以帮助大学生从一定层面上了解社会,还可以方便学生从调查中总结分析数据、整理成文,所以建议大三学生在这方面多下些工夫。

对于那些困惑于是找工作还是考研的同学来说,如果你能够找到一份满意的工作而你又确实无意成为学者的话,那么直接参加工作会比读研更节约时间。也就是说,对于得到相同工作机会的研究生和本科生来说,尽管学历上有差距,但是在现实工作中的起点都是一样的。由于本科生就业竞争越来越激烈,所以大家都有一个错觉,认为有了更高的学历就会有更多的机遇。其实研究生阶段的培养目标,是加强学生的学术科研能力。如果你根本没有做学问的兴趣和能力,那么即便毕业也只是稀里糊涂地混个含金量很低的学位而已。而此时你已经相对失去了年龄优势,自身的可塑性变得更差。在竞争公务员或者教学、科研岗位的时候,你或许比本科生有优势;但在市场的标准面前,你却仍然没有资格骄傲。而对于那些本科院校或者专业不理想的同学,我想考研确实会成为人生的重大转机。但是,假如你仍然不知道自己的优势和缺陷在哪里,仍然没有找到未来的方向,那么两三年之后,你很可能还是会痛苦地徘徊在十字街头。不是说现在大家都拼命地去考研不对,而是提醒大家,即便成为研究生,也不意味着你对未来的期望值就可以调高很多。这很可能只是两三年的缓冲期,你应该做的,是对照那些本科毕业就能获得很好的工作机会的同学,尽可能地充实和提高自己。

在大三期间还应该注意的是对交际能力的培养。进入大三后，大家会在不知不觉中发现自己的人际圈子发生了微妙的变化。关系较为密切的都是一些志同道合的朋友，比如求职一族、考研一族、留学一族等，根据个人不同的交际情况，交际圈会有很大不同。对于个体而言，建立什么样的交际圈尤为重要，这几乎就代表着本人的兴趣及志向。有句话说得好，"物以类聚，人以群分"。有些学生的交际圈开始向班级外扩展，相对而言要比大一、大二的时候复杂了一些。交际圈广泛固然是好事，但大家一定要学会慎重结交朋友，有道是朋友再多也抵不过知己一个。有的同学觉得自己到了大三不仅交际圈变小了，甚至变得孤独了。这也很正常，需要学会自己开导自己，学会适应孤独就学会了面对生活。尤其在大三时，许多学生还对自己的前途有着种种迷惑，这时很多人都会被迷茫困扰、被寂寞折磨。但我们应坚信：孤独有时会成就伟大的灵魂。

所以，敬告广大的同学们：大三生活别虚度，要好好把握，一定会为自己打造一片灿烂的新天地！

1.7.2　李开复谈大学生职业规划

许多人都把人生简单地分成两个阶段，读书时做学习规划，毕业后再做职业规划。而学习规划往往被简单地概括为"考研""取得成绩""出国"等目标。但是，这种做法混淆了读书的真实目的——学好本领，完善自我，找到最适合自己的职业和工作。在今天这样竞争激烈的环境里，"阶段性规划"等传统做法僵化了学生对学习和工作的思维方式，妨碍了他们去主动了解和认识时代趋势、寻找自己的真正目标。

一个既对自己缺乏了解，也对社会需要知之甚少的学生，临近毕业时，面对未来之路产生种种困惑、忧虑甚至失望就不足为奇了。

我给大学生的建议是："职业规划，从入学开始。"也就是说，同学们要从进入大学的第一天起，尽早开始自己的职业规划，用理性的思维和主动的态度，在深度认知、广泛体验的基础上，为毕业时的选择打下良好的基础。通常，我把职业规划分成以下三个步骤。

(1) 认识自我。即寻找自己的理想、兴趣、天赋并积极调整自己。在大学四年里，我们应逐步确定自己的理想、兴趣，明确自己在哪方面可以做得更好。如果暂时还不知道兴趣在哪里，就要保持一种好奇的心态，多尝试，多挑战自己，让自己每天都在进步。许多同学对专业没有兴趣，其实大家也可以在寻找兴趣的同时培养兴趣。在一个专业中有很多不同的发展方向，你也许会对其中某个方向感兴趣。而且，你所学的专业可能和你最感兴趣的专业有跨领域合成的机会，这也是培养兴趣的好方法。

(2) 了解工作机会。在这里，我们必须知道，专业方向并不等同于今后的工作内容。美国前教育部部长 Richard Riley 曾经说过："2010年最迫切需要的10种工作在2004年根本就不存在。"这表明，学生必须不断更新自己对业界的认识，不断研究产业发展趋势、工作前景、国际竞争等。我建议同学们首先多花些时间，深入了解一些优秀的企业，看一看在这些企业中员工的真实工作情况。一定要积极主动地收集相关信息，咨询有经验的人，争取参观企业和到企业实习的机会，多听企业宣讲或报告会。要真正了解外面有哪些工作机会，千万不能拍脑袋决定自己的就业方向，也不能道听途说，而是要多咨询、多实践，让自己的规划更加契合实际。最后，在选择工作时一定要务实。你的第一个工作最好从基层做起。你也一定要清楚，基于自己的能力，自己向往的工作机会是有可能争取到的。

(3) 拟订职业规划。当你明确自己的兴趣和了解相关工作机会后，多去尝试，尽量把自己的兴趣、天赋和理想匹配到自己可以发挥潜力的工作机会上，排除那些不相关或不能发挥自己潜力的选择。之后，你应该静下心来拟订一个职业规划。职业规划应基于你的理想和兴趣，与工作方向进行务实的结合。一方面，要计划在校期间如何最大化自己进入理想公司的机会；另一方面，对职业生涯的计划也不要期望一步登天，而要循序渐进，就像攀岩那样一步一步往上攀登。同学们应该有一个远大的理想，但我建议在做实际的职业规划时，对那些不容易一步到位的目标，最好采用"两步计划"法：先为自己制定一个明确的在三到五年后可实现的目标，咨询并确定该如何达到这个目标，然后分两步实现目标。例如，先去读一个相关领域的硕士，先去另外一个部门，或先加入另外一家公司等，以便最大化你在三到五年后实现该目标的机会。

1.7.3　一个大三本科生的职业生涯规划①

大三寒假就要结束了，大四的脚步也渐渐近了，考研、留学及就业这三幕大戏每年都在上演着，接下来就要轮到我们上场成为主角。在全球性的经济危机的背景下，站在三岔路口的我们，究竟该何去何从？又该做好怎样的准备？

这个假期我思考了很多，这的确是一个痛苦的过程，真正体会到了"对于一个人来说最难的事情就是认识自己"这句话的正确性，下面就将我的所思所悟简单总结一下，贴出来聊以共勉。由于自身水平有限，思考幼稚之处，还请包涵。如果能给各位带来些许的启示，那将是我莫大的荣幸。

大学生在做职业规划时要思考以下十大问题。

我到底想要什么？

我具体的职业目标是什么？

如何实现职业目标？

如何选择行业？

如何选择企业？

如何选择职位？

如何选择发展区域？

如何实现工作目标？

如何做好求职准备？

我们现在应该做些什么？

我一生的追求是什么？我的人生目标是什么？我眼中成功的标准是什么？每当谈起类似的有关人生的话题，不是遭遇他嘲就是自嘲，但这个问题却又无法避免，因为只有弄清楚自己真正想要什么，才能围绕这个目标去努力。古人有言："人之于世，名、利、色也。"用现代的观点解释，就是人生在世，毕生追求的，无非社会地位、物质财富和幸福家庭。所谓的"五子登科"，概莫能外。虽然每个人有着不同的理想抱负，但大多数人的终极追求都是一样的，那就是获得幸福快乐的人生、最大限度地满足各层次需求。我当然也不例外。

---

① 资料来源：http://bbs.yingjiesheng.com/thread-137464-1-1.html

人们的终极追求应该是一致的，只是各个目标在心中排列的次序不同而已。那么，我具体的职业目标是什么？

如果把考研、读博、留学当作职业目标，就犯了把手段当目标的短视错误，职业目标是我们人生理想的具体化。大家小时候都树立过"科学家""医生""律师"这样的理想吧，此为职业目标。如果你想通过当一位大诗人积累足够的社会财富，这可能就不太现实。职业目标是在我们成长的过程中逐渐调整的。我在小学时由于读了不少文学名著，就立志做一位像鲁迅那样的作家，"铁肩担道义，妙手著文章"，可惜后来才发现我根本没有那样的文笔；中学时代，看多了毛泽东、周恩来等伟人的传记，又想从政，美其名曰"为人民服务""鞠躬尽瘁，死而后已"，然而后来我发现我不具备那样的能力；大学阶段，在一个人的价值观逐渐形成的时候，我读了许多关于马云、史玉柱、柳传志这些企业家的传记，也被《赢在中国》这类励志节目所感染，职业目标似乎越来越清晰，那就是通过积累资源创建自己的企业，为企业和社会创造价值进而实现自己的价值，美其名曰"商道兴邦，创业报国"。

那么如何确立职业目标呢？针对自己的实际情况做个SWOT分析，或许能解决这个问题。我是这样思考的：首先，要清楚自己的性格，性格决定命运，强烈的成就欲和自我控制欲决定我不可能久居人下，我向往从事由自己做主的职业，那就自主创业吧；其次，要考虑这种职业目标能否实现我的人生终极追求，物质财富、社会地位和美好家庭都可以通过创业来实现；最后，审视一下自己的知识能力及拥有的资源能否支持自己的职业目标的实现，我的专业和积累的能力还是可以实现这个目标的。综上所述，我的职业目标就这样确定了。

至于为什么要创业，还有很多其他原因。如果在古代，我可能会坚守"修身、齐家、治国、平天下"这样的士大夫信条，但在现代社会，改革开放30年来已经涌现无数财富英雄，对于我来说，最能体现个人价值的职业非"企业家"莫属。通过创建企业可以为国家纳税并提供更多的就业岗位，可以为家庭生活提供更有效的物质保障，可以提升自己的社会地位，于国、于家、于己而言，焉有其他选择？

确定了职业目标后，接下来的活动都要围绕其开展。那么，如何实现职业目标？

如何实现职业目标？不断积累整合实现目标所需的资源才是关键！结合我的情况，需要明确以下问题：如何成功创业？创业需要哪些资源？我掌握的资源现状如何？通过哪些途径积累尚不具备的资源？我通过鱼骨图简单列举了一下，创业需要项目、资本、技术、人才等资源，可以说我暂时还一无所有，那么如何积累呢？靠自己给别人打工积累的原始资本只能说是杯水车薪，自己也非技术行业出身，企业家的领导才能也需要慢慢磨炼，貌似很难。企业家最应具备的是整合资源的能力，但前提是要明确哪些是资源，才能谈到如何整合。深入总结一下，创业的核心资源就是"人"，资本、技术、管理才能的载体都是"人"，说得更清楚一些，就是"人脉"。"人脉"这个词现在被炒得很火，如今，人们往往将"人脉"与"关系"两词混为一谈，其实非也。从经济学的角度讲，在市场经济环境中，充斥着利益交换，每个人身上都掌握着可以为他人所利用的资源，只有你乐于帮助且有能力帮助别人，你对别人才是有价值的，别人才会把你当朋友；换个角度来说，你当然也希望你的朋友也是如此。

再审视一下自己，这些资源我是否拥有？我如何积累这些资源？这就需要设计一条职业发展路线。如果你想做一名职业经理人，那么首先就要找到一个大的企业平台，从助理做起，一直到经理、总监、副总、CEO，路线很清晰。于我而言，也需要先就业，给别人打工，积累各种资源，促使量变引起质变，才能把握时机、一展宏图。很多人都认为，不能同时走两根钢丝，打工还是创业必须选择其一，但无论打工还是创业，其实都是一种职业状态，创业是水到渠成的事，但路是一步一步走出来的，我当前的任务就是明确现在的工作目标！

工作目标就是根据你的职业目标来确定当前的工作。换言之，就是就业目标，这也是我们在校大学生最关注的问题。社会上流行一种观点，认为大学毕业第一份工作不重要，此言差矣！如果因为实在找不到理想的工作作出如此选择倒也情有可原；但如果不是，就一定要考虑清楚第一份工作，人生的每一步都是唯一的，都不应是权宜之计，每一步都应该为以后的发展道路打下基础，每一步都应该是有计划、有意义的积累。经济学中所提到的机会成本一定要考虑，我的观点是"步步为营，步步为赢"！

1. 选择行业、企业、职位、区域

1) 如何选择行业

我好像谈到了很多关于选择的问题，选择是有成本的，经济学中只谈到了交易成本却忽视了选择成本。在进行选择时，我们要充分运用自己的智慧。

"三百六十行，行行出状元"，此话的确不假，但古话也说过"男怕入错行"，事实上，不论男女，都怕入错行，特别是在专业化日益明显的知识经济时代，选择你要进入的行业尤为重要。新东方的俞敏洪老师说过，你要在你的专业领域内做到全国前十，这样你才有竞争力。那么，你是相信"长尾理论"还是推崇"二八法则"？俞老师是劝我们要努力做到专业化，但你一定要清楚，在哪个行业我们能做到全国前十，在哪个领域我们能成为龙头老大！这就涉及行业的选择问题。但是，如果不清楚行业的具体情况，又如何作出正确的选择呢？第一步，知彼。即了解相关的行业状况。图书馆、互联网及相关行业人士都是我们了解情况的渠道。第二步，知己。即了解自己的兴趣及优势，这可以通过职业测评等方法来实现。兵法有云：知己知彼，百战不殆。

下面是我选择行业的过程，简单谈一下。

在不了解行业具体情况的条件下，是没办法作出正确选择的。管理学认为，充足的信息是制定正确决策的依据，确实如此。通过Google、百度搜索引擎等网站，我浏览了大量的相关行业报告，对行业信息有了一定的了解。下面结合行业发展趋势、个人兴趣爱好以及行业与职业目标的契合度等因素，谈谈我对几个热门行业的分析思考过程。

(1) IT领域。IT白领的生活为很多人所向往。从技术角度讲，IT分为传感、通信和计算机技术三个方面。从产业角度讲，可分为计算机硬件和软件、网络、通信三个领域，每个领域都有庞大的企业帝国。以计算机硬件和软件为主的企业有微软、惠普、甲骨文、INTEL等；以IT服务及互联网应用为主的企业有思科、IBM、Google、阿里巴巴等；而通讯领域有诺基亚、朗讯、中国移动、华为、中兴等。总之，目前IT产业仍然方兴未艾，3G时代的到来又给通信领域带来许多新的机遇。虽然我并非技术出身，接触IT行业也比较晚，但还是有很大的兴趣在这方面，所以，这个行业当然要首先考虑。

(2) 快速消费品(FMCG)。主要是日常用品，它因依靠消费者高频次和重复的使用与消耗，通过相当规模的市场量来获得利润和价值而得名。包括个人护理、家庭护理、食品饮料、烟酒行业等。宝洁、联合利华、欧莱雅、雀巢、可口可乐、玛氏、达能都是我们比较熟悉的快消类企业，这类行业最为重视市场营销和品牌建设。宝洁、联合利华等企业又被称为企业大学，很多人都是在这里经过锻炼之后才自主创业的。这类企业与我们的生活密不可分，虽然产品创新空间有限，但是却非常锻炼营销能力，所以也被我列入目标行业。

(3) 金融领域。在经济危机的背景下，金融行业受到了前所未有的影响和冲击，导致这个行业的就业前景堪忧。我虽然是学经济专业的，但是对数字不敏感，对金融也没有兴趣，所以金融领域对我自然也没什么吸引力了。我国的商业银行以农、工、中、建为主，外资银行有渣打、汇丰、恒生等，现在的日子都不是很好过。至于投资银行，随着雷曼的破产，高盛、美林、德意志银行现在的悲惨遭遇已经人尽皆知，曾经哈佛MBA首选的华尔街投行生活不知道以后会不会存在了。保险行业在中国还有很大的发展空间，但在国内真正的精算师没有几个。我的兴趣不在这里，所以也就不会考虑这个领域了。

(4) 管理咨询。这个产业在中国还有很大的发展空间。主要企业有麦肯锡、埃森哲、BCG、科尔尼等，国内有新华信托、北大纵横等。咨询是最重视人才的行业之一，也是最锻炼人的职业之一，但顶尖咨询公司招聘的人数很有限，本科生即使进入这些公司发挥空间也比较小，所以现阶段我不打算直接选择管理咨询行业，以后倒是可以考虑。从广义来讲，会计师事务所也属于管理咨询领域。我们通常所说的"四大"(毕马威、普华永道、德勤、安永)是许多学子梦寐以求的职业归宿，薪水诱人，也比较锻炼人，可以在审计、税务等方面求得发展，但我兴趣不大，也不打算做相应准备。

(5) 文化产业。其实到现在我也不清楚文化产业到底都包括什么，从广义来讲，可能包括旅游、传媒、影视等，姑且再把会展、培训都算在内吧。由于本人是文科出身，少年时代又曾立志振兴中华文化，所以想在这个领域做点事情，只是现在具体还不知道应如何操作。这个产业的发展空间也是相当大的，只要肯付出努力，应该会有一番作为的。

另外，汽车、能源、医药、物流等领域都有着不错的发展前景，只是本人兴趣不大，这里就不作讨论了。还有融合多个行业于一体的多元化企业，如GE、3M等，也不作分析了。

本文的行业分析非常笼统和粗糙，在进行选择时，我们需要多加研究，才会获得清晰、科学的认识。

2) 如何选择企业

选择行业是选择企业的前提，既然已经确定了目标行业的选择范围，接下来就应确定目标企业。

在确定目标企业的过程中，薪水、培训机会、发展空间、所在城市等都是我们要考虑的因素，具体分析如下。

(1) 国企、外企、民企还是私企？网上有人将中国现阶段的职场集团分成了5大利益象限，对于这一观点，我并不完全赞同。提到国企，大家可能都会有机构臃肿、人浮于事的印象，但许多新型国企有着很强的生命力，代表企业有中国移动、一汽集团等；外企，尤其是全球500强企业，薪资较高，培训较完善，已经成为广大学子就业的首选，如微软、宝洁等；民企，中国的民营企业的成长速度相当之快，也是我们就业的最佳备选方向之一，如阿里巴巴、联想、用友等；私企，影响力比较小，我也不作考虑。

如此，大部分人(包括我自己)会将目标锁定在外企和民企两类。

(2) 大公司还是小公司？关于这个问题，仁者见仁，智者见智。参考了多方观点之后，我自己的看法是，选大或选小，都要根据自己确立的职业目标而定，如果你想往职业经理人的方向发展，最好去大公司，大公司就像名牌大学一样；如果你打算将来自主创业，那要具体分析一下了。在大企业和小企业中就职积累的资源是不同的，我的想法是尽可能进入符合自己要求的大企业，理由如下：大企业的平台可以让我积累高层次的人脉资源；大企业培训和学习的机会比小企业多；在大企业可以与高手过招，积累大量的市场运作经验；虽然在大企业不能如鱼得水，但是有过在大企业工作的经历将来进入中小企业也很有优势，更有利于在中小企业施展拳脚。不过对于那些特别需要"话语权"的人来说，进入小企业打磨一番也未尝不可。

如此分析，我自然要选择符合自己要求的大型企业了。

最后将企业和行业相结合，就能确定自己要去哪些甚至哪个企业了。IT、快消、文化产业，外企或民企，大型企业，满足上述条件的企业其实也就那么几个，具体名字我就不说了。这样，工作目标就确定了(以后会逐渐加以调整)。

3) 如何选择职位

如今，各行各业可供选择的职位可谓浩如繁星，Sales、CEO、CFO这类都算。但对于我们这些从校园走出的大学生来说，暂时只能在各行业、各企业从事一些基础性工作。在选择之前，我们要做的就是对目标职位加以了解，可以通过上网查询、咨询相关人士来完成。我所学的专业是国际经贸，但我并不想从事外贸类工作，我想从事市场或者销售类工作，那么我就要了解市场或销售职位的工作内容。于是我通过许多求职社区了解了这类职位的工作内容，又通过阅读商战小说了解了这一职位的具体操作过程，这里推荐几本小说：《输赢》《浮沉》《圈子圈套》《破冰》《狼商》等。如果你想了解人力资源类或技术类职位也可以阅读相关书籍。

至于职位选择，我认为应坚持三个原则：本人积累的专业知识对职位的契合度、职位的发展空间、职位的个人满意度和社会承认度。

首先是专业知识与职位的契合度，即所选职位是否与专业对口，但这里的专业并非狭义的概念，是指你真正掌握的专业知识和具备的专业能力。例如，做销售要求你涉猎广泛，有很强的人际交往能力，若想从事这一职位，应审视一下自己是否具备这些素质。其次是这个职位的发展空间，除了要考虑薪水外，更重要的是考虑你在这个职位能做到什么程度，比如在销售部门，"销售代表—销售经理—销售总监—CEO"这个职业发展路线较为常见，但如果你要从采购做起，不转行的话估计就很难做到CEO了。最后你要考虑从事这个职位能否给自己带来满足感，能否获得家人的理解和社会的承认。

总之，职位没有高低之分，只有适合与否的区别。

4) 如何选择发展区域

网上也有不少帖子介绍了中国各城市、各区域的发展概况，我去过的地方不是很多，了解得也比较肤浅，没有调查就没有发言权。在这里我主要引用一些我比较赞同的观点。许多人倾向于选择在自己家乡附近发展，这本来无可厚非。但我的建议是不要太恋家，应走出去，莫做井底之蛙。海阔凭鱼跃，天高任鸟飞。具体可以参考以下几个指标：个人的兴趣爱好、区域的发展潜力、区域的环境政策等。其实中国很多区域的很多城市都有很大的发展潜力，未必只有北京、上海这类大城市才有发展机会。在选择城市时，我会首先考虑个人偏好，其次考虑城市发展潜力，下面是我的分析过程。

东北是我老家，我深爱着这片热土，但在发展前期，我并不打算留在这里，这里的创业政策与环境不如南方沿海好，人们的思想意识偏于保守；环渤海经济圈，随着首都文化中心和国际交流中心的定位及天津滨海新区的开发，这个区域也是比较强劲的增长极，只可惜由于个人偏好暂时还不想在这里发展；珠三角经济圈，改革开放30年来，这里的确发生了翻天覆地的变化，但珠三角地区腹地发展一般，两极分化严重，暂时也不打算在这里发展；长三角地区，这里已经形成了世界第六大城市群，小时候看电视剧《上海滩》的时候，就想到上海滩闯荡一番，所以毕业后倾向于到这里发展，在这一区域，苏州、杭州、宁波都是我比较喜欢的城市；至于中西部地区，我没什么特殊的情结，因此不作考虑。

其实，不同的城市有不同的文化，不同的区域有不同的特色，每个人只要根据个人偏好和区域发展潜力选择就好，无所谓优劣。

那么，如何实现工作目标？

将行业、企业、职位与区域相结合，便可大体确定自己的工作目标。接下来要考虑的就是为了实现这个工作目标我们需要具备哪些资源，以及如何积累这些资源。

处处有市场，人人须营销。下面就分析一下就业市场的情况，在这里，可运用营销学中波特的"五力模型"进行分析。

现有竞争者就是指应届毕业生，即除了本人之外的其他各高校的应届毕业生，包括很多顶尖名校的毕业生、留学生，竞争极为激烈。

潜在竞争者即在校大学生，这个群体基本不会产生压力，毕竟他们距离"上市"还有一段时间，属于不同时期推出的产品。

替代产品是指那些社会人士，企业的大量裁员导致社会剩余大量优质人才，且在工作经验方面具有优势，因此他们也是有力的竞争者。

供应商的议价能力是指所在大学的社会地位，就我所在的学校进行分析，这一项不具备太强的竞争力。

购买者的议价能力是指企业的招聘要求，就目前来看，形势相当不乐观。在人才市场上，一直供过于求，又赶上金融危机，企业都在大量裁员，对新人的需求明显下降。

总体来看，就业形势十分严峻！如果再套用波特的解决方案似乎并不可行：总成本领先战略，受教育这么多年已经投入了大量的固定成本，在现有的经济形势下，普遍降薪的现象十分普遍，总成本领先的目标很难达成；差异化战略，即找出自己的特殊之处，但作为应届毕业生，差距并不是很明显，貌似也行不通；专一化战略，比较现实，但需要时间，具体方法还没有酝酿好。分析之后，并没有得出具体的解决方案，那就换一种理论，套用一下孙曰瑶老师的精确营销概念，精确就业就是把自己精确营销给目标企业，给目标企业一个不假思索选择你的理由，这就涉及品牌问题，即个人品牌。

2. 树立个人品牌

我认为个人品牌是由知识结构、能力水平和性格特质三个方面构成的，具体分析如下。

1) 知识结构

记得老师在化学课上讲过结构决定性质，同理，知识结构也决定着一个人的水平。怎样的知识结构才能称之为合理呢？我的观点是专业知识、行业知识、工具知识和文化知识相结合。

(1) 专业知识。专业知识是什么？每个大学生都有自己的专业，有很多人会以高考被调剂或者报考时对专业不了解为由来抱怨自己的专业不好，也有很多人在就业时抱怨专业不对口，难道这是真正的专业么？非也！我认为专业应该是指你真正感兴趣并擅长的领域。以我为例，由于高考失误被调剂了学校和专业，学的是国际经济与贸易专业，但学这个专业并不一定要做外贸，根据市场前景及自身兴趣，我将自己定位为以经济学和管理学为背景的精通市场营销与资本运作的管理实践型人才。市场、销售、品牌加起来就是营销，是为企业赚钱的，资本运作是为企业找钱的，掌握如此本领，还愁找不到工作？所以，每个人都应该为自己找到一个真正的专业，没有必要抱怨专业不对口，又不是国家分配，找什么工作完全取决于自己。

(2) 行业知识。行业知识包括目标行业的历史、现状、发展趋势、市场竞争状况等。以IT领域为例，无论是做Sales还是做市场，都要以特定的IT行业知识为基础，特别是对于像我这类打算在这一行业创建企业的人来说，缺乏对行业知识的了解和洞察是万万不行的！

(3) 工具知识。第一种工具是英语，很多人学了十多年的英语，却连和美国人正常对话都困难！我们学英语的目的是交流，那么就一定要练好自己的口语，因此应制订计划加以练习，英语口语在面试时很重要；第二种工具是计算机，对于非计算机类专业的人来说，熟练操作办公软件是我们一定要掌握的本领，尤其是PPT和EXCEL；第三种工具就是语言表达能力，会说话不代表能说好，在工作中，语言交流能力很重要，有机会应加强练习。

(4) 文化知识。文化知识包括心理学、哲学、文学、历史、地理等各学科知识。俞敏洪老师曾说过大学四年里要读500本书，但只有极少数的人才能达到这一目标。文化的积淀和思想的净化都是通过读书来实现的，只有在大学期间积累了足够的知识，才会避免"书到用时方恨少"的尴尬。本人虽自认为读了很多书，但按照俞老师的标准，俨然还不够，再接再厉吧。

其实经济学和管理学的知识普遍存在于我们的生活之中，没有必要弄一大堆公式和晦涩的理论来装饰其有多高深。管理就是调动各种资源实现目标的过程；经济就是以最小成本达到最大收益，实现资源合理配置的过程。我觉得学管理的人没有做好个人管理，学经济的人不衡量自身行为的成本与收益，就真是白学了。

2) 能力水平

不同的工作目标要求我们具备不同的能力水平，这其实指的是专业能力，以及一些成为优秀人才所要具备的通用能力，包括学习能力、创新能力、组织领导能力、人际交往能力等。例如，学习好的含义并不仅仅指学习成绩好，更重要的是学习能力强。那么，什么是学习能力？我的理解是首先要明白自己应该学哪些东西，而不是被动地接受学校或老师的安排；其次要掌握正确的学习方法；最后是对所学内容的掌握程度。

那么，如何积累这些能力呢？学生社团、社会实践、企业实习都是很好的途径。可以参加或创建感兴趣的学生社团，也不局限于在校内，SIFE、AIESEC也可以考虑，目的绝不是加学分，而是多做一些事情。在社会实践活动方面，可以参加一些国家级或校级的各类比赛，如"挑战杯"系列，或者利用寒暑假参加志愿者活动。在企业实习方面，也不要贪大求洋，毕竟IBM"蓝色计划"或者宝洁暑期实习的名额很少，能找到相关企业就不错了，重要的是要主动，要创造机会！无论过去我们取得了怎样的成绩，都应客观对待，找出自己的不足加以磨炼，以适应未来工作对我们的要求。我在学生社团这方面做得还可以，社会实践也参与了一些，只是企业实习还不够，接下来的努力方向就在这里，我会尽力多争取一些去大型企业实习的机会。

3) 性格特质

像GE、宝洁这样的大型外企都要给求职的毕业生做一些职业测评，以确认性格特质是否符合工作要求。我在前文中提到的工作目标的选择也要根据自己的性格而定。每一种性格都能获得成功，关键是你是否根据自己的性格从事了正确的职业。在这个世界上，只有自己最了解自己，关于这个问题，此处不再赘述。

3. 做好求职准备

那么，如何做好求职准备？ 现在是2009年2月，也不知道这些应届毕业生工作找得怎么样了，不在沙场不知战争有多残酷。庆幸我们还有比较充裕的准备时间，但具体要做些什么呢？求职类参考书一定要看，但一定要批判地看，作者的不同背景及写作的不同角度和不同目的要求我们要结合自己的实际情况加以分析，不能盲目照做。求职准备主要包括以下三个方面。

1) 简历

怎样制作简历？这方面我不是专家，但应记住一条：成功的简历绝不是一蹴而就的。最好是在大一时就制作一份目标简历，如果你没有做到，现在制作一份目标简历也不迟，目标简历就是你通过努力能达到理想状态的简历。然后制作一份现状简历，最后根据目标简历不断努力完善自己。我大一就制作了一份目标简历和一份现状简历，直到现在已经修改8次，且仍在不断修改中。关于简历应该包括哪些内容，网站上也有很多说法，博观而约取之，无非个人信息、教育背景、校园活动和实习经历。但不要总是强调你做过什么，而是要明确你能给企业带来什么。简历最重要的是内容，但也要注意包装和写法，守正出奇，正是此理。具体写法可以多多参考网上的范本，也可以与我交流。

2) 面试

其实本人到现在也没经历过多少次面试，对这个问题也没有深入研究过，至于怎样准备面试也没有特别的建议。下面是我的做法：制作面试题目资料库，将面试题目按照压力面试、情景面试、小组面试等进行分类，当然每个人都有自己的分类标准；然后整理各个类别下的面试问题，参考网上的面试答案，制作自己的面试答案，时时刻刻想着这些问题，经常完善这些答案，相信等到真正面试的时候，你已经准备得很充分了，最重要的是，现在就开始做！

3) 实习

学而时(实)习之，不亦乐乎？学习之后必须要实习，然而如何寻找实习机会成功实习呢？相关网站上列举了很多方法，招聘网站的实习机会好像也不少，但是我们如果只是投递简历之后傻等着，那得到实习机会的概率犹如天上掉馅饼。获得实习机会的途径有以下几种：第一通过人脉，也就是通过关系人介绍进入相关企业，如果你有这样的关系人，获得实习机会的概率是很大的；第二是直面，在锁定目标企业之后，直接上门要求面试，一般情况下，企业是不会拒绝的；第三是通过相关企业在各大高校的社团，如明基Q-young、"华硕硕市生"、Google Camp、微软俱乐部等；第四就是常规的做法了，浏览实习网站的信息或者校内宣传栏的实习信息，投递简历等待面试，但是效果一般。

其他关于户口、档案之类的问题，可以到相关网站了解，在此不作探讨。

明确了上述问题后，我们现在应该做些什么呢？

在经济危机的背景下，在企业大幅裁员的情况下，在就业形势异常严峻的情况下，我们该做些什么？君子藏器于身，待时而动。我们要做的就是积累成功所需要的各种资源，潜龙勿用。

具体可从以下三个方面展开：知识资源的积累，专业知识、行业知识、工具知识和文化知识要面面俱到；能力水平的提高，学生社团、社会实践和企业实习是一个都不能少；性格特质的完善，扬长补短而非扬长避短。

善战者，求之于势，不责于人。如此布局，在战略上已经赢了。一个人的思维方式决定了行为模式，我认为我通篇的思考，已经将战略与战术融合在一起了。凡事预则立，不预则废，做好准备是最重要的，趁这个机会练好内功，风云际会，可一展宏图！时势造英雄，危机没什么可顾虑的，有"危"自然有"机"！不要辜负了这个伟大的时代，下一个三十年将是属于我们的！

在金融危机的背景下，在企业大量裁员的情况下，可能不会有太多人选择直接工作，但是就业问题和人生规划却是我们每位大学生都应关注的问题，希望我们能一起探讨。

PS：洋洋洒洒写了一万多字，有些粗糙，每个部分都有很多内容要写，无奈篇幅有限。其实我知道很多人都把未来考虑得很清楚，此时正在为考研、出国或工作默默地准备着。现在，我没有时间沉浸于假期的安逸，没有时间顾虑危机的影响，没有时间多看几场NBA，没有时间和朋友们聚会休闲。不知是谁在一直催促着急行军，脚步没有停下来，反而愈行愈快，让我无暇顾及身边的精彩，使命？责任？压力？动力？还是……

既然没有终点，而且又停不下来，那么就一路狂奔吧！

思考题

1. 如何正确理解"生涯"的动态性以及人生发展的"质"与"量"？

2. 如何理解不同职业生涯发展理论的差异性？并尝试从各种理论中提取有助于自我认知的考量因素。

3. 尝试应用本书所阐释的职业生涯发展规划步骤，为自己量身定做一套合理的生涯发展规划。

第2章　自我认知

自我认知是职业生涯规划的一个重要部分，知己知波然后才能作出正确的选择。对自己进行全面的了解与评估，是职业规划的开始。那么，什么是自我认知呢？

2.1　自我认知概述

1. 定义及原理

自我认知(Self-Cognition)是对自己的洞察和理解，包括自我观察和自我评价。自我观察是指对自己的感知、思维和意向等方面的觉察。

个体对自我的觉察或者说意识的形成，来源于个体对外界环境刺激产生的经由记忆和思想的反应。因此，在形成记忆之前的个体是不会有自我意识的。记忆是一切思想的基础，自我认识是个人在思想之上的对于环境的反应。当一个人的记忆和思想达到一定程度之后，比如出现了完全来自大脑的思维和想象力，个体的自我意识会更加强烈。这个"我存在、我占有、我需要、我想"的思想不断地经过思维和想象力加强个体对自我的认知，直到个体有机生命体的结束。故自我认知从大脑的记忆力开始直到记忆力的消失，都是一个不断发展的过程。

个体对于自我的存在，在行为和心理方面的认知会有一个发展过程。刚开始是比较模糊的，所以小孩子会经常出于好奇心而做一些危险的行为和事情。这个时候他们的自我意识是比较朦胧的。在经过不断地试错和加深记忆以及思考学习后，对于自我肌体的存在的意识就会渐渐成熟。随后才会对自己的行为有意识，会区分危险和安全的行为，然后决定是否要做。最后才是对于自我心理的认知。一般来说，只有一个人的思维和想象力达到一定程度后才会具备这种察觉自我心理变化的能力。个体开始区分肌体行为和心理行为的差异是自我心理认知的开始。

认识自我，实事求是地评价自己，是自我调节和人格完善的重要前提。

2. 自我认知的方法

1) 正确地认知自我

"人贵有自知之明"，全面而正确地认知自我是培养健全的自我意识的基础。自我认知是从多方位建立的，既有自己的认识与评价，也有他人的评价。首先，我们不妨认真仔细地想一想，用尽量多的形容词描述自己，要忠实于自己的内心。在此基础上，进行第二步，即他观自我的描述，描述父母眼中的我、同学眼中的我、老师眼中的我、恋人眼中的我、兄弟姐妹眼中的我。最后，寻找这些描述中共同的品质，将其归类。你描述的维度越多，你越会找到比较正确的自我。

2) 客观地评价自我

一个人只有在正确地进行自我认知的基础上，才能正确地自我悦纳、积极地自我体验、有效地自我控制。

自我悦纳是自我意识健康发展的关键所在。悦纳自我首先要接纳自己、喜欢自己、欣赏自己，体会自我的独特性，在此基础上体验价值感、幸福感、愉快感与满足感；其次是理智与客观地对待自己的长处与不足，冷静地看待得与失。在生活中我们应注重自我，自我意识是将注意力集中于自身的一种状态。积极的策略是：关注自己的成功，并积累优势，每个人身上都有无数的闪光点，重点在于寻找自己身上的闪光点并使其构成亮丽的人生风景线。

3) 积极地提升自我

第一条途径是提高自我效能，即个体在一定情境下对自我完成某项工作的期望与预期。当人们期望自己成功时，他必然会尽自己最大的努力并且当面临挑战性任务时，会表现出更强的坚持力，从而增加成功的可能性。自我效能感高的人一般学业期望较高，也就是说，自我效能感与成就动机呈正相关性。

另一条途径是克服自我障碍，我们经常会体验到因对自己能力程度的焦虑而带来的不安全感，这便是一种自我障碍。我们听说了太多这样的故事：由于考试前身体不好，所以在大考中没有取得好成绩。这便是典型的自我障碍，为自己的考学不成功找到了适当的借口。一个渴望自我发展的人必须主动克服自我障碍，进行积极的自我提升与自我尝试，从而发现新的支点。

4) 关注自我成长

自我的发展需要不断地自我反思、自我监控。但将成长作为一条线索贯穿于人生的始终时，整理自己的成长轨迹就显得尤为重要。我们可依照发展过程，深刻了解与把握自己。要记住：自我体验永远属于个体，当我们在分享他人自我成长的硕果时，也在促进我们自身的成长。

2.2 必须思考的问题

2.2.1 关于职业规划及职业选择的12个问题

大学生在做职业规划及职业选择的时候，建议思考以下12个问题。

(1) 人生观、价值观问题。我希望成就怎样的人生？什么对我是最重要的，家庭、事业、健康、朋友还是金钱？

(2) 性格问题。我的性格适合从事这个职业吗？会不会影响这个职业的发展？

(3) 爱好问题。我喜欢这个职业吗？

(4) 发展前景问题。环境允许或支持我做什么？我从事这个职业，有发展吗？是否能学到我要学的知识？职级和薪资通过努力可以得到提高吗？

(5) 能力、门槛问题。我现有的知识、经验、技能、证书能让我获得我想要的工作吗？

(6) 市场需求问题。市场上对这个职位有需求吗？需求量大吗？

(7) 时间问题。追求我的职业选择方向需要多长时间？我是否有时间追求我的职业选择方向？

(8) 薪资满意度。我是否满意这份工作的薪资？

(9) 家庭支持度问题。我的家人、家庭情况支持我做这份工作吗？在以后的人生历程中，生儿育女、赡养父母是否会对工作产生影响？

(10) 信心问题。我有信心做好这份工作吗？

(11) 吃苦问题。这份工作是否辛苦？我能不能吃这种苦？

(12) 风险预估问题。我是否预估到从事这个职业将面临的风险？我是否有能力承担这种风险？

在求职之前，可以就以上12个问题细细思考。对这12个问题的思考过程，也是重新审视自己的过程。一般来说，衡量职业选择方向是否适合自己，主要应看前面5点，但是后面几点往往会影响我们的选择。在下文中，我们将针对人生观、价值观问题，性格问题，发展前景问题，能力、门槛问题具体描述如何进行职业规划及职业选择。

2.2.2　人生观、价值观问题

对于人生观、价值观的问题，我们应关注：我希望成就怎样的人生？什么对我是最重要的，家庭、事业、健康、朋友还是金钱？

有明确的人生目标，有信仰、有追求的人总是能从自身获得更多动力，自制而有恒，能抵制多种诱惑，为自己设定阶段性目标，通过不断实现目标从而获得成就感，而成就感会使自己获得更多动力。例如，工作和事业的概念是不一样的，我们为了生存而被动地工作；我们为了寻求自我价值的实现而忘我地追求事业成功。

下面，让我们来分享一个小故事。

我九岁的时候住在北卡罗来纳州的一个小镇上，一次在一本儿童杂志的背面发现了一则招聘明信片推销员的广告。我对自己说，我能干这事。我恳求妈妈让我去叫人送来全套货物。两个星期后，货送来了，我一把撕下明信片上棕色的包装纸，冲出了家门。三个小时后，我的卡片已经一张不剩，倒是装着满满一口袋钱回到了家，大叫："妈妈，所有人都迫不及待地想要买我的卡片！"一个推销员就这样诞生了。

我十二岁的时候，父亲带我去见齐格勒先生。我还记得当时坐在昏暗的礼堂里听着齐格勒先生的演说，他把每个人都说得热情高涨、跃跃欲试。离开的时候我觉得自己可以做任何事情。我们上了车，我转向父亲对他说道："爸爸，我也想让人们这样。"爸爸问我的话是什么意思。"我想当一个像齐格勒先生这样的动员演说者。"我回答道。一个梦想就这样诞生了。

最近，我开始鼓舞他人，努力实现自己的梦想。在此之前的四年里，我在一个拥有100家公司的财团做事，从一个销售培训者做到地区销售经理，在我事业达到巅峰时我离开了这家公司。许多人都十分惊讶，在收入达到六位数时我却选择了离开。他们问我，为什么要为了梦想而去冒险？

我是在参加了一次地区销售会议后，才拿定主意离开自己的安全港湾，去开办自己的公司的。在那次会议上，我们公司的副总裁做了一次演说，从而改变了我的命运。他问我们："如果神仙会满足你三个愿望，那么你将会希望得到什么？"他让我们写下自己的愿望，然后问我们："为什么你们会需要神仙呢？如果有愿望，就请在有生之年通过自己的努力去实现。"在那一刻，我永远也忘不了这句话给我带来的震撼。

我意识到，我有了毕业证书、成功的销售经验，做过无数次演讲，为一家拥有100个公司的财团做过销售培训和管理工作，所有这一切都使我为这一刻做好了准备。我准备好去成为一名动机演说者，我不再等待神仙的帮助。

当我眼泪汪汪地告诉老板我的计划时，这位我十分尊重的领导，令人难以置信地答道："勇敢向前吧！你一定能成功。"

然而，我决意刚定，就遭受了考验。我辞职的一个星期后，丈夫也失业了。我们刚刚买了一座新房子，需要用双方的工资来付清每个月的抵押贷款，但现在我们却一分收入也没有了。这时我想回公司去，我知道他们仍想要我，可是我知道一旦回去就再也出不来了。我决定继续前进，决不做一个满口"如果"、只说不做的人。一个动机演说者就这样诞生了。

我紧紧追随着我的梦想，甚至在最艰苦的时期也不放弃，然后奇迹果真出现了。在短时间内，我丈夫找到了一份更好的工作。我们没有拖欠一个月的抵押贷款。我也开始有新客户预约演说。我发现了梦想不可思议的力量。我热爱我过去的工作、我的同事和我离开的那家公司。但是，我实现梦想的时机已经成熟了。为了庆祝我的成功，我请当地一位艺术家将我的新办公室漆成了一座花园，在一面墙的顶端，她刷下了这样一句话："这个世界永远属于追梦的人！"[①]

希望上面这个故事可以引导你思考这样的问题："我希望成就怎样的人生？"

选择什么样的职业，和你要选择什么样的人生有关系，有些人就喜欢下班按

[①] 资料来源：http://www.cnki.com.cn/Article/CJFDTotal-YYFD200336005.htm

时回家，看看书听听音乐，那就不适合找销售的工作，否则就是折磨自己。有些人就喜欢出风头，喜欢成为一群人的中心，如果选择做财务工作，大概也干不久，因为大多数老板不喜欢财务太积极，也不喜欢财务话太多。先想好自己要过怎样的人生，再决定要找什么样的职业。有很多的不快乐，其实源自不满足，而不满足，很多时候源于心不定，而心不定则是因为不清楚自己究竟想要什么，不清楚想要什么的结果就是什么都想要，结果什么都没得到。

2.2.3　性格问题

对于性格问题，我们应关注：我的性格适合从事这个职业吗？会不会影响我的职业发展？

性格是一把开启成功之门的钥匙。一位记者采访投资银行一代宗师摩根，问："你成功的条件是什么？"摩根毫不掩饰地说："性格。"记者又问："资本和资金哪一个更重要？"老摩根一语中的地答道："资本比资金重要，但最重要的是性格。"

一个人能否成功的关键不在于受教育程度的高低，也不在于工作经验的丰富与否。在外部条件已定的前提下，一个人能否成功，关键在于能否准确识别并全力发挥其性格优势与天赋。只有识别和接受自身的性格和天赋，寻找到适合发挥自身性格和天赋的职业，持续地使用它们，并坚持下去，才有可能获得成功。选错了职业的可怕之处，在于你本来有可能成功，却因选错了职业而不得不与成功失之交臂。据有关调查统计，在选错职业的人当中，有98%左右的人在事业上都是失败者。由于工作的不适宜，导致了他们人生的失败。

如果性格与职业不相适应，性格就会阻碍工作的顺利进行，使从业者感到被动、缺乏兴趣、倦怠、力不从心、精神紧张。一个对工作感到不满的人，不管他如何努力，都不会有卓越的表现。因此，职业或岗位的选择是否与自身的性格相吻合，直接关系人生与事业的成败。

那么，如何测定一个人的真实性格呢？

你不妨设想一下，如果永远没有人知道你干的事，那你将干什么呢？是的，每个人的性格都很复杂，但只有最根本的才是属于自己的；只有不为名利自然流露的东西才是源于本性的；只有尘埃落定，才能找寻到真正的自我。尘埃落定之际，往往就是我们误认为穷途末路之时；穷途末路之际，往往就是真实性格显露之时。此时此刻，就是你认清自己性格的良机，而命运的转变也总是在这个时候发生。

一个人在一生中可以扮演很多角色。但是，只有一种角色才能让你获得成功，那就是做你自己。你看过鱼游得太累、鸟飞得太倦、花开得太累吗？没有！那是因为它们在扮演自己。认识自己、扮演自己、实践自己，即天堂；不认识自己、想扮演别人，即地狱。不清楚自己的性格，会让你痛苦地走一辈子冤枉路；认清自己的性格，是成功的第一步！人生的目的，就是尽情地做自己。

因此，每一个人在开始自己的职业生涯之时，都要首先自问——如果永远没有人知道你干的事，那你将干什么呢？

一个人的性格如果与职业不匹配，要改变起来，就困难得多。正因为如此，在招聘新人时，许多大公司都将性格测试放在首位。当性格与职业相匹配时，才对其能力进行测试检查。如果一个人的性格与所从事的职业很符合，就有利于他在职业上获得成功；反之，则会使从业者不能发挥自己的专长，导致事业的失败。从事适合自己性格的工作，更易于培养高度的责任心，更能胜任工作，并获得更多的快乐和成就。如果性格与工作不合，再强的能力也无法得到有效发挥。

以下是一则关于性格和求职的真实案例。

接到某知名公司面试通知的那天，小王精心梳妆打扮了一番，然后准时走进这家公司的人力资源部。等秘书小姐通报完后，小王静了静心，来到经理办公室门前，轻轻地敲了两下门。"是小王先生吗？"屋里传出问询声。"经理先生，你好！我是小王。"小王慢慢地推开门。"抱歉？小王先生，你能再敲一次门吗？"端坐在沙发转椅上的经理悠闲地注视着小王，表情有些冷淡。经理先生的话令小王多少有些疑惑，但他并未多想，关上门，重新敲了两下，然后推门走进去。"不！小王先生，这次没有第一次好，你能再来一次吗？"经理示意他出去重来。

小王重新敲门，又一次踏进房间。"先生，这样可以了吗？……""这样说话不好！"小王又一次走进去。"我是小王，见到你很高兴，经理先生！""请别这样！"经理依然淡淡道，"还得再来一次"。

……

"这次差不多了，如果你能再来一次会更好，你能再试一次吗？"当小王第十次退出来时，他内心的喜悦和憧憬已消失殆尽，开始有些恼火，心想，这哪是招聘面试，分明是在戏弄人。小王生气地转身离开，可刚走了几步又停了下来。他想，不行，我不能就这样离开，即使这家公司不打算录用我，也得听到他们当面对我说。

于是，小王稍稍地舒了一口气，第十一次敲响了门。这次他得到的不是拒绝，而是热情欢迎的掌声。小王没想到，这第十一次敲门，叩开的竟是一扇成功之门。[①]

原来，这家公司此次打算招聘一名市场调查员。而一名优秀的市场调查员不仅要具备学识素养，更要具备耐心和毅力等心理素质，也就是要具备沉静、温顺的性格特征。这十一次敲门和问候就是为了考查应试者的性格和心理素质。

由于各种职业特点不同，对人们性格特点的要求也不同。每种职业都对性格有着特定的要求，许多在某一领域做得相当出色的人，常常受薪金、职位等的诱惑离开了自己最为擅长的行业，投入到一个自己性格完全不适合的领域中去。可是丰厚的薪金、诱人的职位并未能带给他们事业的成功，还导致他们的人生也由此开始走下坡路。

一个人只有充分地了解自己性格的优缺点，才能在职业选择中扬其长、避其短，找准自己人生发展的位置和方向。否则，就会陷入一场心理上的摔跤比赛，一场性格和职业之间的"三角恋爱"：在自己可以做的工作、自己(或别人)认为应该做的工作和自己愿意做的工作之间茫然不知所措，不知如何选择是好。

2.2.4 发展前景问题

对于发展前景问题，我们应关注：环境允许或支持我做什么？我从事这个职业，有发展吗？是否能学到我要学的知识？职级和薪资通过努力都能得到提高吗？

《孙子兵法》说："知己知彼，百战不殆；不知彼而知己，一胜一负；不知彼不知己，每战必败。"了解自我，还要了解社会，看看社会需要什么样的人才和怎样的素质，长远考虑职业发展的规律，选择最适合自己的方向。

---

① 资料来源：http://www.docin.com/p-50058526.html

因此，应分析清楚外部的机会与威胁，与自身愿望、自身优势相结合，规划适合自己的发展路线，选择适合自己的起点。首先要分析周边的环境，包括学校、本市、本省、本国，甚至国际环境；其次分析内外环境给自己的职业生涯带来的机遇和阻碍，只要是自己认为有利的环境因素，都应在考虑范畴之内；再次分析在这些环境中自己可能获得怎样的支持；最后还要分析目前自己所处的行业、企业和职位有哪些威胁，又有哪些机会。在任何时候、任何地方，机会和威胁都是相互依存并可互相转化的。

在我国现阶段，对于大学生来说，可以选择的工作企业大致可以分为以下5类。

(1) 公务员(含事业单位)；

(2) 垄断行业国企；

(3) 竞争行业国企；

(4) 外企；

(5) 民营企业。

对于刚毕业的大学生来说，工作的类别大致可以分为以下几类。

(1) 以专业背景为导向的。也就是大家在学校所学的专业。对于尚无一技之长的大学生来说，专业是企业筛选人才的第一道门槛。很多大学生都会说："我觉得大学四年下来，我对自己的专业"一窍不通"，怎么从事相关工作？"没有关系，企业需要的是你的专业背景，并没有期望招你来马上就从事专业工作。进入企业后，都是要经过培训才能上岗的，而且上岗后还有专门的师傅继续把关。企业的众多部门，如销售、市场、采购、生产、研发、策划、仓储物流、财务、售后等每个环节，只有研发对技术的要求最高，而其他职位对员工的从业要求是或多或少地了解公司经营的业务，所以企业需要的是专业背景，而不是直接技能。

(2) 以素质为导向的。这类职位太多了，特征包括：①要求从业人员聪明、灵活；②要求从业人员具有快速学习能力、团队合作精神、吃苦耐劳的精神且善于沟通；③专业限制不大。

总之，这类职位要求大学生的EQ要高，懂得如何做好一件事，还要踏实肯干。如很多销售职位，业绩是靠辛勤工作换来的，对于员工的专业和技能的要求都不高。如各种管理培训生职位、著名咨询公司职位，也是以素质为导向的，但是要求更高。

(3) 以技能为导向的。这类职位包括外语培训(英语及其他外语)、网站开发建设、企业IT维护、软硬件开发/编程、文字写作、美工设计、CAD制图、会计等。

如果具有以上技能中的一种，就可以很快获得一份直接应用这些技能的工作。并且企业对于拥有这些技能的大学生青睐有加，特别是中小企业。据媒体报道，在深圳，年薪20万难聘高级技工。只要拥有一技之长，就可以获得一份相应的工作。

职业的选择，总体来说，无非销售、市场、客服、物流、行政、人事、财务、技术、管理几个大类。在综合考虑自己的人生观、价值观，以及性格、爱好等方面之后，对于职业的发展前景也应该有一个全面、深刻的认识和理解。在这里，我们不再就某一项职能职位的职业发展前景展开叙述，大家可以结合本书第二章——行业企业介绍，以及本章推荐阅读的精华文章及资料，并借助互联网获取关于某个职业的发展前景的详细介绍。

2.2.5　能力、门槛问题

对于能力、门槛问题，我们应关注：我现有的知识、经验、技能、证书能让我获得我想要的工作吗？

如果大家玩过三国游戏，会了解主要人物的能力图谱。比如，曹操的能力可以描述成：武力：72；智力：93；统率：100；魅力97；运气：92。

对于能力，我们能够列举很多，如智力、沟通能力、恒心、自制力、判断力、分析能力、观察能力、记忆力、思考能力、应变能力、体力、亲和力、创造能力、动手能力、快速学习能力、领导能力、组织能力、自信、自我激发能力、决策能力、团队合作能力等，除此之外，还可以列出更多、更细化的能力。

那么，在工作岗位中，哪些能力被看重呢？简单地讲，情商比智商更重要。在此列举壳牌(Shell)、通用电气(GE)和玛氏(Mars)的校园招聘的选人标准，给大家作参考，你可以结合自身情况进行参照，看看自己是否具备相应的能力。

1. 应届生求职能力

1) 壳牌 (Shell) 的人才标准[①]

壳牌 (Shell) 通过三个方面评价应聘者的领导力潜质，具体见表2-1。

———————————

① 资料来源：壳牌中国.http://www.shell.com.cn/

表2-1 壳牌C.A.R.的内涵

分 析 力	成 就 力	关 系 力
能够迅速分析数据和快速学习	给自己和他人设定有挑战性的目标	真诚地尊重和关心他人
以事实为依据进行判断,而非依靠感性	百折不挠	毫无偏见地尊重他人的价值
分析外部环境的约束	勇于处理不熟悉的问题,在必要时勇于反对多数人的意见	通过公开和直接的沟通建立信任
分析潜在影响和联系		以热情、关心他人的态度和清晰的论证说服他人
在复杂和不确定环境中进行管理		进行条理清晰的沟通和决策
提出有创造性的、行之有效的解决方案		

2) 通用电气(GE)的人才标准[①]

通用电气(GE)被称为世界CEO的摇篮,在人才选拔和培养方面具有独特的标准,我们再来看一下GE关注员工的哪些素质。

(1) 自信。主要包括以下几个方面。

对他(或她)解决问题的能力表现出强烈的信心,促使其获得成功。

擅于从过去的错误中学习,并能作出相应的改变。

展现"我能"的态度,乐于挑战自己。

在和任何组织层次的人的交往中表现得专业而权威,敢于作出保证。

(2) 主动。主要包括以下几个方面。

主动发现机会,并能采取必要的行动。

不会被困难吓倒,主动迎接挑战并能克服它。

敢于冒风险,敢于使用一些非常规的方法完成工作。

愿意尝试新方法。

如有需要,能够积极向外界主要的负责部门寻求帮助。

(3) 沟通。主要包括以下几个方面。

了解他人需要的信息,且能以一种简明的方式提供给他们。

---

① 资料来源:http://www.yeeyan.org/articles/view/2934/1144

能与团队成员共享信息，确保工作效率，确保目标及时地达成。

(4) 灵活。主要包括以下几个方面。

能对变化作出反应，积极应对挑战，并能将挑战进一步转化成机遇(不要转化成问题)。

能够积极处理实践过程中的反馈结果，并能持续寻求、利用新的方法，来改善生产力和提高生产效率。

能根据消费者的需求变化和市场变化，修正战略、战术。

(5) 建立关系。主要包括以下几个方面。

平等对待每一个等级的同事，尊重所有的同事。

积极发展与内部同事和外部客户之间的长期合作关系。

能够量体裁衣，根据客户或员工的不同个性以及面临的工作压力和所处的组织文化氛围，来确定关系模式。

建立自己的信誉，确保行为合乎道德且遵纪守法。

(6) 团队领导力。主要包括以下几个方面。

能够使团队成员对重要的目标和决定保持一致的信念。

具备发现并合理使用雇员的能力和经验。

能为合适的团队成员提供必要的信息，以促进其高质量地完成工作。

能给予团队成员和伙伴以全部的信任。

必要的话，能给予团队成员具体的建议和忠告。

(7) 果断。主要包括以下几个方面。

即便在信息不完全的情况下，也能制定和执行合理的行动指南。

能够把握决策时机，考虑全面。

促使团队成员了解最后期限和后果，从而把不同意见变成一致意见。

能对团队成员的决定，承担全部的责任。

(8) 关注效率。主要包括以下几个方面。

能够持续寻找完成任务的更好方法。

了解卓越的表现来自不断地修正。

能设定工作的高标准，并保持较高的期望。

能执著关注最为关键的工作需要。

(9) 技术能力。主要包括以下几个方面。

商业分析——在复杂的状况中发现主要问题。

财务能力——合理地应用金融概念和相关分析工具。

数据集成——制定合理的规划，作出科学的报告。

创造性——把独立的、原始的想法变成新的概念和程式。

控制力——制定系统的、高效的步骤和路径。

GE选拔人才的标准详细阐述了一个全面的人才所应具有的素质，并且给出了每项素质的详细描述。如果您已经仔细看过了GE的标准，那么恭喜您，您拥有非常出众的耐心，您将在今后的"网申"过程中发现耐心是多么的重要；对于没有仔细阅读以上内容的同学，推荐您再次阅读一次，把以上标准背诵下来对于面试时回答问题会很有帮助。

3) 玛氏(Mars)的人才标准[①]

玛氏公司的独特文化和综合管理培训生项目并非适合每个人。

玛氏公司对申请人的期望包括以下内容。

(1) 心于玛氏。认同玛氏文化，全情投入。

(2) 长于发展。学习成绩优秀，社会实践积极，有强烈的自我发展意愿。

(3) 乐于改变。愿意接受并能很好地适应工作环境和岗位的改变。

(4) 善于领导。有相应的团队组织领导经历，有能力带领团队应对困难，善于激励。

(5) 勇于求新。思维活跃，在解决问题方面常表现出独创性，具有批判性思维。

(6) 优于沟通。具备优秀的中英文沟通能力，以及跨文化的思考交流素质。

此外，玛氏公司还要求应聘人员愿意在两年的轮职期内进行跨城市轮职，愿意在轮职结束后在北京玛氏总部长期发展。

2. 应届生求职门槛

专业知识、经验、技能、证书等是企业招聘大学毕业生时较为看重的几个方面。在学校学习的专业知识和技能、在社会实践及实习兼职的经历中获取的经验及

---

① 资料来源：http://www.mars.com/china/cn/index.aspx

技能、为提高求职竞争力而去专门考取的证书等，都是我们在选择职业时需要考虑和不断完善的方面，当前的大学生求职考证热就是这方面的体现。证书从一个侧面反映了一个人的态度和能力，详情参见《大学生求职"十大最有价值证书"》[①]

1) 英语证书

(1) 大学英语四、六级证书(CET-4，CET-6)。极其重要。

(2) 专业八级证书。只有英语专业才有资格考，但很多职位对此有要求，如翻译或者外籍主管的助理。

(3) 大学英语四、六级口语证书。证书不重要，能力很重要，面试的表达很重要。

(4) 英语中高级口译证书。含金量很高。

(5) 托福(TOFEL)。只有少数企业会问到是否考过托福，但同时会担心你工作不久后，可能会出国溜掉。

(6) 雅思(IELTS)。少数英联邦国家企业会注意到你考过雅思，但绝不是必要条件。

(7) 剑桥商务英语(BEC)。证书说明了你的英语能力，还有你在大学期间很好学，懒惰的同学不会去学，或者学了也考不过，这是企业比较关注的。

(8) 托业考试(TOEIC)。鸡肋证书，有比没有好；没有培训，只是考试，企业不太关注。

综上可见，四六级证书最重要，其他证书有比无好；至于口语，关键看面试时的表现。

2) 计算机证书

(1) Office操作是基本技能，不需要证书。

(2) 全国计算机二级证书。有些大城市申请户口时需用到，并作为必要条件，如上海市。

(3) 此外还有计算机三级和四级证书。

(4) 其他。如ACCP、MCSA、CCNA，以及名目繁多的专项技能计算机证书。除了与未来具体从事的工作相关的证书，其他证书并非每个企业都会看重，甚至有些企业并不了解这些证书。

我们统计了约5万条招聘信息，18.6%的招聘信息中提到了计算机，但提及具体

---

① 资料来源：http://bbs.yingjiesheng.com/thread-4622-1-24.html

证书的不到0.1%。更多的描述是模糊的，例如，"从事Java编程两年经验""熟练操作电脑"。对于很多同学来说，如果从大二开始学习Java，到大四时可以算作拥有三年经验了。

目前，针对计算机技能的各种培训很多，但被企业认同的证书却不多，在这一方面，实际操作技能仍是企业最为看重的因素。

3) 学校证书

学校证书包括：奖学金证书、三好学生证书、优秀毕业生证书、优秀学生干部证书等。

奖学金证书非常重要，有的HR看不懂大家给出的各种算法复杂的GPA，但一看是否有获得奖学金的经历，就有一个大概印象了。奖学金证书被很多企业列为筛选简历的必要条件，没有奖学金，甚至没有面试机会。

学生干部经历非常重要，如果再有一个"优秀学生干部"的证书，就更能起到证明自己能力的作用了。

三好学生证书、优秀毕业生证书等，在申请户口的时候可以加分(上海)，非常重要。

此外，党员在申请公务员、到学校当教师的时候，作用很大。

4) 第二外语证书

在人才竞争日趋激烈的今天，熟练掌握一门第二外语，将大大增加进入相关企业的机会。

时下比较热门的第二外语包括以下几种。

(1) 日语(世界500强中有87家日本企业)。

(2) 法语(世界500强中有36家法国企业)。

(3) 德语(世界500强中有35家德国企业)。

(4) 韩语(世界500强中有13家韩国企业)。

(5) 其他。如葡萄牙语、西班牙语、意大利语、阿拉伯语等，因为中国与南美国家的经济往来日益频繁，与阿拉伯国家开展石油合作，因此，对小语种人才的需求将日益增加，发展前景看好。

此外，学习德语和法语，不仅可以增加就业机会，还可以在申请去德国或法国留学时起到作用。

5) 财务类证书

(1) 注册会计师(CPA)。共5科,每科报名费80元。

(2) 注册金融分析师(CFA)。具备三年以上相关工作经验才有报考资格,考证难度很高(考证费用2～3万元)。

(3) 特许公认会计师(ACCA)。ACCA被称为"会计师界的金饭碗"。英国立法许可ACCA会员从事审计、投资顾问和破产执行的工作,有资格直接在欧盟国家执业(考试费用在2万元以内)。

希望从事财务工作,或者以后要做职业经理人的,财务知识必不可少,财务类证书和财务知识有助于你早日取得成功。

6) 专业资格证书

专业资格证书包括很多,具体要看专业和行业情况,常见的有如下几种。

(1) 律师资格证书。适用于未来立志于当律师的同学。

(2) CAD工程师认证证书。多用于机械、室内装饰、建筑行业。

(3) 导游资格证书。根据国家规定,导游人员必须持证上岗。

(4) 报关员证书。只有考取证书后才有从事报关工作的资格。

(5) 人力资源从业资格证书。

(6) 国家司法考试证书。

(7) 驾驶证。所有有驾驶需求的人都需要考取。

7) 兼职实习证明

因为没有经验,所以才叫"应届生",所以工作才难找。而具有相关的兼职实习经验,就成了应届生中"有工作经验"的人,具有一定的优势,很容易在众多竞争对手中脱颖而出。如能参加一些知名企业的实习生计划,更有可能直接留在公司工作。例如:宝洁80%的实习生会留下成为正式员工;GE的实习生中有50%会成为正式员工;IBM的实习生中有50%会成为正式员工;等等。

应届生如有相关企业兼职实习经历及证明,在求职时极具优势。

8) 发表论文、专利证书

对于研究生来说,如做过相关项目,撰写过有质量的相关论文,被EI/SCI收录,那么,这些发表论文的证明,在寻求相关工作时会有极大的帮助。

另外,本科生或研究生在申请出国的时候,如果发表过高质量的论文,就更容易获得国外教授的青睐。

此外，专利证书在申请户口时可起到加分作用。专利申请分为发明、实用新型和外观设计三种类型，发明专利较难，但实用新型和外观设计专利还是非常容易申请的。拥有专利和申请专利都可以获得户口加分，另外，企业对专利证书也很重视。

9) 竞赛获奖证书

在大学里或者社会上参与各种竞赛所获的证书也非常受企业青睐。例如：一名同学在大学期间多次参加辩论赛获奖，被一家企业老总直接聘为总裁助理；西安交大一名同学参加挑战杯获奖，直接获得了麻省理工(MIT)的全奖；上海交大两名参加ACM竞赛获奖的同学，被李开复直接打来电话抢先挖去；欧莱雅"全球商业策略竞赛"的获奖者，大多直接获得了在欧莱雅工作的机会；浙大一名同学在大学四年内不断参加各类编程比赛，累计赢得奖金20万美元，近日被Top Coder聘为中国技术副总裁。在现实生活中，通过参加竞赛锻炼能力、获得证书进而找到工作的例子遍地都是。

10) 毕业证、学位证、第二学位证

这些证书最为重要，存在三点区别：一是名牌院校和普通院校的区别；二是热门专业和冷门专业的区别；三是专科、本科、研究生的区别。

专业背景是企业最为看重的因素，很多职位只给限定专业毕业的同学面试机会。此外，拥有第二学位，跨学科辅修某些专业，使自己成为复合型人才，也是很多企业极为看重的。虽说企业看重能力而不是学历，但名牌大学、热门专业，仍是一块有分量的敲门砖，无论能力多么卓越，只有打开门、走进去才有施展的机会。

综上可知，证书代表了大家的能力；证书代表了大家在大学期间的勤奋程度；证书代表了一种追求上进、不甘平凡的生活态度。

2.3 思考与练习

2.3.1 梦想与愿望

每个人都有梦想、愿望，但不一定都有理想。梦想是人类对于美好事物的一种憧憬和渴望，有时梦想是不切实际的；愿望是对一件事物的强烈的希望、设想与期待，它与梦想的区别在于梦想往往立足于大的方向，譬如未来，而愿望却可立足于小目标，譬如一件事情；理想是人所向往的、力求实现而又有实现可能的想象，理想是最冷静的想法，因为既然是"理想"，就需要先"理"后"想"，一切设想都要建立在理性的基础之上。

理清你的梦想、愿望和理想，是走进社会、步入职场，更好地生存发展的源动力。下面，请将一切回归本心，完成以下内容。

(1) 写出你最想成为什么样的人，可以是儿时的梦想，也可以是现在的梦想，写出一个具体的名人、伟人或是描述人物特征。

我最想成为的人＿＿＿＿＿＿＿＿＿＿＿＿＿＿＿＿＿

(2) 写出你最想从事的三个就业岗位。

第一个就业岗位＿＿＿＿＿＿＿＿动机＿＿＿＿＿＿＿＿

第二个就业岗位＿＿＿＿＿＿＿＿动机＿＿＿＿＿＿＿＿

第三个就业岗位＿＿＿＿＿＿＿＿动机＿＿＿＿＿＿＿＿

填写表2-2，找出共同点。

表2-2　梦想与现实对比表

最想成为的人的特征	就业岗位特征	共同点

2.3.2　生命平衡轮

请你列出生活中个人认为非常重要的领域，并从中选择8个最重要的领域，然后创建生命平衡轮。比如：朋友、健康、家庭、事业、爱情、休闲、财富、个人成长等。针对每一格内容，询问自己"现在我对这个方面的满意程度是多少"，用1～10打分，如图2-1所示。

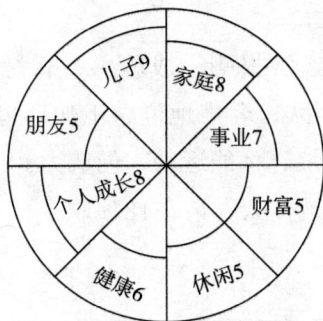

图2-1 平衡轮

在图2-2中，列出自己认为最重要的8个领域，参考例图2-1，然后打分。思考以下问题并与大家分享。

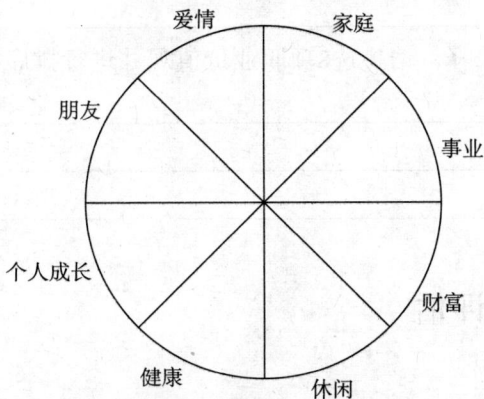

图2-2 平衡轮练习图

(1) 在平衡轮的练习中，你觉察到了什么？

(2) 你对生活的满意度是多少？

(3) 你要改变什么？

(4) 它们的优先顺序是怎样？

(5) 有哪些部分是需要立即注意的？

(6) 采取什么行动会改变这个部分的满意度？

(7) 作出改变后，你的生活会有什么不同？

2.3.3 职业价值观

职业核心价值观包括：经济报酬、成就感、智慧、能力运用、生活方式、社交关系、上司关系、同事与团队、名声地位、工作环境、安全感、自主性、利他助人、审美、多样性、冒险与挑战、体能运动、创造力。

(1) 对你而言，最重要的是什么？请在18项职业核心价值观中挑选8项职业价值观并进行排序：

_____

_____

(2) 对你而言，最不能失去的是什么？请在18项职业核心价值观中挑选8项职业价值观并进行排序：

_____

(3) 综合以上两次选择，请挑选8项职业价值观并进行排序：

_____

_____

_____

2.3.4 360度评估

请填写表2-3。

表2-3　360度评估表

评 价 类 别	优　点	缺　点	适合做什么工作
自我评价			
家人评价			

(续表)

评价类别	优　点	缺　点	适合做什么工作
老师评价			
亲密朋友评价			
同学评价			
其他社会关系评价			

2.4　性格测试

2.4.1　卡特尔16种个性因素测验

大学生在进行职业生涯规划时，必须充分注意到自己的性格和职业的适宜性。性格是指一个人在生活中形成的对现实的稳定的态度和行为方式。研究表明，性格影响着一个人的职业取向，由于性格的不同，每个人对工作和职业的态度也是不同的。一定的性格必然适合从事一定的职业。

关于性格的测量表有很多，其中16PF是最为著名且有效的。卡特尔16种个性因素测验(16PF)，是美国伊利诺州立大学个性及能力测验研究所的卡特尔教授于1949年编制的，后几经修订，形成若干版本。16PF适用于16岁以上的青年人及成年人。

经我国有关专家试用认为，16PF有较高的信度和效度，最高信度达0.92(忧虑性因素)；在效度方面，测验结果表明各因素之间的相关系数较低。16PF确定了16种人格特征，据此编制人格量表，这16种因素的名称及符号如下。

A——乐群性　　　B——聪慧性　　　C——稳定性　　　E——恃强性

F——兴奋性	G——有恒性	H——敢为性	I——敏感性
L——怀疑性	M——幻想性	N——世故性	O——忧虑性
Q1——实验性	Q2——独立性	Q3——自律性	Q4——紧张性

卡特尔16PF测验(全题)①

(共计187道题目,测试时限30分钟)

1. 我很明了本测验的说明:

A. 是的　　　　　　　　B. 不一定　　　　　　　C. 不是的

2. 我对本测验的每一个问题都会按自己的真实情况作答:

A. 是的　　　　　　　　B. 不一定　　　　　　　C. 不同意

3. 有度假机会时,我宁愿:

A. 去一个繁华的都市　　B. 介于A与C之间　　　　C. 闲居清静而偏僻的郊区

4. 我有足够的能力应付困难:

A. 是的　　　　　　　　B. 不一定　　　　　　　C. 不是的

5. 即使是见到关在铁笼内的猛兽也会使我惴惴不安:

A. 是的　　　　　　　　B. 不一定　　　　　　　C. 不是的

6. 我总避免批评别人的言行:

A. 是的　　　　　　　　B. 有时如此　　　　　　C. 不是的

7. 我的思想似乎:

A. 走在了时代的前面　　B. 不太确定　　　　　　C. 符合时代潮流

8. 我不擅长说笑话、讲趣事:

A. 是的　　　　　　　　B. 介于A与C之间　　　　C. 不是的

9. 当我看到亲友、邻居争执时,我总是:

A. 任其自己解决　　　　B. 介于A与C之间　　　　C. 予以劝解

10. 在社交场合中,我:

A. 谈吐自然　　　　　　B. 介于A与C之间　　　　C. 退避三舍,保持沉默

11. 我愿做一名:

A. 建筑工程师　　　　　B. 不确定　　　　　　　C. 社会科学的教员

---

① 资料来源:http://www.cnpsy.net/16pf/index3.asp

12. 阅读时，我宁愿选读：

A. 著名的宗教教义　　　　　B. 不确定　　　　　　　　C. 国家政治组织的理论

13. 我相信许多人都有些心理不正常，虽然他们都不愿意承认：

A. 是的　　　　　　　　　　B. 介于A与C之间　　　　C. 不是的

14. 我所希望的结婚对象应擅长交际但无需有文艺才能：

A. 是的　　　　　　　　　　B. 不一定　　　　　　　　C. 不是的

15. 对于头脑简单和不讲理的人，我仍然能以礼相待：

A. 是的　　　　　　　　　　B. 介于A与C之间　　　　C. 不是的

16. 受人侍奉时我常感到不安：

A. 是的　　　　　　　　　　B. 介于A与C之间　　　　C. 不是的

17. 从事体力劳动或脑力劳动后，我比平常人需要更多的休息才能恢复工作效率：

A. 是的　　　　　　　　　　B. 介于A与C之间　　　　C. 不是的

18. 半夜醒来，我会因为种种忧虑而不能再次入睡：

A. 常常如此　　　　　　　　B. 有时如此　　　　　　　C. 极少如此

19. 事情进行得不顺利时，我常会急得掉眼泪：

A. 从不如此　　　　　　　　B. 有时如此　　　　　　　C. 极少如此

20. 我认为只要双方同意就可以离婚，不应当受传统礼教的束缚：

A. 是的　　　　　　　　　　B. 介于A与C之间　　　　C. 不是的

21. 我对人或物的兴趣都很容易改变：

A. 是的　　　　　　　　　　B. 介于A与C之间　　　　C. 不是的

22. 筹划事务时，我宁愿：

A. 和别人合作　　　　　　　B. 不确定　　　　　　　　C. 自己单独进行

23. 我常会无端地自言自语：

A. 常常如此　　　　　　　　B. 偶然如此　　　　　　　C. 从不如此

24. 无论工作、饮食或出游，我总是：

A. 很匆忙，不能尽兴　　　　B. 介于A与C之间　　　　C. 很从容不迫

25. 有时我会怀疑别人是否对我的言谈真正感兴趣：

A. 是的　　　　　　　　　　B. 介于A与C之间　　　　C. 不是的

26. 在工厂中，我宁愿负责：

A. 机械组　　　　　　　B. 介于A与C之间　　　　　C. 人事组

27. 在阅读时，我宁愿选读：

A. 太空旅行　　　　　　B. 不太确定　　　　　　　C. 家庭教育

28. 下列三个字中，哪个字与其他两个字属于不同类别：

A. 狗　　　　　　　　　B. 石　　　　　　　　　　C. 牛

29. 如果我能重新做人，我要：

A. 把生活安排得和以前不同　　　　　　　　　B. 不确定

C. 生活得和以前相仿

30. 在我的一生之中，我总能达到我所预期的目标：

A. 是的　　　　　　　　B. 不一定　　　　　　　　C. 不是的

31. 当我说谎时，我总觉内心不安，不敢正视对方：

A. 是的　　　　　　　　B. 不一定　　　　　　　　C. 不是的

32. 假如我手持一支装有子弹的手枪，我必须取出子弹后才能安心：

A. 是的　　　　　　　　B. 介于A与C之间　　　　　C. 不是的

33. 朋友们大都认为我是一个说话风趣的人：

A. 是的　　　　　　　　B. 不一定　　　　　　　　C. 不是的

34. 如果人们知道我的内心世界，他们都会感到惊讶：

A. 是的　　　　　　　　B. 不一定　　　　　　　　C. 不是的

35. 在社交场合中，如果我突然成为众人关注的焦点，我会感到局促不安：

A. 是的　　　　　　　　B. 介于A与C之间　　　　　C. 不是的

36. 我总喜欢参加规模庞大的聚会、舞会或公共集会：

A. 是的　　　　　　　　B. 介于A与C之间　　　　　C. 不是的

37. 在下列工作中，我喜欢的是：

A. 音乐　　　　　　　　B. 不一定　　　　　　　　C. 手工

38. 我常常怀疑那些过于友善的人的动机是否友善：

A. 是的　　　　　　　　B. 介于A与C之间　　　　　C. 不是的

39. 我宁愿自己生活得像：

A. 一个艺人或博物学家　　　　　　　　　　　B. 不确定

C. 会计师或保险公司的经纪人

40. 目前世界所需要的是：

A. 多出现一些心怀改善世界计划的理想家　　　B. 不确定

C. 脚踏实地的可靠公民

41. 有时候我觉得我需要做剧烈的体力活动：

A. 是的　　　　　　　　B. 介于A与C之间　　　　　　C. 不是的

42. 我愿意与有礼貌、有教养的人来往，而不愿和粗鲁野蛮的人为伍：

A. 是的　　　　　　　　B. 介于A与C之间　　　　　　C. 不是的

43. 在处理一些必须凭借智慧的事务中，我的父母的确：

A. 较一般人差　　　　　B. 普通　　　　　　　　　　　C. 超人一等

44. 当上司(或老师)召见我时，我：

A. 总觉得可以趁机提出建议　　　　　　　　　B. 介于A与C之间

C. 总怀疑自己做错了什么事

45. 假使薪资待遇优厚，我愿意担任照料精神病人的职务：

A. 是的　　　　　　　　B. 介于A与C之间　　　　　　C. 不是的

46. 看报时，我喜欢读：

A. 有关当今世界的基本社会问题的辩论　　　　B. 介于A与C之间

C. 地方新闻的报道

47. 在接受困难任务时，我总是：

A. 有独立完成的信心　　　　　　　　　　　　B. 不确定

C. 希望得到别人的帮助和指导

48. 逛街时，我宁愿观看一个画家写生，也不愿旁听他人的争论：

A. 是的　　　　　　　　B. 不一定　　　　　　　　　　C. 不是的

49. 我的神经很脆弱，稍有刺激性的声音就会使我害怕：

A. 时常如此　　　　　　B. 有时如此　　　　　　　　　C. 从未如此

50. 我早上起床的时候，常常感到疲乏不堪：

A. 是的　　　　　　　　B. 介于A与C之间　　　　　　C. 不是的

51. 我宁愿是一个：

A. 森林保管员　　　　　B. 不一定　　　　　　　　　　C. 中小学教员

52. 每逢年节或亲友生日，我：

A. 喜欢与亲友互相赠送礼物   B. 不太确定

C. 觉得交换礼物是麻烦事

53. 下列数字中，哪个数字与其他两个数字属于不同类别：

A. 5   B. 2   C. 7

54. "猫"与"鱼"就如同"牛"与：

A. 牛乳   B. 牧草   C. 盐

55. 在为人处事的各个方面，我的父母很值得敬佩：

A. 是的   B. 不一定   C. 不是的

56. 我觉得我有一些别人所不及的优良品质：

A. 是的   B. 不一定   C. 不是的

57. 只要有利于大家，尽管别人认为卑贱的工作，我也乐意为之：

A. 是的   B. 不太确定   C. 不是的

58. 我喜欢看电影或参加其他娱乐活动：

A. 每周一次以上(比一般人多)

B. 每周一次(与一般人相似)

C. 偶尔一次(比一般人少)

59. 我喜欢从事需要精确技术的工作：

A. 是的   B. 介于A与C之间   C. 不是的

60. 在有思想、有地位的长者面前，我总是较为缄默：

A. 是的   B. 介于A与C之间   C. 不是的

61. 对我来说，在大众面前演讲或表演是一件不容易的事：

A. 是的   B. 介于A与C之间   C. 不是的

62. 我宁愿：

A. 指挥几个人工作   B. 不确定   C. 和团体共同工作

63. 即使我做了一桩贻笑大方的事，我也仍然能够将它淡然忘却：

A. 是的   B. 介于A与C之间   C. 不是的

64. 没有人会幸灾乐祸地希望我遭遇困难：

A. 是的   B. 不确定   C. 不是的

65. 一个人应该考虑人生的真正意义:

A. 是的   B. 不确定   C. 不是的

66. 我喜欢解决被别人弄得一塌糊涂的事情:

A. 是的   B. 介于A与C之间   C. 不是的

67. 我十分高兴的时候总有"好景不长"之感:

A. 是的   B. 介于A与C之间   C. 不是的

68. 在一般的困难处境下,我总能保持乐观:

A. 是的   B. 不一定   C. 不是的

69. 迁居是一桩极不愉快的事:

A. 是的   B. 介于A与C之间   C. 不是的

70. 在我年轻的时候,如果我和父母的意见不同,我经常:

A. 坚持自己的意见   B. 介于A与C之间   C. 接受他们的意见

71. 我希望能使家庭:

A. 有属于自己的欢乐和活动   B. 介于A与C之间

C. 成为邻里社交活动的一部分

72. 我解决问题多数依靠:

A. 个人独立思考   B. 介于A与C之间   C. 与人互相讨论

73. 需要"当机立断"时,我总:

A. 镇静地运用理智   B. 介于A与C之间

C. 常常紧张兴奋,不能冷静思考

74. 最近,在一两桩事情上,我觉得自己无辜受累:

A. 是的   B. 介于A与C之间   C. 不是的

75. 我善于控制表情:

A. 是的   B. 介于A与C之间   C. 不是的

76. 如果薪资待遇相等,我宁愿做:

A. 一个化学研究师   B. 不确定   C. 旅行社经理

77. "惊讶"与"新奇"犹如"惧怕"与:

A. 勇敢   B. 焦虑   C. 恐怖

78. 下列三个分数中，哪一个与其他两个属不同类别：

A. 3/7 B. 3/9 C. 3/11

79. 不知什么缘故，有些人故意回避或冷淡我：

A. 是的 B. 不一定 C. 不是的

80. 我虽善意待人，却得不到好报：

A. 是的 B. 不一定 C. 不是的

81. 我不喜欢那些夜郎自大、目空一切的人：

A. 是的 B. 介于A与C之间 C. 不是的

82. 和一般人相比，我的朋友的确太少：

A. 是的 B. 介于A与C之间 C. 不是的

83. 除非迫不得已，我才会参加社交集会，否则我总设法回避：

A. 是的 B. 不一定 C. 不是的

84. 在服务机关中，对上级的逢迎得当，比工作上的表现更为重要：

A. 是的 B. 介于A与C之间 C. 不是的

85. 参加竞赛时，我看重的是竞赛活动，而不计较成败：

A. 总是如此 B. 一般如此 C. 偶然如此

86. 我宁愿我所从事的职业有：

A. 固定可靠的薪水 B. 介于A与C之间

C. 薪资高低能随我工作的表现而随时调整

87. 我宁愿阅读：

A. 军事与政治的事实记载 B. 不一定

C. 一部富有情感与幻想的作品

88. 有许多人不敢行骗，主要原因是怕受到惩罚：

A. 是的 B. 介于A与C之间 C. 不是的

89. 我的父母(或保护人)从未很严格地要我事事顺从：

A. 是的 B. 不一定 C. 不是的

90. "百折不挠、再接再厉"的精神似乎完全被现代人忽视了：

A. 是的 B. 不一定 C. 不是的

91. 如果有人对我发怒，我总：

A. 设法使他镇静下来　　　　B. 不太确定　　　　　　　C. 也会恼怒起来

92. 我希望人人友好相处：

A. 是的　　　　　　　　　　B. 不一定　　　　　　　　C. 不是的

93. 无论是在极高的屋顶还是在很深的隧道中，我很少觉得胆怯不安：

A. 是的　　　　　　　　　　B. 介于A与C之间　　　　　C. 不是的

94. 我只要没过错，不管人家怎样归咎于我，我总能心安理得：

A. 是的　　　　　　　　　　B. 不一定　　　　　　　　C. 不是的

95. 我认为凡是无法使用理智来解决的问题，有时就不得不靠权力来处理：

A. 是的　　　　　　　　　　B. 介于A与C之间　　　　　C. 不是的

96. 我十六七岁时与异性朋友交往：

A. 极多　　　　　　　　　　B. 介于A与C之间　　　　　C. 比别人少

97. 我在交际场合或所参加的组织中是一个活跃分子：

A. 是的　　　　　　　　　　B. 介于A与C之间　　　　　C. 不是的

98. 在人声嘈杂时，我仍能不受妨碍，专心工作：

A. 是的　　　　　　　　　　B. 介于A与C之间　　　　　C. 不是的

99. 在某些心境下，我常因困惑引起幻想而将工作搁置下来：

A. 是的　　　　　　　　　　B. 介于A与C之间　　　　　C. 不是的

100. 我很少用难堪的话去中伤别人的感情：

A. 是的　　　　　　　　　　B. 不太确定　　　　　　　C. 不是的

101. 我更愿意做一名：

A. 列车员　　　　　　　　　B. 不确定　　　　　　　　C. 制图师

102. "理不胜辞"的意思是：

A. 理不如辞　　　　　　　　B. 理多而辞寡　　　　　　C. 辞藻丰富而理由不足

103. "锄头"与"挖掘"犹如"刀子"与：

A. 雕刻　　　　　　　　　　B. 切割　　　　　　　　　C. 铲除

104. 我常横过街道，以回避我不愿意打招呼的人：

A. 很少如此　　　　　　　　B. 偶然如此　　　　　　　C. 有时如此

105. 在我倾听音乐时，如果人家高谈阔论：

A. 我仍然能够专心倾听，不受影响　　　　　　B. 介于A与C之间

C. 我会因为不能专心欣赏而感到恼怒

106. 在课堂上，如果我的意见与老师不同，我常：

A. 保持缄默　　　　　　B. 不一定　　　　　　C. 当场表明立场

107. 我和异性朋友交谈时，竭力避免涉及性的话题：

A. 是的　　　　　　B. 介于A与C之间　　　　　　C. 不是的

108. 我待人接物的确不太成功：

A. 是的　　　　　　B. 不尽然　　　　　　C. 不是的

109. 每当考虑困难问题时，我总是：

A. 一切都未雨绸缪　　　　　　B. 介于A与C之间　　　　　　C. 难以提前做好准备

110. 我所结交的朋友中，男女各占一半：

A. 是的　　　　　　B. 介于A与C之间　　　　　　C. 不是的

111. 我宁愿：

A. 结识很多的人　　　　　　B. 不一定　　　　　　C. 维持几个深交的朋友

112. 我宁愿成为一名哲学家，而不愿做一名机械工程师：

A. 是的　　　　　　B. 不确定　　　　　　C. 不是的

113. 如果我发现某人自私不义，我总会不顾一切地指责他的弱点：

A. 是的　　　　　　B. 不确定　　　　　　C. 不是的

114. 我善于用心机去影响同伴，使他们能协助我实现我的目标：

A. 是的　　　　　　B. 介于A与C之间　　　　　　C. 不是的

115. 我喜欢做戏剧、音乐、歌剧以及新闻采访工作：

A. 是的　　　　　　B. 不一定　　　　　　C. 不是的

116. 当人们表扬我时，我总觉得不好意思：

A. 是的　　　　　　B. 介于A与C之间　　　　　　C. 不是的

117. 我认为现在最需要解决的问题是：

A. 政治纠纷　　　　　　B. 不太确定　　　　　　C. 道德目标的有无

118. 我有时会无故地产生一种面临横祸的恐惧：

A. 是的　　　　　　B. 有时如此　　　　　　C. 不是的

119. 我在童年时，害怕黑暗的次数：

A. 极多　　　　　　　　B. 不太多　　　　　　　　C. 没有

120. 黄昏闲暇时，我喜欢：

A. 看一部历史探险影片　　B. 不一定　　　　　　　C. 读一本科学幻想小说

121. 当人们批评我古怪时，我觉得：

A. 非常气恼　　　　　　B. 有些动气　　　　　　　C. 无所谓

122. 在一个陌生的城市找住址时，我经常：

A. 找人问路　　　　　　B. 介于A与C之间　　　　C. 参考市区地图

123. 朋友们声明要在家休息时，我仍设法怂恿他们外出：

A. 是的　　　　　　　　B. 不一定　　　　　　　　C. 不是的

124. 在就寝时，我：

A. 不易入睡　　　　　　B. 介于A与C之间　　　　C. 极容易入睡

125. 有人烦扰我时，我：

A. 能不露声色　　　　　　　　　　　　　　　　B. 介于A与C之间

C. 要说给别人听，以泄气愤

126. 如果薪资待遇相等，我宁愿做一个：

A. 律师　　　　　　　　B. 不确定　　　　　　　　C. 飞行员或航海员

127. 时间永恒是比喻：

A. 时间过得很慢　　　　B. 忘了时间　　　　　　　C. 光阴一去不复返

128. 下列三种记号中，哪一种应紧接在"×○○○○××○○○×××"的后面：

A. ○　　　　　　　　　B. ○○　　　　　　　　　C. ○○○

129. 在陌生的地方，我仍能清楚地辨别东西南北的方向：

A. 是的　　　　　　　　B. 介于A与C之间　　　　C. 不是的

130. 我的确比一般人幸运，因为我能从事自己乐意从事的工作：

A. 是的　　　　　　　　B. 不一定　　　　　　　　C. 不是的

131. 如果我急于想借用别人的东西而物主恰又不在，我认为不告而取亦无大碍：

A. 是的　　　　　　　　B. 介于A与C之间　　　　C. 不是的

132. 我喜欢向友人讲述一些以往有趣的社交经验：

A. 是的　　　　　　　　B. 介于A与C之间　　　　C. 不是的

133. 我更愿意做一名：

A. 演员　　　　　　　　B. 不确定　　　　　　　　C. 建筑师

134. 工作学习之余，我总要安排计划，不使时间浪费：

A. 是的　　　　　　　　B. 介于A与C之间　　　　　C. 不是的

135. 与人交往时，我常会无端地产生一种自卑感：

A. 是的　　　　　　　　B. 介于A与C之间　　　　　C. 不是的

136. 我主动与陌生人交谈：

A. 毫不困难　　　　　　B. 介于A与C之间　　　　　C. 是一件难事

137. 我喜欢的音乐，多数：

A. 轻快活泼　　　　　　B. 介于A与C之间　　　　　C. 富于情感

138. 我爱做"白日梦"，且完全沉浸于幻想之中：

A. 是的　　　　　　　　B. 不一定　　　　　　　　C. 不是的

139. 未来二十年的世界局势定将好转：

A. 是的　　　　　　　　B. 不一定　　　　　　　　C. 不是的

140. 童年时，我喜欢阅读：

A. 神话幻想故事　　　　B. 不确定　　　　　　　　C. 战争故事

141. 我素来对机械、汽车、飞机等有兴趣：

A. 是的　　　　　　　　B. 介于A与C之间　　　　　C. 不是的

142. 我愿意做缓刑释放罪犯的管理监视人：

A. 是的　　　　　　　　B. 介于A与C之间　　　　　C. 不是的

143. 人们认为我只不过是一个肯于苦干、稍有成就的人而已：

A. 是的　　　　　　　　B. 介于A与C之间　　　　　C. 不是的

144. 在逆境中，我总能保持精神振奋：

A. 是的　　　　　　　　B. 介于A与C之间　　　　　C. 不是的

145. 我认为人工节育是解决世界经济与和平问题的要诀：

A. 是的　　　　　　　　B. 不太确定　　　　　　　C. 不是的

146. 我喜欢独自筹划，避免他人的干涉和建议：

A. 是的　　　　　　　　B. 介于A与C之间　　　　　C. 不是的

147. 我相信"上司不可能没有过错，但他仍有权做领导者"：

A. 是的   B. 不一定   C. 不是的

148. 我总设法使自己不粗心大意、不忽略细节：

A. 是的   B. 介于A与C之间   C. 不是的

149. 与人争辩或险遭事故后，我常发抖，精疲力竭，不能安心工作：

A. 是的   B. 介于A与C之间   C. 不是的

150. 没有医生处方，我从不乱用药：

A. 是的   B. 介于A与C之间   C. 不是的

151. 为了培养个人兴趣，我愿意参加：

A. 摄影组   B. 不确定   C. 辩论会

152. "星火"和"燎原"对等于"姑息"和：

A. 同情   B. 养奸   C. 纵容

153. "钟表"与"时间"犹如"裁缝"与：

A. 西装   B. 剪刀   C. 布料

154. 生动的梦境常常打扰我的睡眠：

A. 时常如此   B. 偶然如此   C. 从未如此

155. 我过去曾撕毁过一些限制人们自由的布告：

A. 是的   B. 介于A与C之间   C. 不是的

156. 在一个陌生的城市中，我会：

A. 到处闲逛   B. 不确定   C. 避免去较不安全的地方

157. 我宁愿服饰素洁大方，而不愿争奇斗艳惹人注目：

A. 是的   B. 不太确定   C. 不是的

158. 黄昏时，安静的娱乐活动远胜过热闹的宴会：

A. 是的   B. 不太确定   C. 不是的

159. 我常常明知故犯，不愿意接受好心的建议：

A. 偶尔如此   B. 罕有如此   C. 从不如此

160. 我总把"是非""善恶"作为判断或取舍的原则：

A. 是的   B. 介于A与C之间   C. 不是的

161. 我工作时不喜欢有许多人在旁观看：

A. 是的   B. 介于A与C之间   C. 不是的

162. 故意去为难一些有教养的人，如医生、老师等，是一件有趣的事：

A. 是的   B. 介于A与C之间   C. 不是的

163. 在各种课程中，我较喜欢：

A. 语文   B. 不确定   C. 数学

164. 那些自以为是、道貌岸然的人最使我生气：

A. 是的   B. 介于A与C之间   C. 不是的

165. 平常与循规蹈矩的人交谈：

A. 颇有兴趣，亦有所得   B. 介于A与C之间

C. 他们的思想肤浅，使我厌烦

166. 我喜欢：

A. 有几个有时对我很苛刻但富有感情的朋友

B. 介于A与C之间   C. 不受别人的干涉

167. 如果做民意投票，我宁愿投赞同票的是：

A. 剥夺有心理缺陷者的生育权利   B. 不确定

C. 对杀人犯判处死刑

168. 我有时会无端地感到沮丧和痛苦：

A. 是的   B. 介于A与C之间   C. 不是的

169. 当我与立场相反的人辩论时，我主张：

A. 尽量找出基本观点间的差异   B. 不一定

C. 彼此让步以解决矛盾

170. 我一向重感情而不重理智，因此我的观点常动摇不定：

A. 是的   B. 介于A与C之间   C. 不是的

171. 我的学习多依赖于：

A. 阅读好书   B. 介于A与C之间

C. 参加团体讨论

172. 我宁愿选择一份薪资待遇高的工作，不在乎有无保障，而不愿做薪资待遇低的固定工作：

A. 是的   B. 不太确定   C. 不是的

173. 在参加辩论以前，我总会先把握住自己的立场：

A. 经常如此   B. 一般如此   C. 必要时才如此

174. 我常被一些无谓的琐事烦扰：

A. 是的   B. 介于A与C之间   C. 不是的

175. 我宁愿住在嘈杂的城市，也不愿住在安静的乡村：

A. 是的   B. 不太确定   C. 不是的

176. 我宁愿：

A. 负责带领儿童游戏   B. 不确定   C. 协助钟表修理

177. "一人( )事，众人受累"，我认为应填入括号的文字是：

A. 愤   B. 偾   C. 喷

178. 望子成龙的家长往往( )苗助长，我认为应填入括号的文字是：

A. 揠   B. 堰   C. 偃

179. 气候的转变并不会影响我的情绪：

A. 是的   B. 介于A与C之间   C. 不是的

180. 因为我对一切问题都有个人见解，大家都公认我是个富有思想的人：

A. 是的   B. 介于A与C之间   C. 不是的

181. 我讲话的声音：

A. 洪亮   B. 介于A与C之间   C. 低沉

182. 人们公认我是一个活跃热情的人：

A. 是的   B. 介于A与C之间   C. 不是的

183. 我喜欢有旅行和变动机会的工作，而不计较工作本身是否有保障：

A. 是的   B. 介于A与C之间   C. 不是的

184. 我治事严格，凡事都务求尽善尽美：

A. 是的   B. 介于A与C之间   C. 不是的

185. 在取回或归还东西时，我总是仔细检查东西是否还保持原状：

A. 是的   B. 介于A与C之间   C. 不是的

186. 我经常精力充沛、忙忙碌碌：

A. 是的   B. 不一定   C. 不是的

187. 我确信我没有遗漏或不经心回答上面的任何问题：

A. 是的   B. 不确定   C. 不是的

卡特尔16PF测验答案

本项测验共包括16种性格因素的测评，以下是各项性格因素所包括的测试题。

A: 3，26，27，51，52，76，101，126，151，176。

B: 28，53，54，77，78，102，103，127，128，152，153，177，178，180。

C: 4，5，29，30，55，79，80，104，105，129，130，154，179。

E: 6，7，31，32，56，57，81，106，131，155，156，180，181。

F: 8，33，58，82，83，107，108，132，133，157，158，182，183。

G: 9，34，59，84，109，134，159，160，184，185。

H: 10，35，36，60，61，85，86，110，111，135，136，161，186。

I: 11，12，37，62，87，112，137，138，162，163。

L: 13，38，63，64，88，89，113，114，139，164。

M: 14，15，39，40，65，90，91，115，116，140，141，165，166。

N: 16，17，41，42，66，67，92，117，142，167。

O: 18，19，43，44，68，69，93，94，118，119，143，144，168。

Q1: 20，21，45，46，70，95，120，145，169，170。

Q2: 22，47，71，72，96，97，121，122，146，171。

Q3: 23，24，48，73，98，123，147，148，172，173。

Q4: 25，49，50，74，75，99，100，124，125，149，150，174，175。

每题的计分方法具体如下。

(1) 下列题中，凡是选以下对应的选项的加1分，否则加0分。

28. B 53. B 54. B 77. C 78. B 102. C 103. B 127. C 128. B

152. B 153. C 177. A 178. A

(2) 下列每题凡是选B的均加1分，选以下对应的选项的加2分，否则加0分。

3. A 4. A 5. C 6. C 7. A 8. C 9. C 10. A 11. C 12. C

13. A 14. C 15. C 16. C 17. A 18. A 19. C 20. A 21. A 22. C

23. C 24. C 25. A 26. C 27. C 29. C 30. C 31. C 32. C 33. A

34. C 35. C 36. A 37. A 38. A 39. C 40. A 41. C 42. A 43. A

44. C 45. C 46. A 47. A 48. A 49. A 50. C 51. C 52. A 55. A

56. A 57. C 58. A 59. C 60. C 61. C 62. C 63. C 64. C 65. A

66. C 67. C 68. C 69. C 70. A 71. A 72. A 73. A 74. A 75. C

76. C 79. C 80. C 81. C 82. C 83. C 84. C 85. C 86. C 87. C

88. A 89. C 90. C 91. A 92. C 93. C 94. C 95. C 96. C 97. C

98. A 99. A 100. C 101. A 104. A 105. A 106. C 107. C 108. C 109. A

110. A 111. A 112. A 113. A 114. A 115. A 116. A 117. A 118. A 119. A

120. C 121. C 122. C 123. C 124. A 125. C 126. C 129. A 130. A 131. A

132. A 133. A 134. A 135. C 136. A 137. C 138. A 139. C 140. A 141. C

142. A 143. C 144. C 145. A 146. A 147. A 148. A 149. C 150. A 151. C

154. C 155. A 156. A 157. C 158. A 159. C 160. A 161. C 162. A 163. A

164. A 165. C 166. C 167. A 168. A 169. A 170. C 171. A 172. C 173. A

174. A 175. C 176. A 179. A 180. A 181. A 182. A 183. A 184. A 185. A

186. A

第1、2、187题不计分；

将每项因素所包括的测试题得分加起来，就是该项性格因素的原始得分。

分数解释与适宜职业分析如下。

1. 因素A——乐群性

(1) 高分者。开朗、热情、随和，易于建立社会联系，在集体中倾向于承担责任和担任领导之职，在职业中容易得到晋升。推销员、企业经理、教师、会计、社会工作者等多具有此种特质。

(2) 低分者。保守、孤僻、严肃、退缩、拘谨、生硬。在职业上倾向于从事富于创造性的工作，如科学家(尤其是物理学家和生物学家)、艺术家、音乐家和作家。

2. 因素B——智慧性

(1) 高分者。聪明，富有才识，善于抽象思考。学习能力强，思维敏捷正确。适宜从事经过专业训练的工作，如高科技技术人员、专业客户经理等。

(2) 低分者。较迟钝，思考能力差。适宜从事一些琐事性工作，如杂务工等。

3. 因素C——稳定性

(1) 高分者。情绪稳定、成熟，能够面对现实，在集体中较受尊重。容易与别人合作，多倾向于从事技术性工作、管理性工作，如飞行员、护士、研究人员、运动员等。

(2) 低分者。情绪不稳定、幼稚、意气用事。当事业和爱情受挫时情绪沮丧，不易恢复。多倾向于从事会计、办事员、艺术家、售货员等职业。

4. 因素E——影响性

(1) 高分者。武断、盛气凌人、争强好胜、固执己见。有时表现出反传统倾向，不循规蹈矩，在集体活动中有时不遵守纪律。社会接触面较广泛。在学校学习期间，学习成绩一般或稍差。在大学期间可能表现出较强的数学能力。创造性和研究能力较强，经商能力稍差。多倾向于从事管理人员、艺术家、工程师、心理学家等职位。

(2) 低分者。谦卑、温顺、随和、惯于服从。职业选择倾向于咨询顾问、医生、办事员等。

5. 因素F——活泼性

(1) 高分者。轻松、愉快、逍遥、放纵，社会联系广泛，在集体中较引人注目。在职业上，倾向于从事运动员、经商者、空中小姐等职位。

(2) 低分者。节制、自律、严肃、沉默寡言。学术活动能力比社会活动能力强一些。在职业上，倾向于从事会计、行政人员、教授、科研人员等职位。

6. 因素G——有恒性

(1) 高分者。真诚、重良心、有毅力、执著、道德感强，孝敬、尊重父母。工作勤奋，睡眠较少，在直接接触的小群体中会自然而然地成为领导性人物。在职业选择上倾向于会计、百货经营经理等。

(2) 低分者。自私、唯利是图、不讲原则、不守规则、不尊重父母、对异性较随便、缺乏社会责任感。在职业选择上倾向于艺术家、作家、记者等。

7. 因素H——交际性

(1) 高分者。冒险、不可遏制，在社会行为方面胆大妄为，副交感神经占支配地位。在职业上，倾向于从事竞技体育运动、音乐等工作。

(2) 低分者。害羞、胆怯、易受惊怕。交感神经占支配地位。在职业上，倾向于从事编辑、农业技术等工作。

8. 因素I——情感性

(1) 高分者。细心、敏感、依赖性强；遇事优柔寡断，缺乏自信。在职业选择上倾向于美术工作者、行政人员、社会科学家、社会工作者、编辑等。

(2) 低分者。粗心、自立、现实。喜爱参加体育活动，通常身体较健康；遇事果断、自信。在职业选择上倾向于工程师、电气技师、警察等。

9. 因素L——怀疑性

(1) 高分者。多疑、戒备心强，不易受欺骗，易困，多睡眠。在集体中与他人保持距离，缺乏合作精神。在职业选择上倾向于编辑、管理人员、创造性科学研究人员。

(2) 低分者。真诚、有合作意识、宽容、容易适应环境，在集体中容易与他人建立良好的关系。在职业选择上倾向于会计、炊事员、电气技师、机械师、生物学家、物理学家。

10. 因素M——想象性

(1) 高分者。富于想象力，生活豪放不羁，对事漫不经心，通常在中学毕业后努力争取继续学习而不是早早就业。在集体中不太被人们看重，不修边幅，不重视形象，粗枝大叶。经常变换工作，不易被晋升。具有此种特质的人大多是艺术家。

(2) 低分者。现实，脚踏实地，处事稳妥，具忧患意识，办事认真谨慎。宜从事交通警察、机场地勤等工作。

11. 因素N——世故性

(1) 高分者。机敏、狡黠，圆滑、世故，人情练达，善于处世。在社会中容易取得较好的地位，善于解决疑难问题，在集体中易受到人们的重视。在职业选择上倾向于心理学家、企业家、商人等。

(2) 低分者。直率、坦诚、不加掩饰、不留情面，有时显得过于刻板，不为社会所接受。在社会中不易取得较高地位。在职业选择上倾向于艺术家、汽车修理工、矿工、厨师、警卫等。

12. 因素O——忧虑性

(1) 高分者。忧郁、受自责、缺乏安全感，焦虑、不安、自扰、杞人忧天。朋友较少，在集体中既无领袖欲望，亦不会被推选为领袖。常对环境进行抱怨，牢骚满腹。害羞、不善言辞、爱哭。在职业选择上倾向于艺术家、农工等。

(2) 低分者。自信、心平气和、坦然、宁静，有时自负、自命不凡、自鸣得意，容易适应环境，知足常乐。在职业选择上倾向于竞技体育运动员、行政人员、物理学家、机械师等。

13. 因素Q1——变革性

(1) 高分者。好奇心强，喜欢尝试各种可能性，思想自由、开放、激进，接近进步的政治党派。对宗教活动不够积极，身体较健康，在家庭中较少表露大男子主义倾向。在职业选择上倾向于艺术家、作家、会计、工程师、教授等。

(2) 低分者。保守、循规蹈矩、尊重传统。在职业选择上倾向于运动员、机械师、军官、音乐家、商人、警察、厨师、保姆等。

14. 因素Q2——独立性

(1) 高分者。自信、有主见、足智多谋。遇事勇于自己做主，不依赖他人，不推诿责任。在职业选择上倾向于从事创造性工作，如艺术家、工程师、科学研究人员、教授、作家。

(2) 低分者。依赖性强，缺乏主见，在集体中经常是一个随波逐流的人，是权威的忠实追随者。在职业选择上倾向于厨师、保姆、护士、社会工作者等。

15. 因素Q3——自律性

(1) 高分者。具有较强的自制力，以及较准确的意志力量，能够坚定地追求自己的理想，有良好的自我感觉和自我评价，在集体中，可以提出有价值的建议。在职业选择上倾向于学校行政领导、飞行员、科学家、电气技师、警卫、机械师、厨师、物理学家等。

(2) 低分者。不能自制，不遵守纪律，松懈、随心所欲、为所欲为、漫不经心，不尊重社会规范。在职业选择上倾向于艺术家。

16. 因素Q4——紧张性

(1) 高分者。紧张、有挫折感，经常陷入被动局面，神经质、不自然、做作。在集体中很少被选为领导，通常感到不被别人尊重和接受，经常自叹命薄。在职业选择上倾向于农业工人、售货员、作家、记者等。

(2) 低分者。放松、平静、不敏感，有时反应迟钝。很少有挫折感，遇事镇静自若。在职业选择上倾向于空中小姐、海员、地理学家、物理学家等。

2.4.2 MBTI职业性格测试题[①]

一、MBTI测试前须知

1. 参加测试的人员请务必诚实、独立地回答问题，只有如此，才能获得有效的结果。

2.《性格分析报告》展示的是你的性格倾向，而不是你的知识、技能、经验。

3. MBTI提供的性格类型描述仅供测试者确定自己的性格类型之用，性格类型没有好坏，只有不同。每一种性格特征都有其价值和优点，也有缺点和需要注意的地方。清楚地了解自己的性格优劣势，有利于更好地发挥自己的特长，从而尽可能地在为人处事中避免自己性格中的劣势，更好地和他人相处，并正确地作出重要的决策。

4. 本测试分为4部分，共93题，需时约18分钟。所有题目没有对错之分，请根据自己的实际情况选择，并将你选择的A或B所对应的"〇"涂黑，例如"●"。

只要你认真、真实地填写了测试问卷，那么通常情况下你都能确定和你的性格相匹配的类型。希望你能从中或多或少地获得一些有益的信息。

二、测试方法

1. 哪一个答案最能贴切地描述你的感受或行为？请你根据自己的真实情况填写表2-4。

表2-4 感受或行为表1

序号	问题描述	选项	E	I	S	N	T	F	J	P
1	当你要外出一整天，你会 A. 计划要做什么和在什么时间做 B. 说去就去	A							〇	
		B								〇
2	你认为自己是一个 A. 较为随兴所至的人 B. 较为有条理的人	A								〇
		B							〇	

——————————

① 资料来源：http://www.apesk.com/mbti/dati.asp

(续表)

序号	问题描述	选项	E	I	S	N	T	F	J	P
3	假如你是一位老师，你会选教 A.以事实为主的课程　B.涉及理论的课程	A			○					
		B				○				
4	你通常 A.与人容易混熟　B.比较沉静或矜持	A	○							
		B		○						
5	一般来说，你和哪些人比较合得来 A.富于想象力的人　B.现实的人	A				○				
		B			○					
6	你经常让 A.你的情感支配你的理智　B.你的理智主宰你的情感	A						○		
		B					○			
7	处理许多事情时，你喜欢 A.凭兴所至行事　B.按照计划行事	A								○
		B							○	
8	你非常 A.容易让人了解　B.难于让人了解	A	○							
		B		○						
9	按照程序表做事，会 A.合你心意　B.令你感到束缚	A							○	
		B								○
10	当你要完成一份特别的任务，你喜欢 A.开始前小心组织、计划　B.边做边确定需做什么	A							○	
		B								○
11	在大多数情况下，你会选择 A.顺其自然　B.按程序表做事	A								○
		B							○	
12	大多数人会说你是一个 A.重视自我隐私的人　B.非常坦率开放的人	A		○						
		B	○							
13	你宁愿被人认为是一个 A.实事求是的人　B.机灵的人	A			○					
		B				○				
14	在一大群人当中，通常是 A.你介绍大家认识　B.别人介绍你	A	○							
		B		○						

（续表）

序号	问题描述	选项	E	I	S	N	T	F	J	P
15	你会跟哪些人做朋友 A. 常提出新主意的　B. 脚踏实地的	A				○				
		B			○					
16	你倾向 A. 重视感情多于逻辑　B. 重视逻辑多于感情	A						○		
		B					○			
17	你比较喜欢 A. 根据事情发展才作计划　B. 很早就作计划	A								○
		B							○	
18	你喜欢花很多的时间 A. 一个人独处　B. 和别人在一起	A		○						
		B	○							
19	与很多人在一起会 A. 令你活力倍增　B. 常常令你心力交瘁	A	○							
		B		○						
20	你比较喜欢 A. 很早便把约会、社交聚集等事情安排妥当 B. 无拘无束，看当时有什么好玩就做什么	A							○	
		B								○
21	计划一次旅行时，你较喜欢 A. 大部分时间都跟着感觉行事 B. 事先知道大部分时间会做什么	A								○
		B							○	
22	在社交聚会中，你 A. 有时感到郁闷　B. 常常乐在其中	A		○						
		B	○							
23	你通常 A. 和别人容易混熟　B. 趋向自处一隅	A	○							
		B		○						
24	哪些人会更吸引你 A. 一个思维敏捷且非常聪颖的人 B. 实事求是，具备丰富常识的人	A				○				
		B			○					
25	在日常工作中，你会 A. 颇为喜欢处理迫使你分秒必争的突发事件 B. 通常预先计划，以免在压力下工作	A								○
		B							○	
26	你认为别人一般 A. 要花很长时间才能认识你　B. 用很短的 时间便能认识你	A		○						
		B	○							

2. 在下列每一对词语中，哪一个词语更合你心意？请仔细想想这些词语的含义，而不要理会它们的字形或读音，填写表2-5。

表2-5　心意表1

序号	问题描述		选项	E	I	S	N	T	F	J	P
27	A.注重隐私	B.坦率开放	A		○						
			B	○							
28	A.预先安排的	B.无计划的	A							○	
			B								○
29	A.抽象	B.具体	A				○				
			B			○					
30	A.温柔	B.坚定	A						○		
			B					○			
31	A.思考	B.感受	A					○			
			B						○		
32	A.事实	B.意念	A			○					
			B				○				
33	A.冲动	B.决定	A								○
			B							○	
34	A.热衷	B.文静	A	○							
			B		○						
35	A.文静	B.外向	A		○						
			B	○							
36	A.有系统	B.随意	A							○	
			B								○
37	A.理论	B.肯定	A				○				
			B			○					
38	A.敏感	B.公正	A						○		
			B					○			
39	A.令人信服	B.感人的	A					○			
			B						○		
40	A.声明	B.概念	A			○					
			B				○				
41	A.不受约束	B.预先安排	A								○
			B							○	

(续表)

序号	问题描述		选项	E	I	S	N	T	F	J	P
42	A.矜持	B.健谈	A		○						
			B	○							
43	A.有条不紊	B.不拘小节	A							○	
			B								○
44	A.意念	B.实况	A				○				
			B			○					
45	A.同情怜悯	B.远见	A						○		
			B				○				
46	A.利益	B.祝福	A				○				
			B						○		
47	A.务实的	B.理论的	A			○					
			B				○				
48	A.朋友不多	B.朋友众多	A		○						
			B	○							
49	A.有系统	B.即兴	A							○	
			B								○
50	A.富于想象的	B.以事论事	A				○				
			B			○					
51	A.亲切的	B.客观的	A						○		
			B					○			
52	A.客观的	B.热情的	A					○			
			B						○		
53	A.建造	B.发明	A			○					
			B				○				
54	A.文静	B.合群	A		○						
			B	○							
55	A.理论	B.事实	A				○				
			B			○					
56	A.富于同情	B.合逻辑	A						○		
			B					○			
57	A.具分析力	B.多愁善感	A					○			
			B						○		
58	A.合情合理	B.令人着迷	A			○					
			B				○				

3. 哪一个答案最能贴切地描绘你的感受或行为？请根据你的实际情况填写表2-6。

表2-6　感受或行为表2

序号	问题描述	选项	E	I	S	N	T	F	J	P
59	当你要在一个星期内完成一个大项目，你在开始的时候会 A. 把要做的不同工作依次列出　B. 马上动工	A							○	
		B								○
60	在社交场合中，你经常会感到 A. 与某些人很难打开话匣子和保持对话 B. 与多数人都能从容畅谈	A		○						
		B	○							
61	要做许多人也会做的事，你比较喜欢 A. 按照广泛认可的方法去做　B. 构想一个新的方法	A			○					
		B				○				
62	你刚认识的朋友能否说出你的兴趣 A. 马上可以　B. 要待他们真正了解你之后才可以	A	○							
		B		○						
63	你通常较喜欢的科目是 A. 讲授概念和原则的　B. 讲授事实和数据的	A				○				
		B			○					
64	下列哪个评价是对你较高的赞誉 A. 一贯感性的人　B. 一贯理性的人	A						○		
		B					○			
65	你认为按照程序表做事 A. 有时是需要的，但一般来说你不大喜欢这样做　B. 大多数情况下是有帮助的而且你喜欢这样做	A								○
		B							○	
66	和一群人在一起，你通常会选 A. 跟你很熟悉的个别人谈话　B. 参与群体的谈话	A		○						
		B	○							
67	在社交聚会上，你会 A. 是说话很多的一个　B. 让别人多说话	A	○							
		B		○						
68	把周末期间要完成的事列入清单，这个主意 A. 合你意　B. 使你提不起劲	A							○	
		B								○
69	下列哪个评价是对你较高的赞誉 A. 能干的　B. 富有同情心	A					○			
		B						○		
70	你通常喜欢 A. 事先安排你的社交约会　B. 随兴之所至做事	A							○	
		B								○
71	总体说来，要做一个大型作业时，你会 A. 边做边想该做什么　B. 首先把工作按步细分	A								○
		B							○	

(续表)

序号	问题描述	选项	E	I	S	N	T	F	J	P
72	你能否滔滔不绝地与人聊天 A.只限于跟你有共同兴趣的人 B.几乎跟任何人都可以	A		○						
		B	○							
73	你会 A.赞同一些被证明有效的方法 B.分析还有什么毛病及尚未解决的难题	A			○					
		B				○				
74	为乐趣而阅读时,你会 A.喜欢奇特或创新的表达方式 B.喜欢作者有话直说	A				○				
		B			○					
75	你宁愿替哪一类上司(或者老师)工作 A.天性淳良,但常常前后不一的 B.言词尖锐但永远合乎逻辑的	A						○		
		B					○			
76	你做事多数是 A.按当天心情去做 B.按拟好的程序表去做	A								○
		B							○	
77	通常情况下,你 A.可以和任何人按需求从容地交谈 B.只是对某些人或在某种情况下才可以畅所欲言	A	○							
		B		○						
78	要作决定时,你认为比较重要的是 A.根据事实衡量 B.考虑他人的感受和意见	A					○			
		B						○		

4. 在下列每一对词语中,哪一个词语更合你心意?请填写表2-7。

表2-7 心意表2

序号	问题描述		选项	E	I	S	N	T	F	J	P
79	A.想象的	B.真实的	A				○				
			B			○					
80	A.仁慈慷慨的	B.意志坚定的	A						○		
			B					○			
81	A.公正的	B.有关怀心	A					○			
			B						○		
82	A.制作	B.设计	A			○					
			B				○				
83	A.可能性	B.必然性	A				○				
			B			○					
84	A.温柔	B.力量	A						○		
			B					○			

(续表)

序号	问题描述		选项	E	I	S	N	T	F	J	P
85	A.实际	B.多愁善感	A					○			
			B						○		
86	A.制造	B.创造	A			○					
			B				○				
87	A.新颖的	B.已知的	A				○				
			B								
88	A.同情	B.分析	A						○		
			B					○			
89	A.坚持己见	B.温柔有爱心	A					○			
			B						○		
90	A.具体的	B.抽象的	A			○					
			B				○				
91	A.全心投入	B.有决心的	A						○		
			B					○			
92	A.能干	B.仁慈	A					○			
			B						○		
93	A.实际	B.创新	A			○					
			B				○				
	每项总分										
				E	I	S	N	T	F	J	P

三、评分规则

1. 请你将"●"涂好，把8项(E、I、S、N、T、F、J、P)分别加起来，并将总和填在每项最下方的方格内。

2. 请复查你的计算是否准确，然后将各项总分填在表2-8对应的方格内。

表2-8　评分表

每项总分					
外向	E			I	内向
实感	S			N	直觉
思考	T			F	情感
判断	J			P	认知

四、确定类型的规则

1. MBTI以4个组别来评估性格类型倾向："E-I""S-N""T-F"和"J-P"。请你比较4个组别的得分。每个组别中，获得较高分数的那个类型，就是你的性格类型倾向。例如，你的得分是：E(外向)12分、I(内向)9分，那么你的类型倾向便是E(外向)了。

2. 将代表获得较高分数的类型的英文字母，填在表2-9的方格内。如果在一个组别中，两个类型的得分相同，则依据表格中的规则来确定你的类型倾向。

表2-9 评估结果表

评估类型			
同分处理规则	假如E=I；请选I 假如S=N；请选N 假如T=F；请选F 假如J=P；请选P		

五、MBTI 16种人格类型分析

ISTJ

1. 严肃、安静、可信赖，通过集中心志与全力投入可获得成功。

2. 行事务实、有序，逻辑感强，真实且可信赖。

3. 十分留意且乐于做任何事，工作、居家、生活等方面组织有序。

4. 负责任。

5. 习惯参照设定的成效作出决策且不畏阻挠与闲言会坚定为之。

6. 重视传统，忠诚。

7. 传统的思考者或经理人。

ISFJ

1. 安静、和善、负责任且有良心。

2. 行事尽责投入。

3. 安定性高，常会成为项目、工作或团体之中的安定力量。

4. 尽责投入，能吃苦，做事力求精确。

5. 兴趣通常不在科技方面，对事务细节有耐心。

6. 忠诚，考虑周到，知性且关心他人感受。

7. 致力于创构有序及和谐的工作与家庭环境。

INFJ

1. 坚韧，有创意，意志坚定，易获成功。

2. 会在工作中投注最大限度的努力。

3. 诚挚、用心地关切他人。

4. 因坚守原则而受敬重。

5. 因能提出造福大众利益的明确愿景而为人所尊敬与追随。

6. 追求创见、关系及物质财富的意义及关联性。

7. 想了解什么能激励别人，对他人具有洞察力。

8. 光明正大且坚信其价值观。

9. 能够有组织且果断地履行其愿景。

INTJ

1. 执著，能坚持不懈地追求自己的目标。

2. 有宏大的愿景且能快速地在众多外界事件中找出有意义的典型。

3. 对于所承负的职务，具有良好的策划能力并能及时完成。

4. 具怀疑心、挑剔性、独立性，做事果决，对专业水准及绩效要求高。

ISTP

1. 冷静旁观者，安静，做事预留余地且有弹性，幽默，会以无偏见的好奇心观察与分析事物。

2. 有兴趣于探索原因及效果，以及技术事件是为何及如何运作，且善于应用逻辑原理组构事实，重视效能。

3. 擅长抓住问题核心及找出解决方法。

4. 善于分析成事的缘由且能实时从大量资料中找出实际问题的核心。

ISFP

1. 羞怯的、安宁和善的、敏感的、亲切的，且行事谦虚。

2. 善于避开争论，不对他人强加己见或价值观。

3. 无意于领导他人，常是忠诚的追随者。

4. 办事不急躁，安于现状，无意于以过度的努力破坏现况，且非成果导向。

5. 喜欢留出自有的空间及按照自定的时程办事。

INFP

1. 安静观察者，理想主义者，忠于自己的价值观及重要人物。

2. 希望外在生活形态与内在价值观相吻合。

3. 具好奇心，擅于发现并把握机会，常成为开发创意的触媒者。

4. 除非价值观受侵犯，一般情况下，行事具弹性，适应力及承受力强。

5. 具有了解及发展他人潜能的企图，做事全神贯注。

6. 对所处境遇及得失不太在意。

7. 具有一定的适应力，在价值观不受威胁的情况下，做事有弹性。

INTP

1. 安静、自持，做事有弹性及具适应力。

2. 特别喜欢追求理论与科学事理。

3. 问题解决者，习惯于通过逻辑分析来解决问题。

4. 对创意事务及特定工作有极大的兴趣，对聚会与闲聊无大兴趣。

5. 追求可发挥个人兴趣的职业生涯。

6. 喜欢思考，对感兴趣的事物求知欲较强。

ESTP

1. 擅长现场实时解决问题，是问题解决者。

2. 喜欢做事并享受过程。

3. 倾向于从事技术事务及运动，结交志同道合的友人。

4. 具适应性、容忍度、务实性。

5. 不喜欢冗长的解释及理论。

6. 最专精于可操作、处理、分解或组合的现实事务。

ESFP

1. 外向、和善，接受性高，乐于分享喜乐予他人。

2. 喜欢与他人一起行动且促成事件发生，在学习时亦然。

3. 知晓事件未来的发展趋势并会积极参与。

4. 擅长与人相处，具备完备常识，行事富于弹性，能立即适应他人与环境。

5. 是生命、人、物质享受的热爱者。

ENFP

1. 充满热忱，活力充沛，聪明，富于想象力，期待能得到他人的肯定与支持。

2. 几乎能达成所有有兴趣的事。

3. 善于解决难题，富于同情心，对有困难的人能施予援手。

4. 应变能力强，不喜欢作计划。

5. 为达目的常能找出强制自己为之的理由。

6. 即兴执行者。

ENTP

1. 反应快、聪明，擅长处理多样事务。

2. 善于激励他人，敏捷，性格直爽。

3. 会为了趣味对问题的两面加以争辩。

4. 善于解决新问题及富有挑战性的问题，但易于厌烦经常性事务及忽视细节。

5. 兴趣多元，注意力易倾向于转移至新生的兴趣。

6. 明确自己想要的，且有一定的理由作支撑。

7. 擅长了解他人，及解决新的或有挑战性的问题。

ESTJ

1. 务实、真实，具有经营企业或钻研技术的天分。

2. 不喜欢抽象理论，最喜欢学习可立即运用的事理。

3. 喜好从事组织与管理活动，且专注于以最有效率的方式行事以达成效。

4. 具有决断力，关注细节，能很快作出决策——优秀行政者。

5. 常忽略他人感受。

6. 喜欢做领导者或企业主管。

ESFJ

1. 诚挚、爱说话、合作性高、受欢迎，行事光明正大，是天生的合作者及活跃的组织成员。

2. 注重和谐且擅长营造和谐气氛。

3. 常做对他人有益的事务。

4. 给予鼓励及称许会创造更佳的工作成效。

5. 对直接影响人们生活的客观事务最有兴趣。

6. 喜欢与他人共事，能精确且准时地完成工作。

ENFJ

1. 充满热忱，负责任，善于鼓励他人，具有领导风范。

2. 对他人所想或希求会表达真正的关切且能切实用心去处理。

3. 能怡然且有技巧地带领团体讨论或演示文稿提案。

4. 爱交际、受欢迎及富有同情心。

5. 对他人的称许及批评很在意。

6. 喜欢引领他人且能使他人或团体发挥潜能。

ENTJ

1. 坦诚、具决策力的活动领导者。

2. 擅长构建系统并广泛实施以解决组织问题。

3. 擅长公众演讲。

4. 乐于吸收新知且能广开信息渠道。

5. 易过度自信，会强于表达自己的创见。

6. 擅长作策划及目标设定。

2.4.3 内外向性格测试

在这部分测试中，选择了两种方法，一个是经典的艾森克人格问卷，另一个是经改编的内外向性格测试，请根据个人偏好来选择测试方法。

一、艾森克人格问卷(EPQ)(成人)[①]

请回答下列问题。回答"是"时，就在"是"上打"√"；回答"否"时就在"否"上打"√"。这里没有对你不利的题目，每个答案无所谓正确与错误。请尽快回答，不要在每道题目上思索太长时间。回答时不要考虑应该怎样，只根据你平时的真实情况作答。每题都要回答。

---

① 资料来源：http://types.yuzeli.com/survey/epq85

1. 你是否有许多不同的业余爱好?(是;否)

2. 你是否在做任何事情以前都要停下来仔细思考?(是;否)

3. 你的心境是否常有起伏?(是;否)

4. 你曾有过明知是别人的功劳而你去接受奖励的经历吗?(是;否)

5. 你是否健谈?(是;否)

6. 欠债会使你不安吗?(是;否)

7. 你曾无缘无故地觉得"真是难受"吗?(是;否)

8. 你曾贪图分外之物吗?(是;否)

9. 你是否在晚上小心翼翼地关好门窗?(是;否)

10. 你是否比较活跃?(是;否)

11. 你在见到一个小孩或动物受折磨时是否会感到非常难过?(是;否)

12. 你是否常常为自己不该做而做了的事、不该说而说了的话而感到紧张?(是;否)

13. 你喜欢跳降落伞吗?(是;否)

14. 通常你能在热闹的联欢会中尽情地玩吗?(是;否)

15. 你容易激动吗?(是;否)

16. 你曾经将自己的过错推给别人吗?(是;否)

17. 你喜欢会见陌生人吗?(是;否)

18. 你是否支持保险制度?(是;否)

19. 你是一个容易伤感情的人吗?(是;否)

20. 你所有的习惯都是好的吗?(是;否)

21. 在社交场合你是否总不愿露头角?(是;否)

22. 你会服用奇异或有危险的药物吗?(是;否)

23. 你常有"厌倦"之感吗?(是;否)

24. 你曾拿过别人的东西吗(哪怕一针一线)?(是;否)

25. 你是否常爱外出?(是;否)

26. 你是否在伤害你所宠爱的人时感到快乐?(是;否)

27. 你常为有罪恶感而苦恼吗?(是;否)

28. 你在与人谈话时是否有时不懂装懂?(是;否)

29. 你是否宁愿去看书也不愿多见人?(是;否)

30. 你有过要伤害你仇人的想法吗？（是；否）

31. 你觉得自己是一个神经过敏的人吗？（是；否）

32. 对他人有所失礼时你是否会经常表示歉意？（是；否）

33. 你有许多朋友吗？（是；否）

34. 你是否喜欢讲有时确能伤害人的笑话？（是；否）

35. 你是一个多忧多虑的人吗？（是；否）

36. 你在童年时是否按照吩咐做事且毫无怨言？（是；否）

37. 你认为你是一个乐天派吗？（是；否）

38. 你很讲究礼貌和整洁吗？（是；否）

39. 你是否总在担心会发生可怕的事情？（是；否）

40. 你曾损坏或遗失过别人的东西吗？（是；否）

41. 交新朋友时一般是你采取主动吗？（是；否）

42. 当别人向你诉苦时，你是否容易理解他们的苦衷？（是；否）

43. 你经常会有如同"拉紧的弦"一样的紧张感吗？（是；否）

44. 在没有废纸篓时，你是否会将废纸扔在地板上？（是；否）

45. 当你与别人在一起时，你是否言语很少？（是；否）

46. 你是否认为结婚制度过时了，应该废止？（是；否）

47. 你是否会在某个时候感到自己很可怜？（是；否）

48. 你是否会在某个时候有点自夸？（是；否）

49. 你是否很容易将一个沉寂的集会搞得活跃起来？（是；否）

50. 你是否讨厌那种小心翼翼开车的人？（是；否）

51. 你是否会为自己的健康担忧？（是；否）

52. 你是否讲过他人的坏话？（是；否）

53. 你是否喜欢对朋友讲笑话和有趣的故事？（是；否）

54. 你小时候曾对父母粗暴无礼吗？（是；否）

55. 你是否喜欢与他人混在一起？（是；否）

56. 你是否会因工作失误而感到难过？（是；否）

57. 你是否有过失眠的经历？（是；否）

58. 你吃饭前必定洗手吗？（是；否）

59. 你常无缘无故地感到无精打采和倦怠吗? (是; 否)

60. 和别人玩游戏时, 你有过欺骗行为吗? (是; 否)

61. 你是否喜欢从事一些动作迅速的工作? (是; 否)

62. 你的母亲是一位善良的妇人吗? (是; 否)

63. 你是否常常觉得人生非常无味? (是; 否)

64. 你曾利用过某人为自己取得好处吗? (是; 否)

65. 你是否常常参加许多活动, 但实际上你没有那么多时间? (是; 否)

66. 是否有几个人总在躲避你? (是; 否)

67. 你是否为你的容貌而非常烦恼? (是; 否)

68. 你是否觉得人们为了未来有保障而办理储蓄和保险所花的时间太多? (是; 否)

69. 你曾有过"不如死了为好"的想法吗? (是; 否)

70. 如果有把握永远不会被别人发现, 你会逃税吗? (是; 否)

71. 你能促使一个集会顺利进行吗? (是; 否)

72. 你能克制自己不对他人无礼吗? (是; 否)

73. 遭遇一次难堪的经历后, 你是否会在很长的一段时间内还感到难受? (是; 否)

74. 你患有"神经过敏症"吗? (是; 否)

75. 你是否曾故意说些什么来伤害别人的感情? (是; 否)

76. 你与他人的友谊是否容易破裂, 虽然不是你的过错? (是; 否)

77. 你常感到孤单吗? (是; 否)

78. 当他人寻你的差错, 找你工作中的缺点时, 你是否容易在精神上受挫? (是; 否)

79. 你赴约会或上班曾迟到过吗? (是; 否)

80. 你喜欢忙忙碌碌地过日子吗? (是; 否)

81. 你希望别人怕你吗? (是; 否)

82. 你是否觉得有时浑身有劲, 而有时又懒洋洋的? (是; 否)

83. 你有时会把今天应做的事拖到明天去做吗? (是; 否)

84. 别人认为你充满活力吗? (是; 否)

85. 别人是否对你说了许多谎话? (是; 否)

86. 你是否容易因某些事物而愤怒? (是; 否)

87. 当你犯了错误时, 你是否常常愿意承认它? (是; 否)

88. 你会为因落入圈套而被捉拿的动物感到难过吗？(是；否)

量表解释：

艾森克人格问卷包括精神质(P)、内外向(E)、神经质(N)和掩饰性(L)4个分量表。

1. E(内向-外向)。分数高表示人格外向，这类人擅长交际，渴望刺激和冒险，情感易于冲动；分数低表示人格内向，这类人好静，富于内省，除了亲密的朋友之外，对一般人缄默冷淡，不喜欢刺激，喜欢有秩序的生活方式，情绪比较稳定。

2. N(神经质)。反映的是正常行为，并非指神经症。分数高者常常焦虑、担忧、郁郁不乐、忧心忡忡，遇到刺激会有强烈的情绪反应，以至作出不够理智的行为；分数低者情绪反应缓慢，很容易恢复平静，稳重，性情温和，善于自我控制。

3. P(精神质)。并非暗指精神病，这一特质在所有人身上都存在，只是程度不同。高分者可能比较孤独、不关心他人，难以适应外部环境，不近人情，感觉迟钝，与他人不能友好相处，喜欢寻衅搅扰，喜欢干奇特的事情，并且不顾危险；低分者能与他人友好相处，能较好地适应环境，态度温和、不粗暴，善从人意。

4. L(掩饰性)。这一特质的外显程度与年龄呈负相关。成人随年龄而升高；儿童随年龄而减低。

将测试答案与评分标准对照进行记分；算出各量表的原始得分；根据常模换算出标准T分，平均分为50，标准差为10。T分为43.3～56.7的，为中间型；为38.5～43.3或56.7～61.5的，为倾向型；为38.5以下或61.5以上的，为典型型。

P量表分：23题 (精神质)

-2，-6，-9，-11，-18，22，26，30，34，-38，-42，46，50，-56，-62，66，68，-72，75，76，81，85，-88

E量表分：20题(内-外倾)

1，5，10，13，14，17，-21，25，-29，33，37，41，-45，49，53，55，61，65，71，80，84

N量表分：24题(神经质)

3，7，12，15，19，23，27，31，35，39，43，47，51，57，59，63，67，69，73，74，77，78，82，86

L量表分：20题 (欺骗性)

-4，-8，-16，20，-24，-28，32，36，-40，-44，-48，-52，-54，

58，-60，-64，-70，-79，-83，87

二、内外性格测试量表

下面有50道题，请根据自己的实际情况作出回答。符合的记"A"，难以回答的记"B"，不符合的记"C"，并填写在表2-10中。

表2-10 性格测试题表

1	与观点不同的人也能友好往来	2	你读书较慢，力求完全看懂	
3	你做事较快，但较粗糙	4	你经常分析自己、研究自己	
5	生气时你会不加抑制地把怒气发泄出来	6	在人多的场合你总是力求不引人注意	
7	你不喜欢写日记	8	你待人总是很小心	
9	你是个不拘小节的人	10	你不敢在众人面前发表演说	
11	你能够做好领导团队的工作	12	你常会猜疑别人	
13	受到表扬后你工作得更努力	14	你希望过平静、轻松的生活	
15	你从不考虑自己几年以后的事情	16	你经常会一个人想入非非	
17	你喜欢经常变换工作	18	你经常回忆自己过去的生活	
19	你很喜欢参加集体娱乐活动	20	你总是三思而后行	
21	使用金钱时你从不精打细算	22	你讨厌在工作时有人在旁边观看	
23	你始终以乐观的态度对待人生	24	你总是独立思考、回答问题	
25	你不怕应付麻烦的事情	26	对陌生人你从不轻易相信	
27	你几乎从不主动制订学习或工作计划	28	你不善于结交朋友	
29	你的意见和观点常会发生变化	30	你很注意交通安全	
31	你肚里有话藏不住，总想对别人说出来	32	你常有自卑感	
33	你不太注意自己的服装是否整洁	34	你很关心别人会对你有什么看法	
35	和别人在一起时，你的话总是比别人多	36	你喜欢独自一个人在房内休息	
37	你的情绪很容易波动	38	看到房间里杂乱无章，你就静不下心来	
39	遇到不懂的问题你就去问别人	40	旁边若有说话声或广播声，你就无法静下心来学习	
41	你的口头表达能力还不错	42	你是个沉默寡言的人	
43	你能很快熟悉并适应一个新的环境	44	你同陌生人打交道时，常感到为难	
45	常会过高地估计自己的能力	46	遭遇失败后你总是忘不了	
47	你觉得脚踏实地地干比探索理论原理更重要	48	你很关注同伴们的工作或学习成绩	
49	比起读小说和看电影，你更喜欢郊游和跳舞	50	买东西时，你常常犹豫不决	

1. 计分方法

题号为奇数的题目，每记一个"A"得2分，每记一个"B"得1分，每记一个"C"得0分；题号为偶数的题目，每记一个"A"得0分，每记一个"B"得1分，每记一个"C"得2分。最后将各题的分数相加，总和即为你的性向指数。

性向指数的取值范围为0～100。由性向指数的数值就可以了解一个人内倾或外倾的程度。总分：0～19分，内向；20～39分，偏内向；40～59分，中间型(混合型)；60～79分，偏外向；80～100分，外向。

2. 测试结果

(1) 外向。具有较高的反应性和主动性。脾气暴躁、不稳重、好挑衅，但态度直率、精力旺盛。能以极大的热情工作并克服前进道路上的障碍，但有时会缺乏耐心。当困难太大而需要特别努力时，有时显得意志消沉、心灰意懒。这类人的可塑性差，但兴趣较稳定。

(2) 偏外向。这类人会对一切吸引其注意的事物，作出主动的、兴致勃勃的反应。行动敏捷，有高度的可塑性。容易适应新环境，善于结交新朋友。易动感情，姿态活泼、表情生动，言语具有表达力和感染力。精力充沛，坚定，有毅力。但在平凡和持久的工作中，热情易消退，表现出萎靡不振的状态。

(3) 偏内向。感情不易外露，态度持久，交际适度，对自己的行为有自制力。心理反应缓慢，遇事不慌不忙。可塑性差，不灵活但有条理，能够冷静持久地工作。因循守旧，缺乏创新精神。性格一般表现为内向，对外界的影响很少作出反应。

(4) 内向。具有较高的感受性和较低的敏感性，他们的心理反应速度缓慢，动作迟钝，说话慢慢吞吞，多愁善感，易动情感，但表现微弱而持久。不善于与人交往，在困难面前优柔寡断，在危险面前表现出恐惧和畏缩，在受挫折以后常心神不安，不能迅速地转向新的工作，主动性较差。不能把事情坚持到底。富于想象力，比较聪明，对力所能及的事表现出较大的韧性，并能克服重重困难。

2.4.4　职业性格与气质测试

在职业心理中，性格影响着一个人对职业的适应性，一定的性格适合于从事一定的职业；同时，不同的职业对人有不同的性格要求。因此，在考虑或选择职业时，不仅要考虑自己的职业兴趣，还要考虑自己的职业性格特点。下面的测验根据人的职业性格特点和职业对人的性格要求两方面来进行类型划分，每一种职业都与其中的几种性格类型相关。

一、职业性格测验表[1]

根据自己的实际情况作出回答，并统计回答"是"的次数，然后在这九组中选出数字最大的一组，这一组就对应着你的性格。

第一组

(1) 喜欢内容经常变化的活动或工作情景。

(2) 喜欢参加新颖的活动。

(3) 喜欢提出新的想法并付诸行动。

(4) 不喜欢预先对活动或工作作出明确而细致的计划。

(5) 讨厌需要耐心、细致的工作。

(6) 能够很快适应新环境。

第一组总计次数(　　)

第二组

(1) 当注意力集中于一件事时，别的事很难使我分心。

(2) 在做某件事情的时候，不喜欢受到出乎意料的干扰。

(3) 生活有规律，很少违反作息制度。

(4) 喜欢按照一个设定好的工作模式来做事情。

(5) 能够长时间做枯燥、单调的工作。

第二组总计次数(　　)

第三组

(1) 喜欢按照别人的批示办事，需要负责任。

(2) 在按他人指示做事时，自己不考虑为什么要做些事，只管完成任务。

(3) 喜欢让他人来检查工作。

(4) 在工作上听从指挥，不喜欢自己作出决定。

---

[1] 资料来源：http://site.douban.com/120314/widget/notes/3690986/note/186070391/

(5) 工作时喜欢他人把任务的要求讲得明确而细致。

(6) 喜欢一丝不苟地按计划做事,直到得到一个圆满的结果。

第三组总计次数( )

第四组

(1) 喜欢对自己的工作独立作出计划。

(2) 能处理和安排突然发生的事情。

(3) 能对将要发生的事情负起责任。

(4) 喜欢在紧急情况下果断作出决定。

(5) 善于动脑筋、出主意、想办法。

(6) 通常情况下对学习、活动充满信心。

第四组总计次数( )

第五组

(1) 喜欢与新朋友相识并一起工作。

(2) 喜欢在几乎没有个人秘密的场所工作。

(3) 试图忠实于他人且能与他人友好相处。

(4) 喜欢与他人互通信息、交流思想。

(5) 喜欢参加集体活动,努力完成所分配的任务。

第五组总计次数( )

第六组

(1) 理解问题总比别人快。

(2) 试图使他人相信你的观点,善于使他人按你的想法来做事情。

(3) 善于通过谈话或授信来说服他人。

(4) 善于使他人按你的想法来做事情。

(5) 试图让一些自信心差的同学振作起来。

(6) 试图在一场争论中获胜。

第六组总计次数( )

第七组

(1) 能做到临危不惧。

(2) 能做到临场不慌。

(3) 能做到知难而退。

(4) 能冷静处理好突然发生的事故。

(5) 遇到偶然事故可能伤及他人时，能果断采取措施。

(6) 机智灵活，反应敏捷。

第七组总计次数(　　)

第八组

(1) 喜欢表达自己的观点和感情。

(2) 做一件事情时，很少考虑利弊得失。

(3) 喜欢讨论对一部电影或一本书的感情。

(4) 在陌生场合不会感到拘谨和紧张。

(5) 相信自己的判断，不喜欢模仿别人。

(6) 很喜欢参加学校的各种活动。

第八组总计次数(　　)

第九组

(1) 工作细致而努力，试图将事情完成得尽善尽美。

(2) 对学习和工作抱认真严谨、始终如一的态度。

(3) 喜欢花很长时间集中于一件事情的细小问题。

(4) 善于观察事物的细节。

(5) 无论填什么表格态度都非常认真。

(6) 做事情力求稳妥，不做无把握的事情。

第九组总计次数(　　)

统计和确定你的职业性格类型，将每组回答"是"的总次数，填入括号中。

第一组：(　　)变化型；

第二组：(　　)重复型；

第三组：(　　)服从型；

第四组：(　　)独立型；

每五组：(　　)协作型；

第六组：(　　)劝服型；

第七组：（　　）机智型；

第八组：（　　）好表现型；

第九组：（　　　）严谨型。

各类职业的性格特点分析如下。

1. 变化型。这类人容易在新的和出人意料的活动情境中感到愉快，喜欢从事经常变换职业的工作。他们追求多样化的生活，喜欢那些能将其注意力从一件事转到另一件事上的工作情境。

2. 重复型。这类人喜欢连续不断地从事同样的工作，他们喜欢按照别人安排好的计划或进度办事，喜欢重复的、有规则的、有标准的、机械化的职务。

3. 服从型。这类人喜欢按别人的指示办事。他们不愿自己独立作出决策，而喜欢对分配给自己的工作负责任。

4. 独立型。这类人喜欢计划自己的活动和指导别人的活动，他们在独立和负有职责的工作中感到愉快，喜欢对将要发生的事情作出决定。

5. 协作型。这类人在与人协同工作时感到愉快，他们想要得到同事们的喜欢。

6. 劝服型。这类人喜欢设法使别人同意他们的观点，一般通过谈话或写作来实现。他们对于别人的反应有较强的判断力，且善于影响他人的态度、观点和判断。

7. 机智型。这类人在紧张和危险的情境下能很好地执行任务，他们在面临危险的时候总能自我控制和镇定自如。他们在发生意外的情境中能工作得很出色，当事情出了差错时，他们不易慌乱。

8. 好表现型。这类人喜欢能表现自己的爱好和个性的工作情境。

9. 严谨型。这类人喜欢关注细节，习惯按一套规则和步骤将工作做得完美。他们倾向于严格、努力地工作，追求出色的工作效果。

二、气质量表[①]

请认真阅读下列各题，对于每一题，你认为非常符合自己情况的，在后面的括号里填"+2"，比较符合的填"+1"，不确定的填"0"，比较不符合的填"-1"，完全不符合的填"-2"。

---

① 资料来源：http://www.lszx.org/school/Documents/xlzx/xlcs/1262A586582.htm

1. 做事力求稳妥，不做无把握的事。（　）

2. 遇到可气的事就怒不可遏，想把心里话全说出来才痛快。（　）

3. 宁肯一个人做事，也不愿与很多人在一起。（　）

4. 能很快适应新环境。（　）

5. 厌恶那些强烈的刺激，如尖叫、噪声、危险的镜头等。（　）

6. 和他人争吵时，总是先发制人，喜欢挑衅。（　）

7. 喜欢安静的环境。（　）

8. 喜欢与人交往。（　）

9. 羡慕那种能克制自己感情的人。（　）

10. 生活有规律，很少违反作息制度。（　）

11. 在多数情况下情绪是乐观的。（　）

12. 碰到陌生人会觉得很拘束。（　）

13. 遇到令人气愤的事，能很好地自我克制。（　）

14. 做事总是有旺盛的精力。（　）

15. 遇到问题常常举棋不定，优柔寡断。（　）

16. 在人群中从不觉得过分拘束。（　）

17. 情绪高昂时，觉得干什么都有趣。（　）

18. 当注意力集中于一件事时，别的事很难使我分心。（　）

19. 理解问题总比别人快。（　）

20. 碰到危险情境，常会产生一种极度恐怖感。（　）

21. 对学习、工作、事业怀有很高的热情。（　）

22. 能够长时间做枯燥、单调的工作。（　）

23. 对于符合兴趣的事情，干起来劲头十足，否则就不想干。（　）

24. 一点小事就能引起情绪波动。（　）

25. 讨厌做那种需要耐心、细致的工作。（　）

26. 与人交往不卑不亢。（　）

27. 喜欢参加热烈的活动。（　）

28. 爱看感情细腻、描写人物内心活动的文学作品。（　）

29. 工作、学习时间长了，常感到厌倦。（　）

30. 不喜欢长时间谈论一个问题，愿意付诸于实践。（ ）

31. 宁愿侃侃而谈，不愿窃窃私语。（ ）

32. 别人说我总是闷闷不乐。（ ）

33. 理解问题常比别人慢些。（ ）

34. 疲倦时只需经过短暂的休息就能精神抖擞，重新投入工作。（ ）

35. 心里有话宁愿自己想，不愿说出来。（ ）

36. 认准一个目标就希望尽快实现，不达目的，誓不罢休。（ ）

37. 学习、工作同样一段时间后，常比别人更疲倦。（ ）

38. 做事有些莽撞，常常不考虑后果。（ ）

39. 老师或师傅讲授新知识、新技术时，总希望他讲得慢些，多重复几遍。（ ）

40. 能够很快地忘记那些不愉快的事情。（ ）

41. 做作业或完成一项工作总比别人花的时间多。（ ）

42. 喜欢运动量大的剧烈体育运动，或喜欢参加各种文娱活动。（ ）

43. 不能很快地把注意力从一件事转移到另一件事上去。（ ）

44. 接受一项任务后，希望迅速完成。（ ）

45. 认为墨守成规比冒风险强些。（ ）

46. 能够同时注意几件事物。（ ）

47. 当我烦闷的时侯，别人很难使我高兴起来。（ ）

48. 爱看情节起伏跌宕、激动人心的小说。（ ）

49. 对工作抱认真严谨、始终如一的态度。（ ）

50. 和周围人的关系总是相处不好。（ ）

51. 喜欢复习学过的知识，重复做已经掌握的工作。（ ）

52. 喜欢做变化大、花样多的工作。（ ）

53. 小时候会背的诗歌，我似乎比别人记得清楚。（ ）

54. 别人说我"出语伤人"，可我并不觉得这样。（ ）

55. 在体育活动中，常因反应慢而落后。（ ）

56. 反应敏捷，头脑机智。（ ）

57. 喜欢有条理且不甚麻烦的工作。（ ）

58. 兴奋的事常使我失眠。（ ）

59. 老师讲新概念，常常听不懂，但是弄懂以后就很难忘记。（　　）

60. 假如工作枯燥无味，马上就会情绪低落。（　　）

胆汁质包括：2，6，9，14，17，21，27，31，36，38，42，48，50，54，58。

多血质包括：4，8，11，16，19，23，25，29，34，40，44，46，52，56，60。

粘液质包括：1，7，10，13，18，22，26，30，33，39，43，45，49，55，57。

抑郁质包括：3，5，12，15，20，24，28，32，35，37，41，47，51，53，59。

气质测验量表为自陈形式，计分采取数字等级制，即非常符合计"+2"，比较符合计"+1"，拿不准的计"0"，比较不符合计"-1"，完全不符合计"-2"。

最后的评分标准是：如果某种气质得分明显高出其他三种(均高出4分以上)，则可定为该种气质；如两种气质得分接近(差异低于3分)而又明显高于其他两种(高出4分以上)，则可定为两种气质的混合型；如果三种气质均高于第四种的得分且相接近，则为三种气质的混合型。由此可能具有13种气质类型，即：①胆汁；②多血；③粘液；④抑郁；⑤胆汁—多血；⑥多血—粘液；⑦粘液—抑郁；⑧胆汁—抑郁；⑨胆汁—多血—粘液；⑩多血—粘液—抑郁；⑪胆汁—多血—抑郁；⑫胆汁—粘液—抑郁；⑬胆汁—多血—粘液—抑郁。

1. 不同气质类型的主要特征

(1) 多血质型的主要特征。情绪兴奋性高，性情活跃，外部表现明显，反应敏捷、动作灵敏，善于交际，但注意力和情绪容易转移。

(2) 胆汁质型的主要特征。情绪兴奋性较高，直爽热情，精力旺盛，情绪体验强烈而持久，但抑制能力差；反应速度快，但动作迅速却不灵活；容易激动、急躁，易怒。

(3) 粘液质型的主要特征。情绪兴奋性较低，安静沉稳，内倾明显，自制力强，外部表现少，反应速度慢但稳定性强，偏固执、冷漠。

(4) 抑郁质型的主要特征。情绪兴奋性低，但体验深刻；反应速度迟缓而不灵活；性情沉静，内倾(向)，感受性高而耐受性低，即性情脆弱，往往是多愁善感的人。

2. 气质类型与职业的关系

气质没有好坏之分，每种气质既有积极的一面，又有消极的一面。每种气质都有可能导致事业上的成功。但每种气质也有其较为适应的职业范围。在适应的职业种类中，人们往往能抑制自己气质的不足，发挥气质的优势。

(1) 胆汁质的人。这类人较适合做反应迅速、动作有力、应急性强、危险性较大、难度较高的工作。这类人可以成为出色的导游员、营销员、节目主持人、外事接待人员等，但不适宜从事稳重、细致的工作。

(2) 多血质的人。这类人较适合做社交性、文艺性较强，多样化且要求反应敏捷且均衡的工作，而不太适应做需要细心钻研的工作。他们可从事的职业范围较为广泛，如外交人员、管理者、律师、运动员、新闻记者、服务员、演员等。

(3) 粘液质的人。这类人较适合做有条不紊、刻板平静、耐受性较高的工作，而不太适宜从事激烈多变的工作。他们可从事的职业有外科医生、法官、管理人员、财务人员等。

(4) 抑郁质的人。这类人能够兢兢业业于工作，适合从事持久细致的工作，如技术员、化验员、机要秘书、保管员等，而不适合做要求反应灵敏、处事果断的工作。

3. 心理学界对这4种气质的解释

(1) 胆汁质相当于神经活动强而不均衡的类型。这种气质的人兴奋性很高，脾气暴躁，性情直率，精力旺盛，能以很高的热情埋头于事业。兴奋时，有决心克服一切困难；精力耗尽时，情绪又会一落千丈。

(2) 多血质相当于神经活动强而均衡的灵活型。这种气质的人热情、有能力，适应性强，喜欢交际，精神愉快，机智灵活。但注意力易转移，情绪易改变，办事重兴趣，富于幻想，不愿做耐心细致的工作。

(3) 粘液质相当于神经活动强而均衡的安静型。这种气质的人比较平静，善于克制忍让，生活有规律，不易为无关事情分心，肯埋头苦干，有耐久力，态度稳重，不卑不亢，不爱空谈，严肃认真。但不够灵活，注意力不易转移，因循守旧，对事业缺乏热情。

(4) 抑郁质相当于神经活动弱且兴奋和抑郁过程都很弱的类型。这种气质的人沉静，深沉，易相处，人缘好，办事稳妥可靠，做事坚定，能克服困难。但比较敏感，易受挫折，孤僻，寡断，疲劳不容易恢复，反应缓慢，不图进取。

2.5 霍兰德职业偏好量表①

前文中我们已经介绍了美国学者霍兰德(Holland)提出的职业性向理论，基于这种理论，Holland先后编制了职业偏好量表(Vocational Preference Inventory，VPI)和自我导向搜寻表(Self-Directed Search，SDS)两种职业兴趣量表。

下列检核表，是为了帮助你确定自己的兴趣类型而设计的(改编自Michelozzi,1988年)。在适合描述你的项目前画"√"，在不适合描述你的项目前画"×"，若不确定，则先画个"？"，慎重考虑后再确定。

(1) _____ 强壮而敏捷的身体条件对我很重要。

(2) _____ 我必须彻底地了解事情的真相。

(3) _____ 我的心情受音乐、色彩、文字和美丽事物的影响极大。

(4) _____ 和他人的关系丰富了我的生命并使它有意义。

(5) _____ 我相信自己会成功。

(6) _____ 我做事时必须有清楚的指引。

(7) _____ 我擅长自己制作、修理东西。

(8) _____ 我可以花很长时间去想通事情的道理。

(9) _____ 我重视美丽的环境。

(10) _____ 我愿意花时间帮助别人解决个人危机。

(11) _____ 我喜欢竞争。

(12) _____ 我在做某事之前会花很长时间去计划。

(13) _____ 我喜欢使用双手做事。

(14) _____ 探索新构思常使我满意。

(15) _____ 我总是通过寻找新方法来发挥我的创造力。

(16) _____ 我认为能与别人分担我的焦虑是很重要的。

(17) _____ 成为群体中的关键人物，对我很重要。

---

① 资料来源：http://baike.baidu.com/link?url=ZOCWaz0SLgKMhfZA58uHfJbE1J7MolM7ph2SHVZCn82jDuXVSYDl0RX4A0DRthZ3GcY7FJX-BJFykvC7-bErfK

(18) ＿＿＿ 我对于自己能重视工作中所有的细节而感到骄傲。

(19) ＿＿＿ 我不在乎工作时把手弄脏。

(20) ＿＿＿ 我认为教育是个人发展及磨炼脑力的终身学习过程。

(21) ＿＿＿ 我喜欢非正式的穿着，喜欢尝试新颜色和新款式。

(22) ＿＿＿ 我常能体会到某人有和他人沟通的需要。

(23) ＿＿＿ 我喜欢帮助别人不断改进自己。

(24) ＿＿＿ 我在作决策时，通常不愿冒险。

(25) ＿＿＿ 我喜欢购买小零件，做成成品。

(26) ＿＿＿ 有时我可以长时间地阅读、玩拼图游戏，或冥想生命的本质。

(27) ＿＿＿ 我有很强的想象力。

(28) ＿＿＿ 我喜欢帮助别人发挥天赋和才能。

(29) ＿＿＿ 我喜欢监督事情的进展直至完成。

(30) ＿＿＿ 如果我将面对一个新情境，我会在事前做充分的准备。

(31) ＿＿＿ 我喜欢独立完成一项任务。

(32) ＿＿＿ 我渴望阅读或思考任何可以引发我好奇心的东西。

(33) ＿＿＿ 我喜欢尝试创新。

(34) ＿＿＿ 如果我和别人发生摩擦，我会不断地尝试化干戈为玉帛。

(35) ＿＿＿ 要成功，就必须制定高目标。

(36) ＿＿＿ 我不喜欢为重大决策负责。

(37) ＿＿＿ 我喜欢直言不讳，不喜欢拐弯抹角。

(38) ＿＿＿ 我在解决问题前，必须把问题彻底分析一遍。

(39) ＿＿＿ 我喜欢重新布置我所处的环境，使其与众不同。

(40) ＿＿＿ 我经常借着和别人交谈的机会来解决自己的问题。

(41) ＿＿＿ 我常起草计划，而由别人完成细节。

(42) ＿＿＿ 准时对我而言非常重要。

(43) ＿＿＿ 从事户外活动令我神清气爽。

(44) ＿＿＿ 我不断地问：为什么？

(45) ＿＿＿ 我喜欢自己的工作能够抒发我的情绪和感觉。

(46) ＿＿＿ 我喜欢帮助别人找出可以与其他人互相关注的方法。

(47) ＿＿＿ 能够参与重大决策是件令人高兴的事。

(48) ＿＿＿ 我经常保持整洁，喜欢有条不紊。

(49) ＿＿＿ 我喜欢周围环境简单而实际。

(50) ＿＿＿ 我会不断地思索一个问题，直到找出答案为止。

(51) ＿＿＿ 大自然的美深深地触动了我的灵魂。

(52) ＿＿＿ 亲密的人际关系对我很重要。

(53) ＿＿＿ 升迁和进步对我是极重要的。

(54) ＿＿＿ 当我把每日工作计划好时，我会比较有安全感。

(55) ＿＿＿ 我非但不害怕过重的工作负荷，而且知道工作的重点是什么。

(56) ＿＿＿ 我喜欢促使我思考、向我传达新观念的书。

(57) ＿＿＿ 我期望能看到艺术表演、戏剧及好电影。

(58) ＿＿＿ 我对别人的情绪低潮相当敏感。

(59) ＿＿＿ 能影响别人使我感到兴奋。

(60) ＿＿＿ 当我答应做一件事时，我会竭尽所能地监督所有细节。

(61) ＿＿＿ 我希望粗重的肢体动作不会伤害任何人。

(62) ＿＿＿ 我希望能学习所有使我感兴趣的科目。

(63) ＿＿＿ 我希望能做些与众不同的事。

(64) ＿＿＿ 我对于别人的困难乐于伸出援手。

(65) ＿＿＿ 我愿意冒一点风险以求进步。

(66) ＿＿＿ 当我遵循成规时，我感到安全。

(67) ＿＿＿ 我选车时，最先注意的是好的引擎。

(68) ＿＿＿ 我喜欢能刺激我思考的对话。

(69) ＿＿＿ 当我从事创造性事务时，我会忘掉一切旧经验。

(70) ＿＿＿ 我会关注社会上需要帮助的人。

(71) ＿＿＿ 说服别人依计划行事是件很有趣的工作。

(72) ＿＿＿ 我擅长检查细节。

(73) ＿＿＿ 我通常知道如何应付紧急事件。

(74) ＿＿＿ 阅读新书是件令人兴奋的事。

(75) ＿＿ 我喜欢做美好、不平凡的事。

(76) ＿＿ 我经常关心孤独、不友善的人。

(77) ＿＿ 我喜欢讨价还价。

(78) ＿＿ 我花钱时小心翼翼。

(79) ＿＿ 我通过运动来保持身体的强壮。

(80) ＿＿ 我经常对大自然的奥秘感到好奇。

(81) ＿＿ 尝试不平凡的新事物是件相当有趣的事。

(82) ＿＿ 当别人向我述说他的困难时，我是个好听众。

(83) ＿＿ 做事失败了，我会再接再厉。

(84) ＿＿ 我需要确切地知道别人对我的要求是什么。

(85) ＿＿ 我喜欢把东西拆开，看是否能够修理它们。

(86) ＿＿ 我喜欢研究所有事实，然后有逻辑地作决定。

(87) ＿＿ 没有美丽事物的生活，对我而言是不可思议的。

(88) ＿＿ 人们经常向我倾诉他们面临的问题。

(89) ＿＿ 我常能通过资讯网络和别人取得联系。

(90) ＿＿ 小心谨慎地完成一件事，是件有成就感的事。

计分：表2-11中的数字代表上列兴趣类型测试中的题号。请你将自己的答案"√"或"×"，画在各数字的右边空格内。

表2-11 项目评分表

现实型		研究型		艺术型		社会型		企业型		传统型	
1		2		3		4		5		6	
7		8		9		10		11		12	
13		14		15		16		17		18	
19		20		21		22		23		24	
25		26		27		28		29		30	
31		32		33		34		35		36	
37		38		39		40		41		42	
43		44		45		46		47		48	

(续表)

现实型	研究型	艺术型	社会型	企业型	传统型
49	50	51	52	53	54
55	56	57	58	59	60
61	62	63	64	65	66
67	68	69	70	71	72
73	74	75	76	77	78
79	80	81	82	83	84
85	86	87	88	89	90

计算每种类型打"√"的项目的总数，并将它填在下面的横线上。

现实型＿＿＿ 研究型＿＿＿ 艺术型＿＿＿ 社会型＿＿＿ 企业型＿＿＿ 传统型＿＿＿

将上述分数，从最高到最低依次排好，填在下面的横线上。

第一高分＿＿＿ 第二高分＿＿＿ 第三高分＿＿＿ 第四高分＿＿＿ 第五高分＿＿＿ 第六高分＿＿＿

计算出每种类型打"×"的项目的总数，并将它填在下面的横线上。

现实型＿＿＿ 研究型＿＿＿ 艺术型＿＿＿ 社会型＿＿＿ 企业型＿＿＿ 传统型＿＿＿

如果重新考虑打"×"的项目，是否会改变原有的兴趣类型？

霍兰德兴趣类型解读如表2-12所示。

表2-12　6种类型解读表

类型	兴趣倾向	职业环境	行为表现
R 现实型	有进取心，较喜欢完成具体的工作任务，穷于应付人际关系	人际要求不高的技术性工作，如铅管工、水电工程人员、机械操作员、飞机修护师、制图员以及部分服务业者	①喜欢从事具体、实用的职业，避免抽象、模棱两可、社交性质的职业环境；②擅长以具体、实用的能力解决工作及其他方面的问题；③重视实物，如金钱、权力、地位等
I 研究型	聪慧、抽象、善于分析、独立，有时呈现出热情且以任务为取向的特征	要求具备思考和创造能力，社交要求不高。如化学家、物理学家、数学家、工程师、程序设计师，以及电子工程师、研发人员	①喜爱从事研究性质的职业，避免从事领导活动；②认为自己好学、有自信，拥有数学和科学方面的才能

(续表)

类型	兴趣倾向	职业环境	行为表现
A 艺术型	富于想象力，追求美感，喜欢通过艺术形式进行自我表现，独立且外向	艺术性的，直觉独创性的，艺术方面如雕刻家、演员、美术家、设计家；音乐方面如音乐师、交响乐指挥及音乐家；文学方面如编辑、作家及评论家等	①喜欢从事艺术性质的职业，避免事务性的职业环境；②认为自己具有创意，富于自觉性，不按常理出牌；③重视对美的追求
S 社会型	喜好社会活动、社交活动，关心社会问题、宗教及社区服务，对教育活动有兴趣	需与人打交道、沟通的，教育方面如教师、教育行政人员等；社会福利方面如社工人员、社会学者、咨询员及专业护士等	①喜欢以社交的方式来解决工作及其他方面的问题；②认为自己具有了解别人、教导别人的特质；③重视社会问题与人际关系
E 企业型	外向、进取，具冒险精神，善于领导他人，有权威性，有说服力，善于运用语言技巧	管理、督导，具有领导力的，善于言行与说服。如经理人、企业家、人事主管、生产者、销售经理、保险销售、汽车销售、政治家、法学家等	①喜欢以企业的方式来解决工作及其他方面的问题；②认为自己具有领导与表达的能力，善于社交，具有说服力；③重视权力与成就
C 传统型	实际、控制加强，社会性强，喜好从事有结构的工作及顺从社会观点	注重细节的，如计时员、档案记录员、出纳员、会计、打针孔机操作员、秘书、记账员、接待员、证件管理员、秘书等	①喜欢从事事务性质的工作，避免抽象、艺术性强的职业环境；②认为自己具有文书与数学能力；③重视商业与经济上的成就

霍兰德职业索引——职业兴趣代码与其相应的职业分析如下。

R(现实型)：木匠、农民、操作X光的技师、工程师、飞机机械师、鱼类和野生动物专家、自动化技师、机械工(车工、钳工等)、电工、无线电报务员、火车司机、长途公共汽车司机、机械制图员、机器修理师、电器师。

I(研究型)：气象学者、生物学者、天文学家、药剂师、动物学者、化学家、科学报刊编辑、地质学者、植物学者、物理学者、数学家、实验员、科研人员、科技作者。

A(艺术型)：室内装饰专家、图书管理专家、摄影师、音乐教师、作家、演员、记者、诗人、作曲家、编剧、雕刻家、漫画家。

S(社会型)：社会学者、导游、福利机构工作者、咨询人员、社会工作者、社会科学教师、学校领导、精神病院工作者、公共保健护士。

E(企业型)：推销员、进货员、商品批发员、旅馆经理、饭店经理、广告宣传员、调度员、律师、政治家、零售商。

C(传统型)：记账员、会计、银行出纳、法庭速记员、成本估算员、税务员、核算员、打字员、办公室职员、统计员、计算机操作员、秘书。

下面介绍与三个代号的职业兴趣类型相一致的职业分析，对照方法如下：首先根据你的职业兴趣代号，在下文中找出相应的职业，例如你的职业兴趣代号是RIA，那么牙科技术人员、陶工等是适合你的职业。然后寻找与你的职业兴趣代号相近的职业，例如你的职业兴趣代号是RIA，那么，其他由这三个字母组成的编号(如IRA、IAR、ARI 等)所对应的职业，也较适合你的兴趣类型。

RIA：牙科技术员、陶工、建筑设计员、模型工、细木工、制作链条人员。

RIS：厨师、林务员、跳水员、潜水员、染色员、电器修理师、眼镜制作工、电工、纺织机器装配工、服务员、装玻璃工人、发电厂工人、焊接工。

RIE：建筑和桥梁工程、环境工程、航空工程、公路工程、电力工程、信号工程、电话工程、一般机械工程、自动工程、矿业工程、海洋工程及交通工程技术人员，制图员、家政经济人员、计量员、农民、农场工人、农业机械操作人员、清洁工、无线电修理工、汽车修理工、手表修理工、管工、线路装配工、工具仓库管理员。

RIC：船上工作人员、接待员、杂志保管员、牙医助手、制帽工、磨坊工、石匠、机器制造工、机车(火车头)制造工、农业机器装配工、汽车装配工、缝纫机装配工、钟表装配工和检验工、电动器具装配工、鞋匠、锁匠、货物检验员、电梯机修工、托儿所所长、钢琴调音员、装配工、印刷工、建筑钢铁工、卡车司机。

RAI：手工雕刻工、玻璃雕刻工、制作模型人员、家具木工、皮革产品制作人员、手工绣花工、手工钩针纺织工、排字工作人员、印刷工作人员、图画雕刻人员、装订工。

RSE：消防员、交通巡警、警察、门卫、理发师、房间清洁工、屠夫、锻造工、开凿工、管道安装工、出租汽车驾驶员、货物搬运工、送报员、勘探员、娱乐场所服务员、起卸机操作工、灭害虫者、电梯操作工、厨房助手。

RSI：纺织工、编织工、农业学校教师、某些职业课程教师(诸如艺术、商业、技术、工艺课程)、雨衣上胶工。

REC: 抄水表员、保姆、实验室动物饲养员、动物管理员。

REI: 轮船船长、航海领航员、大副、试管实验员。

RES: 旅馆服务员、家畜饲养员、渔民、渔网修补工、水手长、收割机操作工、搬运行李工人、公园服务员、救生员、登山导游、火车工程技术员、建筑工、铺轨工人。

RCI: 测量员、勘测员、仪表操作者、农业工程技师、化学工程技师、民用工程技师、石油工程技师、资料室管理员、探矿工、煅烧工、烧窑工、矿工、保养工、磨床工、取样工、样品检验员、纺纱工、炮手、漂洗工、电焊工、锯木工、刨床工、制帽工、手工缝纫工、油漆工、染色工、按摩工、木匠、农民、建筑工、电影放映员、勘测员助手。

RCS: 公共汽车驾驶员、一等水手、游泳池服务员、裁缝、建筑工、石匠、烟囱修建工、混凝土工、电话修理工、爆破手、邮递员、矿工、裱糊工人、纺纱工。

RCE: 打井工、吊车驾驶员、农场工人、邮件分类员、铲车司机、拖拉机司机。

IAS: 普通经济学家、农场经济学家、财政经济学家、国际贸易经济学家、实验心理学家、工程心理学家、心理学家、哲学家、内科医生、数学家。

IAR: 人类学家、天文学家、化学家、物理学家、医学病理师、动物标本剥制者、化石修复者、艺术品管理者。

ISE: 营养学家、饮食顾问、火灾检查员、邮政服务检查员。

ISC: 侦察员、电视播音室修理员、电视修理服务员、验尸室人员、编目录者、医学实验室技师、调查研究者。

ISR: 水生物学者、昆虫学者、微生物学家、配镜师、矫正视力者、细菌学家、牙科医生、骨科医生。

ISA: 实验心理学家、普通心理学家、发展心理学家、教育心理学家、社会心理学家、临床心理学家、目标学家、皮肤病学家、精神病学家、妇产科医师、眼科医生、五官科医生、医学实验室技术专家、民航医务人员、护士。

IES: 细菌学家、生理学家、化学专家、地质专家、地理物理学专家、纺织技术专家、医院药剂师、工业药剂师、药房营业员。

IEC: 档案保管员、保险统计员。

ICR： 质量检验技术员、地质学技师、工程师、法官、图书馆技术辅导员、计算机操作员、医院听诊员、家禽检查员。

IRA： 地理学家、地质学家、声学物理学家、矿物学家、古生物学家、石油学家、地震学家、声学物理学家、原子和分子物理学家、电学和磁学物理学家、气象学家、设计审核员、人口统计学家、数学统计学家、外科医生、城市规划家、气象员。

IRS： 流体物理学家、物理海洋学家、等离子体物理学家、农业科学家、动物学家、食品科学家、园艺学家、植物学家、细菌学家、解剖学家、动物病理学家、植物病理学家、药物学家、生物化学家、生物物理学家、细胞生物学家、临床化学家、遗传学家、分子生物学家、质量控制工程师、地理学家、兽医、放射性治疗技师。

IRE： 化验员、化学工程师、纺织工程师、食品技师、渔业技术专家、材料和测试工程师、电气工程师、土木工程师、航空工程师、行政官员、冶金专家、原子核工程师、陶瓷工程师、地质工程师、电力工程师、口腔科医生、牙科医生。

IRC： 飞机领航员、飞行员、物理实验室技师、文献检查员、农业技术专家、动植物技术专家、生物技师、油管检查员、工商业规划者、矿藏安全检查、纺织品检验员、照相机修理者、工程技术员、计算机程序员、工具设计者、仪器维修工。

CRI： 簿记员、会计、计时员、铸造机操作工、打字员、按键操作工、复印机操作工。

CRS： 仓库保管员、档案管理员、缝纫工、讲解员、收款。

CRE： 标价员、实验室工作者、广告管理员、自动打字机操作员、电动机装配工、缝纫机操作工。

CIS： 记账员、顾客服务员、报刊发行员、土地测量员、保险公司职员、会计师、估价员、邮政检查员、外贸检查员。

CIE： 打字员、统计员、支票记录员、订货员、校对员、办公室工作人员。

CIR： 校对员、工程职员、海底电报员、检修计划员、发货员。

CSE： 接待员、通讯员、电话接线员、卖票员、旅馆服务员、私人职员、商学教师、旅游办事员。

CSR： 运货代理商、铁路职员、交通检查员、办公室通信员、簿记员、出纳员、银行财务职员。

CSA：秘书、图书管理员、办公室办事员。

CER：邮递员、数据处理员、办公室办事员。

CEI：推销员、经济分析家。

CES：银行会计、记账员、法人秘书、速记员、法院报告人。

ECI：银行行长、审计员、信用管理员、地产管理员、商业管理员。

ECS：信用办事员、保险人员、各类进货员、海关服务经理、售货员、采购员、会计。

ERI：建筑物管理员、工业工程师、农场管理员、护士长、农业经营管理人员。

ERS：仓库管理员、房屋管理员、货栈监督管理员。

ERC：邮政局长、渔船船长、机械操作领班、木工领班、瓦工领班、驾驶员领班。

EIR：科学、技术和相关周期性出版物的管理员。

EIC：专利代理人、鉴定人、运输服务检查员、安全检查员、废品收购人员。

EIS：警官、侦察员、交通检验员、安全咨询员、合同管理者、商人。

EAS：法官、律师、公证人。

EAR：展览室管理员、舞台管理员、播音员、驯兽员。

ESC：理发师、裁判员、政府行政管理员、财政管理员、工程管理员、职业病防治员、售货员、商业经理、办公室主任、人事负责人、调度员。

ESR：家具售货员、书店售货员、公共汽车的驾驶员、日用品售货员、护士长、自然科学和工程的行政领导。

ESI：博物馆管理员、图书馆管理员、古迹管理员、饮食业经理、地区安全服务管理员、技术服务咨询者、超级市场管理员、零售商品店店员、批发商、出租汽车服务站调度人员。

ESA：博物馆馆长、报刊管理员、音乐器材售货员、广告商、画廊营业员、导游、(轮船或班机上的)事务长、飞机上的服务员、船员、法官、律师。

ASE：戏剧导演、舞蹈教师、广告撰稿人、报刊记者、专栏作者、记者、演员、英语翻译。

ASI：音乐教师、乐器教师、美术教师、管弦乐指挥、合唱队指挥、歌手、演奏家、哲学家、作家、广告经理、时装模特。

AER：新闻摄影师、电视摄影师、艺术指导、录音指导、丑角演员、魔术师、木偶戏演员、骑士、跳水员。

AEI：音乐指挥、舞台指导、电影导演。

AES：流行歌手、舞蹈演员、电影导演、广播节目主持人、舞蹈教师、口技表演者、喜剧演员、模特。

AIS：画家、剧作家、编辑、评论家、时装艺术大师、新闻摄影师、男演员、文学作者。

AIE：花匠、皮衣设计师、工业产品设计师、剪影艺术家、复制雕刻品大师。

AIR：建筑师、画家、摄影师、绘图员、环境美化工、雕刻家、包装设计师、陶器设计师、绣花工、漫画工。

SEC：社会活动家、退伍军人服务员、工商会事务代表、教育咨询者、宿舍管理员、旅馆经理、饮食服务管理员。

SER：体育教练、游泳指导员。

SEI：大学校长、学院院长、医院行政管理员、历史学家、家政经济学家、职业学校教师、资料员。

SEA：娱乐活动管理员、国外服务办事员、社会服务助理、一般咨询者、宗教教育工作者。

SCE：部长助理、福利机构职员、生产协调人、环境卫生管理人员、戏院经理、餐馆经理、售票员。

SRI：外科医师助手、医院服务员。

SRE：体育教师、职业病治疗者、体育教练、专业运动员、房管员、儿童家庭教师、警察、引座员、传达员、保姆。

SRC：护理员、护理助理、医院勤杂工、理发师、学校儿童服务人员。

SIA：社会学家、心理咨询者、学校心理学家、政治科学家、大学或学院的系主任、大学或学院的教育学教师、大学农业教师、大学工程和建筑课程的教师、大学法律教师、大学数学教师、大学医学教师、大学物理教师、大学社会科学和生命科学的教师、研究生助教、成人教育教师。

SIE：营养学家、饮食学家、海关检查员、安全检查员、税务稽查员、校长。

SIC：　描图员、兽医助手、诊所助理、体检检查员、监督缓刑犯的工作者、娱乐指导者、咨询人员、社会科学教师。

SIR：　理疗员、救护队工作人员、手足病医生、职业病治疗助手。

SAC：　理发师、指甲修剪师、包装艺术家、美容师、整容专家、发型设计师。

SAE：　听觉病治疗师、演讲矫正者、图书管理员、教师、护士、飞行指导员。

受篇幅限制，这里不可能把社会上所有的职业都罗列出来。此外，有的职业与我国国情不尽相符，或者由于某些原因，大多数人不愿从事这些职业。你可以根据自己的职业兴趣类型及特点，寻找与其相一致的职业。

2.6　理性情绪检验

在职业生涯设计中，观念或信念占有很重要的地位。有的人因为有正确的观念能够使自己在职业生涯的发展中步步为营，而有的人却"步履蹒跚"，他们之所以未能成功地进行职业生涯设计就是因为他们的观念与想法不尽准确或不合潮流。比如，随着时代的发展，现在的社会给人们提供了越来越多的选择机会，更多的人开始更换职业，但有些人仍然保守地认为选定职业后就将延续一生，这样一来他们在选择职业时就会焦虑不安或迟迟不敢作决定，因为他们必须要选择"正确"。

美国心理学家阿尔伯特·埃利斯称以上的观念为"无理性观念"，因为这种观念阻碍了个人客观地分析形势。他认为"无理性观念"与个人对成功和失败的理解以及对某些行为的认识有关，如果一味地遵循这些观念而不究其正确与否，思想就会僵化，就无法以创造性的方法应付新形势。唐纳德·托希在埃利斯的理论基础上，发明了"ABCD问题分析法"。该方法认为，当某个事件(A)发生时，个体会运用一系列想法和观念(B)去分析它，同时会产生正面或负面的情绪(C)，这些情绪又会驱使个人采取适当的行为(D)。运用"ABCD问题分析法"，有助于我们了解和检视职业生涯设计与决定的过程，从而改变不合理的信念对我们的影响。

在具体应用"ABCD问题分析法"时，主要有以下7个步骤。该方法能够更精确地分析对个人职业生涯设计产生影响的内容与环节。

1. 第一步：了解发生的事件

职业生涯设计包括早期的探索、定向以及最后的行动，可以分为若干阶段(见表2-13)。每一个阶段都可看作"发生的事件"，从而导致非理性的决定。个体可按自身的情况列举三项填入表2-13中的"A"栏内，以下为参考事件。

(1) 高中毕业后面临升学或就业的选择；

(2) 大学三年级或毕业后面临考研或就业的选择；

(3) 现在或未来的专业选择；

(4) 未来的职业方向选择。

表2-13　合理情绪分析表

项　　目	情绪困扰最小的	情绪困扰中等的	情绪困扰最大的
A. 发生的事件			
B. 无理性观念			
C. 无益的情绪			
D. 无益的行为			

2. 第二步：明确无益的情绪或情感状态

以下列举的是一些与职业生涯设计有关的情绪状态，当个人在作出职业生涯决策时常会流露这类情绪。尝试分析当影响自己当前职业生涯决策的事件出现时，所体验到的情绪，并将符合自己的选项填入表2-13中的"C"栏内。

(1) 觉得愤怒或烦躁；

(2) 觉得焦虑、担忧或害怕；

(3) 觉得厌烦和乏味；

(4) 觉得自己不行；

(5) 有受挫感；

(6) 感到内疚或自责；

(7) 感到失望或压抑；

(8) 觉得孤单；

(9) 觉得无助或力不从心；

(10) 觉得自己可怜；

(11) 觉得自己无用；

(12) 觉得不满；

(13) 觉得自己很懒惰；

(14) 觉得自己很容易受伤害；

(15) 觉得自己很笨；

(16) 觉得自己古板和固执；

(17) 觉得自己很依赖他人、无法自立；

(18) 觉得自己战战兢兢；

(19) 觉得自己不争气。

3. 第三步：分析不良的行为、行动或习惯

下述若干行为、行动或习惯在职业生涯设计时具有破坏性或负面影响，如果出现的次数较多或呈规律性出现时，常会牵制有效职业生涯设计的进行。请根据自身情况，选出在面临"发生的事件(A)"和"无益的情绪(C)"时可能采取的行动，并填入表2-13中的"D"栏内。

(1) 逃避作决定；

(2) 拖延该做的决定；

(3) 退缩；

(4) 不去搜集必要的资料；

(5) 虽然搜集了资料，但不去评估它们；

(6) 让别人代自己作决定；

(7) 每次作决定都会感到为难和棘手；

(8) 作出一个决定，但很草率；

(9) 放弃自己的职业；

(10) 在别人面前贬低自己；

(11) 常改变主意；

(12) 常做错事；

(13) 常不作决定，非得有人推一把才行；

(14) 总是拿不定主意；

(15) 反反复复研究，却无法作决定；

(16) 选择超出自身能力的专业或职业；

(17) 选择低于自身能力的专业或职业；

(18) 把未来的命运交给心理测验去决定；

(19) 经常缺课或逃课；

(20) 不精心准备简历；

(21) 不通过职业介绍机构或辅导老师寻求帮助；

(22) 逃避求职面试；

(23) 面试时不全力以赴；

(24) 尽管不满意，但还是保持原样；

(25) 从未尽全力，所以也无所谓真正的失败。

4. 第四步：找出无理性的观念

大量的无理性观念会引发职业生涯设计中的不必要行为。下面列举了一些常见的无理性观念，请根据自身情况选出在做职业生涯决策时存在于"发生的事件(A)"和"无益的情绪(C)"之间的无理性观念，将它们列入表2-13中的"B"栏内。

(1) 选择一个职业或专业后不能改变；

(2) 每个人终身只能有一个适合他的职业；

(3) 犹豫不决不好，表示自己还不成熟；

(4) 我相信存在一份测验能够告诉我将来要做什么；

(5) 我知道很多人从小就知道将来要做什么，一定是我有问题，否则我怎么一直没有那种想法；

(6) 别人知道我最适合做什么；

(7) 反正会有人指点我将来要怎么做；

(8) 每个人都必须为成功而努力，即使它意味着你必须从事你毫无兴趣的职业；

(9) 只要能找出兴趣所在，就一定能成功；

(10) 将来在事业上不是成功就是失败，没有中间道路可走；

(11) 没有把所有资料分析完，不宜作决定；

(12) 如果将来的事情没有按照我的计划进行，就意味着我的失败；

(13) 这个世界变化太快，"计划未来"简直是痴人说梦；

(14) 为了追求成就感与荣誉感，我在各方面的表现都必须十全十美，不能出半点差错；

(15) 工作是获得个人成就的唯一途径；

(16) 不管干什么工作，只要赚钱多就行；

(17) 人必须能够完全控制自己的职业发展；

(18) 在家庭与事业之间，我只能择其一而行；

(19) 如果别人要我将来做什么而我不照着去做，我会对不起他们；

(20) 在求职时男性如果竞争不过女性，就表示这个男性太差劲了；

(21) 女性不应当在职业上同男人竞争，特别是那些具有创造性的、管理他人的和要作出决策的工作；

(22) 生活总是公平的；

(23) 生活总是不公平的。

5. 第五步：重建合理的观念

在重建合理的信念之前，我们首先需要找出"不合理"的信念问题出在哪里，了解为什么不合理，以及什么是更"合理"的信念。制作一份新的表格(见表2-14)，将调整后重建的信念填入新表中的"B"栏内。

表2-14　重建合理信念表

项　　目	情绪困扰最小的	情绪困扰中等的	情绪困扰最大的
A. 发生的事件			
B. 合理的观念			
C. 有益的情绪			
D. 有益的行为			

(1) 选择一个职业或专业后就不能改变了。

针对大学生进行的若干次调查已经表明，国内很多大学生对主修专业并不满意，他们通过考研等多种方式，想要转系或已经转系。而在美国，大约有30%～50%的学生在上学期间至少改变一次专业。因此，改变想法的现象在学生中已经非常普遍。而我们也相信，随着高等教育改革的发展，我国的学生也将会有越来越多的机会调整自己的专业。一个人选择了一个专业或职业之所以会"从一而终"，原因之一是惋惜自己曾经投入的时间、精力与金钱，同时又对新专业或新职业存在的风险难以预计。可是，如果不愿放弃或不敢放弃，就会造成更大的损失。所以，我们有时需要发扬一些"长痛不如短痛"的精神来面对自身的发展，培养前瞻性的眼光，时时注意自己的需要以及长处。

(2) 每个人终身只能有一个适合他(她)的职业。

我国的职业分为很多大类和小类，任何一个具有一定能力与兴趣的人都应该能在不同的职业中取得不错的成绩。一个学医的人，将来可以成为音乐家、政治家或教育家；一个中文系毕业的学生，将来可以成为作家、剧作家、教师等。"条条大路通罗马"，我们的学识与能力，可以在从事许多性质相近的职业中得到发挥，而且随着个人能力、经验、兴趣的不断增长与改变，个体可以从水平或垂直的生涯改变中获得更大的自我突破。

(3) 犹豫不决不好，表示自己还不成熟；别人都已经作出选择，只有我没有作出选择；有人从小就知道将来要做什么，我一定有问题，到现在也不知道。

前文提到了我国以及美国大学生转系的现象，清楚地表明了人的成长过程就是不断地探索、决定和再决定的过程。犹豫不决同样是一种决定，在某些特定的情况下，它恰好是最明智的决定。而且，对于多数人而言，不管年龄和文化程度如何，犹豫不决都是生活中一种自然的现象。不作决定和不成熟是两回事，时候未到或时机未成熟，仓促决定反而更糟。重要的是，要善于利用身边的各项资源和抓住时机，只有这样，才能在需要作决定时，作出最恰当的决定。

(4) 总会有那么一份测验或一位专家能告诉我将来做什么，换句话说，会有人知道什么职业最适合我；如果我不按照别人的期待去做，我会对不起他们。

事实上，面对成千上万的职业种类，择业前的测验取样非常少，即使在国外，职业兴趣和能力倾向测验的取样也不超过200种。因此，测验只能帮助我们找出一个大致的探索方向。统计数据告诉我们，一个人要从事什么职业，决定者不是测验结果，而是个体的判断结果。专家所能做的，是帮助我们找出个人的职业取向，指导我们如何正确搜集最新的资料以及如何根据这些资料来自己作决定。毕竟，任何人都不能代替你去生活，最了解自己的仍然还是自己。

(5) 只要找到兴趣，就一定能成功。

我们知道，能力与兴趣是两个不同的概念，有兴趣的不一定具备能力，而具备能力的也不一定有兴趣。对于少数人而言，强烈的求取成功的动机或许可以弥补能力的不足，但兴趣不等同于能力倾向。眼高手低就是有兴趣而无能力的最好证明。在追求学业和职业目标时，我们必须牢记，最令人满意的选择应该是将兴趣与能力最大限度地结合在一起的选择，只把其中之一作为选择标准将在以后招致挫败。

(6) 在没有把所有资料分析完之前，不宜作决定；将来在事业方面不是成功就是失败，没有中间道路可走；如果未来的事情没有按照我的计划进行，我就算失败了；为了追求成就感与荣誉感，我在各方面都必须十全十美，不能出半点差错；我必须百分之百地控制自己的生涯方向。

我们生活在一个不断发展变化的世界，生活中存在着很多的偶然因素，谁都不可能完全预测和控制发生的一切。至多，我们可以根据现有的资料对未来进行推测，但即便是采用最先进的科学方法，也不能保证没有误差。而成功也是相对的，成功也包含着误差和失误。因此，每个人都会获得成功，每个人也都会遭遇失败，只是程度不同，而不是绝对的。我们不能完全把握未来，但只要用心，就能增强对未来进行判断或预测的能力。只是，如果一味沉湎于十全十美的想法中，将面临更多的失败。

(7) 这个世界变化太快，"计划未来"简直是痴人说梦；生活总是公平的；生活总是不公平的。

前一个信念属于个人控制方面的问题，它视外界事物为主宰力量，这是不合理的信念。虽然我们不能完全控制这个世界，但我们并未失去控制的力量。纵然有的职业会因社会或时代的变迁而消失，但职业世界的结构还是雷同的。一个优秀的冲浪者永远都能把握最佳的角度与时机在浪花里表现出最优美的平衡姿态，虽然波涛的翻腾是千变万化的。自主的行动比"不动"或"被动"要好。让自己与这个多变的世界同步前进，才可能针对变迁做最好的准备与回应。

(8) 工作是获得个人成就的唯一途径；每个人都应该追求成功，即使所从事的工作不是自己的兴趣所在；只要能赚钱，不管干什么工作都行。

对于不同的人而言，工作有着不同的含义。的确有的人将工作视为成就的指标，而有的人则将工作视为个人的生活方式并重视与工作有关的休闲安排和人际接触。工作的价值因人而异，因此，工作上的成功是由个人根据其对生活目标和生活方式的选择所确定的相对概念。在决定从事何种职业和在职业阶梯上攀登到什么高度之前，最好先确定自己喜欢什么生活方式，以及愿意为了实现这一生活理念付出何种代价。

(9) 在求职时男性如果竞争不过女性，就表示这个男性太差劲了；女性不应当在职业上同男人竞争，特别是那些具有创造性的、管理他人的和要作出决策的工作。

这类观念是和性别有关的非理性想法。由生理条件造成的客观限制，对于男性与女性在某些工作上的表现的确会有影响，而我们对于性别角色的看法也容易受到社会刻板印象的影响。但我们看到，随着社会的发展，这种偏见已经越来越少，该做什么更多地取决于当事人本身的能力与兴趣，每个人都拥有越来越多的权利去选择自己的职业与生活方式，所以无论是男性还是女性，都要自立自强，将获得幸福的能力掌握在自己手中。

6. 第六步：引发积极的、正面的情绪

下文所列的是正面的、积极的情绪。虽然这些情绪出现的频率、程度与持续时间因人而异，但它们都能使人感到健康愉快，而且对于作决定都会产生正面的影响。设想在建立合理的信念后，会带来何种结果，并将其填入表2-14中的"C"栏内。

(1) 放松的；

(2) 愉快的；

(3) 值得的；

(4) 幸福的；

(5) 有信心的；

(6) 无内疚感的；

(7) 有希望的；

(8) 不害羞的；

(9) 兴奋的；

(10) 精力旺盛的；

(11) 令人振奋的；

(12) 可靠的；

(13) 独立的；

(14) 有计划的；

(15) 有能力的；

(16) 有耐心的；

(17) 信赖的；

(18) 满意的；

(19) 稳定的；

(20) 有见识的；

(21) 主动的；

(22) 能胜任的。

7. 第七步：采取可取的行为、行动与习惯

人的行为有些是消极、颓废的，也有些是积极的。如果生活中充满了积极进取的行为，必然使我们对未来充满信心。下列行为、行动或习惯都属于此类。从"理性情绪法"的角度来看，这些行为是合理的信念与正面的情绪共同促成的；从职业生涯设计或计划的角度来考虑，这类行为的发生可以创造未来光明的事业前程。请根据自己的合理信念(B栏内)与正面情绪(C栏内)，将促成的行为、行动与习惯填入表2-14中的"D"栏内。

(1) 靠自己作决定；

(2) 根据自己设定的标准，搜集和评估相关的职业信息；

(3) 准备某些职业需要的资格考试；

(4) 与顾问或辅导老师讨论自己的学业和职业计划；

(5) 参加与自己职业目标有关的劳务或兼职活动；

(6) 选修与提高能力有关的课程；

(7) 选修能提高符合自己职业发展目标所需技能的课程；

(8) 公开自己的专业；

(9) 准备以一年时间来探索和作出一个新选择；

(10) 一旦作出决定，便信心十足地为实现未来的目标而采取行动；

(11) 与家人讨论自己的教育和职业计划；

(12) 如果决定"暂缓决定"，则要制订一项长期的探索职业发展可能性的计划；

(13) 准备个人简历；

(14) 了解并掌握工作面试技巧；

(15) 为赢得求职竞争做好准备。

心理学和医学的研究成果表明，人的潜意识中蕴涵着强大的能量。这种能量可能是建设性的，也可能是破坏性的。如果运用得当，将有助于个体达到目的，而心理失误将导致个体处处不能如愿。完成以上7个步骤，对照新旧表格，可以发现和调整个人职业生涯设计中的不利信念，有利于个体更有效地调动自身潜能，更好地实现职业生涯目标。

思考题

1. 你现在的梦想是什么？综合考虑你愿意去实现它吗？

2. 你放弃过哪些梦想？

3. 你最关注什么？

4. 什么阻止你实现想要的生活？

第3章 职业环境分析

"职业指导之父"帕森斯指出，要做好职业规划，除了要了解自我外，还要了解职业，如果对职业认知不清，就无法进行恰当的自我定位，即便对自我的认知很清晰，也难以制订出合适的生涯发展计划。反之，个体的职业认知能力越强，越能准确、客观地结合个人实际，则职业生涯的成功就越有希望。那么，你所掌握的职业信息有多少？你了解社会上的多少种职业？哪些职业比较适合你？它们要求具备什么技能？对于此类问题，需要在对各种职业有充分的了解之后才会有答案。

3.1 现代社会中的职场分析

3.1.1 职业的分类

职业分类是指运用一定的科学方法和手段，对不同性质的职业进行划分和归总。对职业进行分类，从宏观上讲，有助于国家对劳动力实行综合管理，合理分配资源，确定职业教育培训的目标和方向；从微观上讲，有助于人们有效地了解和掌握职业的变动和发展，了解各种职业对人才的需求状况和评价标准，增强职业意识，提高职业素质。

职业的分类与各国的国情密不可分，国情不同，采用的分类标准也不同。

1. 我国的职业分类

目前，我国的职业分类标准有两个：一是依据从业人口所从事工作的性质的统一性进行分类。《中华人民共和国职业分类大典》将我国职业分为8个大类、64个中类、301个小类，细类仍在划分之中。8个大类包括：①各类专业、技术人员；②国家机关、党群组织、企事业单位负责人；③办事人员和相关人员；④商业工作人员；⑤服务工作人员；⑥农、林、牧、副、渔业劳动者；⑦生产工人、运输工人和有关人员；⑧不便分类的其他劳动者。二是按所属行业分类，把职业分为13个门类：①农、林、牧、副、渔、水利业；②工业；③地质普查和勘探业；④建筑业；⑤交通运输、邮电通信业；⑥商业、公共饮食业、物资代销和仓储业；⑦房地产管理、公用事业、居民服务和咨询服务业；⑧卫生、体育和社会福利事业；⑨教育、文化艺术和广播电视事业；⑩科学研究和综合技术服务行业；⑪金融、保险业；⑫国家机关、党政机关和社会团体；⑬其他行业。

2. 国外的职业分类

国外的职业分类主要有三种：一是按照脑力劳动和体力劳动的性质、层次，把工作人员分为白领和蓝领两类。二是按照心理的个别差异进行分类，其代表是霍兰德所创立的人格和职业类型匹配理论，将人格和职业对应划分为6种：现实型、艺术型、研究型、社会型、企业型和传统型。三是按照各个职业的主要职责或从事的具体工作进行分类，如加拿大的《职业岗位分类词典》将职业分为23个主类。

另外，由美国学院测验项目(American College Testing Program，ACT)于1985年发展的"工作世界地图"(World-of-Work Map)，目前在生涯辅导中得到普遍应用，它依据"资料—思维"和"事物—人群"两个维度把职业分为12大类。

3.1.2　职业的发展与变迁

随着社会经济和文化的高速发展，人们的职业活动也在发生着巨大的变化，今天很热门的职业，也许明天就不复存在了；原来少人问津的职业，现在却炙手可热；以前不存在的职业，当前却生机勃勃。比如传呼台的传呼员在2000年还是一个很不错的职业，但随着手机的普及，这个职业已经消失了；以前人们根本不知道心理咨询师这个职业是做什么的，但现在却成了行业中的佼佼者；宇宙飞船发明之后，才有了宇航员这个职业。社会上的职业会受到社会制度变革、技术变革、行业演变和经济发展等众多因素的影响而发生变化，呈现出由传统工艺型职业向科技含量高的智能型职业转化、由封闭型向协作型转化、由单一型向复合型转化的态势。职业的发展和变化自古就有，只是现在更替的速度更快，变化的程度也更大。

职业发展和变迁的客观规律要求我们在选择职业时不仅要考虑个人职业发展意愿，更要考虑社会需求的变化，分清楚哪些是"朝阳职业"，哪些是"如日中天的职业"，哪些职业将退出历史舞台，已经成为"黄昏职业"和"夕阳职业"，哪些职业是永久不衰的"恒星职业"。比如，教师和医生这两种职业可以称得上是"恒星职业"，公务员和企业家则是"如日中天的职业"，而公共汽车售票员这个职业无疑已经是"夕阳职业"。如果我们不了解职业变迁的规律，选择了"黄昏职业"或者"夕阳职业"，无疑会影响自我发展；相反，如果我们选择了"朝阳职业"或"如日中天的职业"，就容易在职业生涯中取得进步，更早获得成功。

人们都希望选择有发展前景的职业，这就要求人们关注职业的发展态势，了解职业的发展规律。不仅要关注所选择的职业当前的地位，还应关注它的将来，对职业发展作出科学的预测，转变职业理念，更好地进行职业生涯规划。

3.2 职业环境认知

职业发展和变迁的规律不仅要求我们了解职业的种类，而且要求我们了解职业所处的环境。"知己知彼，方能百战不殆"，我们在全面认识自己的基础上，还应该充分了解职业所处的环境需求，清楚地认识职业所处的环境特征，从而谋求个人职业生涯发展的成功。对职业所处环境的认知，既包括对社会环境、行业环境、企业环境和岗位环境的认知，又包括对家庭环境和学校环境的认知。

3.2.1 社会环境分析

职业始终处于社会环境中，职业的发展是以社会的发展和需要为前提的。个体进行职业选择时，要充分认识到社会环境对职业发展的影响。对职业进行社会环境分析，主要是对政治环境、经济环境、法律环境、科技环境、文化环境等宏观因素进行分析。

政治环境主要涉及国家的职业方针和政策，对职业发展起导向作用。比如，国家为了促进大学生就业，从2003年开始实施了一系列引导高校毕业生到基层就业的项目，如"三支一扶计划""大学生志愿服务西部计划""农村义务教育阶段学校教师特设岗位计划"，以及公务员招录政策等，这使得我们进行职业选择的范围更加广泛。

经济环境是影响职业选择和发展的重要因素。一般来讲，经济发展形势越好，社会提供的可供选择的职业种类越多，就业的几率就越大；相反，当经济处于萧条时期时，对人才的需求必然会降低，可供选择的职业会减少，职业的发展空间也会相应缩小。如2008年由美国的"次贷危机"所引发的全球金融危机爆发之后，我国的金融行业、外贸行业和与出口有关的制造业受到严重影响，珠江三角洲甚至出现倒闭潮和失业潮，导致岗位需求紧缩，此时进行职业选择，发展空间就会大大缩小，势必导致个体生涯规划的调整和改变。

科学技术是社会生产力中最活跃的因素，它影响着人类社会的历史进程和社会生活的方方面面，对职业选择的影响更是显而易见。作为当代大学生，应把握科技发展趋势，不断学习新技术，使自己不断适应企业需求。

法律环境和文化环境主要是指与职业相关的法律、法规、教育条件等因素。用人单位聘用人才要受到法律的约束，比如8小时工作制、最低工资水平等。而文化环境会影响人们的行为和基本信念。在中国，受传统文化的影响，很多人都希望自己能有一所安身立命的"房子"，希望自己所从事的工作"有面子"，所以在职业选择时会更多地考虑这些因素。

3.2.2　行业环境分析

行业环境分析主要是对拟选择的职业所属的行业的环境进行分析，包括该行业的发展状况和前景、优势和劣势、对人才的需求等。行业是由一定数量的企业集合而成的，其发展态势和职业的发展前景休戚相关，也是我们进行职业选择时确定发展方向的指针。要对一个行业进行环境分析，最好的方法就是寻找该行业中的代表性企业或标杆人物进行调研，或者针对这个行业的一般员工进行职业访谈，以了解该行业的核心竞争力是什么，其发展前景如何，国家对此有无政策性的扶持，行业的成功人士的奋斗经历，如果要进入该行业需要具备哪些素质和考取哪些从业资格证书，职工的薪酬待遇如何，有无自我发展机会，内部竞争是否公平等。比如，从事教师行业必须具备教师资格证才能上岗，要想成为律师则必须通过国家司法考试。了解行业的相关信息，可以帮助我们提前做好准备，按照既定的目标去培养自身能力，从而使得我们的职业目标更容易实现。

3.2.3 企业环境分析

企业环境分析是指个体对自己拟选择的企业进行全方位了解，是个体进入职业领域的重要一环。要进入某个企业就业，首先需要对该企业的内部文化、发展历史、组织机构、领导团体、管理理念、发展战略等进行全方位的了解和评估，衡量企业的发展前景，知晓个体当前的状态和企业对人才的需求标准存在的差距，确定自我的发展理念和企业的人才升迁标准是否冲突，从而确定个体对企业的适合程度和喜欢程度。经过了解和分析，如果觉得企业对自身的适合度很高，那接下来的事情就是拟定个体具体的发展目标，逐步培养自身能力，向企业靠拢。如果觉得自己不适合在该企业内部就职，或者认为该企业不符合自己的标准，就应重新开始企业搜索，寻找合适的企业就职。

3.2.4 岗位环境分析

岗位环境分析是职业环境分析中最具体化的部分，岗位即我们选择的职业是干什么的，简单来说就是职位。对岗位进行环境分析主要是了解该岗位的工作内容是什么，需要具备怎样的素质和能力，在企业部门中的地位和作用如何，工作的同事有哪些，晋升的渠道是什么，晋升是否畅通等。对岗位的信息有了详细的了解之后，一方面可以评估自己是否喜欢该岗位，另一方面可为就业提前做好心理准备，不至于上岗之后产生较大的心理落差，以至于出现焦虑或倦怠的情绪，影响职业发展。

3.2.5 家庭环境分析

个体的成长离不开家庭，因此人格面貌等不可避免地会打上家庭的烙印。从小时候开始，父母就不断教导我们要好好读书，期望我们长大后能够找到一份好工作，而这里的"好"包含多层含义，可能是指有声望、有地位、有好待遇，也可能是继承父母的衣钵，进入相同的行业，还有可能是进入家族企业。父母的职业类型和期望往往会影响子女对职业的选择。比如父母的职业是医生，他们可能更期望自己的子女也能在医学领域内工作，所以在日常生活中向子女灌输的也是与医学有关的职业信息。因此，我们在进行职业生涯规划时，应能根据自己的成长经历，分清楚哪些是父母期望的、哪些是自己想要的、哪些是自己擅长的，从而对自己的职业规划进行修正和调整，确立合理的职业目标。

3.2.6　学校环境分析

学校环境分析主要是了解所在学校的性质、优势和所学专业的特色。学校的性质不同，培育学生的方向就不同，其所指向的职业类型也会因此不同。比如工科类院校和师范类院校的学生会因为学校培养目标的差异而表现出能力的差异，师范类院校的学生获得的更多的是专业理论知识、人际交往、言语表达等方面的教育，因此更擅长从事与人打交道的教学工作；而工科类院校可能更注重对学生的动手操作能力和逻辑推理能力的培养，所以学生的实践操作能力较强，更擅长从事和物打交道的工作。另外，大学是对学生进行专业化培训的场所，而用人单位在选聘人才时也往往会提出专业的要求。所以，我们应立足于自身的专业，结合学校的优势，综合分析，做好自我定位。

3.3　了解职业世界的维度及方法

职业的分类和环境分析只是有助于我们从宏观上把握职业，若想准确地选择职业，还需要对职业信息有更详细和深入的了解。比如，某一职业对从业者有什么要求？从事这个职业的人都在做些什么？该职业的发展前景如何？等等。要获得这些比较繁琐的、具体的信息应注意一些方法的运用。

3.3.1　了解职业的途径

(1) 网络资源。当前，网络的普及程度和利用率越来越高，许多用人单位都有自己的网站，人才招聘服务机构也会及时发布招聘信息，而各个高校也有相应的就业指导网站。网络资源典型的特点是查询方便快捷、信息量大，为我们全面而及时地获取职业信息提供了便利。

(2) 大众传媒。除了网络之外，我们还可以通过报刊、电视、广播等新闻媒体来了解职业信息，尤其是当地发行量比较大的报纸，比如河南的大河报。大众传媒提供的信息传播面广、速度快、时效性强，是用人单位发布人才需求信息的重要工具。

(3) 实习和社会实践。通过实习、社会实践等方式直接进入行业领域亲身体验，近距离地接触能够使我们更加明确地了解某种职业的实际工作情况、对人才的资格要求、发展前景等。

(4) 生涯人物访谈。生涯人物访谈是通过对同一行业中数位资深工作者的深入交流来获取职业信息的一种方法。进行人物面谈，一方面可以验证通过其他渠道搜集的信息的可靠性，另一方面可以知晓从事该职业的工作者的内心真实体验和工作领域的深入信息，观察实际的工作情形，从而判断自己是否真的喜欢和适合该职业，同时还能拓宽人脉资源。生涯人物可以是实习单位的同事、师长、校友，也可以是朋友介绍的资深工作者。一般情况下，访谈的生涯人物的工作经验最好在三年以上，且在访谈之前要拟好访谈提纲，访谈结束后应立即对信息进行整理，以提取有价值的信息。

此外，我们也可以通过参加高校或地方举办的招聘会来获取职业信息。

3.3.2 评估职业的方法

当我们通过多种途径收集到职业的相关信息之后，就需要对信息进行筛选，评估所关注的职业是否符合需要，我们各方面的资质与职业所要求的标准有多大的差距，在此基础上确立自己的奋斗目标，制定详细的生涯发展步骤。那么，如何进行评估呢？评估的方法有很多，这里主要介绍常用的PLACE法。

PLACE法常用来对职业进行评估。具体的操作步骤是：全面获取某种职业信息之后，根据PLACE法所给出的5个指标对职业信息进行分解，从各个层面认知该职业，从而评估自己的各方面条件是否符合该职业的需要。

(1) P(Position)。职位、职务，主要是指该职位的日常性工作有哪些，需要担负什么样的工作责任，处于哪个工作层次。

(2) L(Location)。工作地点，包括工作单位的地理位置、所处的环境状况、安全性等。

(3) A(Advancement)。升迁、发展，主要是指升迁的渠道有哪些、是否畅通、升迁速度如何。

(4) C(Condition of Employment)。工作状况，如工作时间、工资和福利、培训学习的机会等。

(5) E(Entry Requirements)。雇佣条件，包括所需的学历水平、专业、工作经验、能力、性格、气质类型等。

3.3.3 ACT工作世界图

20世纪末，美国大学考试中心(ACT)结合各种职业兴趣的最新研究成果，在兴趣的两维基础上，将职业群体的具体位置标定在坐标图上，从而得到工作世界图，如图3-1所示。

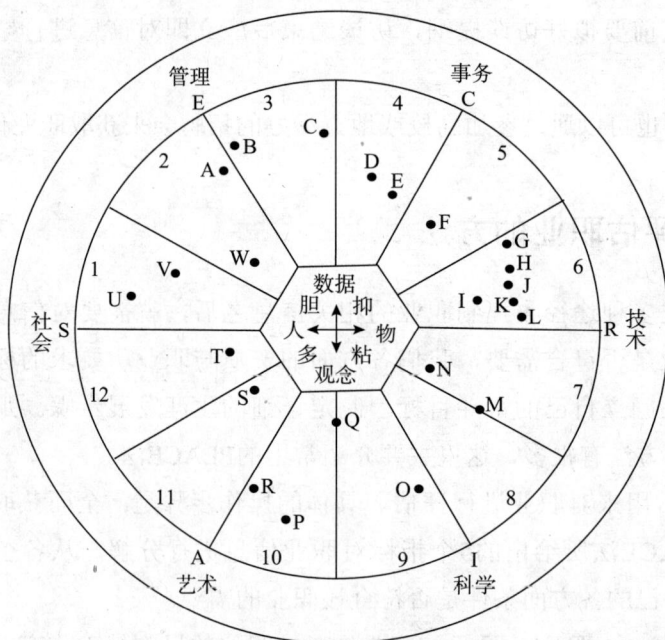

图3-1 ACT23种职业群体分布示意图

该图把霍兰德的六边形与两个维度，即将"人—物"维度、"数据—观念"维度组合在一起，使职业类型和职业性质得以有机地结合起来。通过进一步分析，我们可以看出，这基本是将霍兰德的职业兴趣理论和气质与职业选择关系组合在一起，这使得我们可以通过气质测评和霍兰德职业兴趣测评，来直观地判断适合我们的职业类型。

在霍兰德六边形的外部共分为12个区域，共有23个职业群被标定在图中。在具体应用时，如果受试者知道了自己的兴趣类型和气质类型，就可以通过该图较准确地确定自己的职业兴趣在该图中的位置，再通过与不同职业群的远近位置的比较可以进一步扩展职业兴趣的搜寻范围。

在下文中，我们将列举这23种职业类型及对应的典型职业、典型的专业类别，以供参考。

1. 管理型(E)——商业交际工作类别

1) A——市场与销售(交易工作)

典型职业：商店店员、采购、销售(房地产、保险、股票经纪人等)、工业和农业产品销售和代售、办公及医疗用品销售等。

适合专业：主要适合高职高专的一线销售类专业，包括市场营销、贸易经济、工商管理等专业，以及与具体销售对象相关的专业，如金融学、药学、房地产经营管理、汽车技术服务与营销(专)等。

2) B——管理与规划

典型职业：营销经理、办公室主任、代理商、企业经理、营销策划、行政主管等。

适合专业：市场营销、行政管理、工商管理、人力资源管理、商务策划管理、特许经营管理等大部分管理类专业。

2. 事务型(C)——商业操作工作类别

1) C——记录与沟通

典型职业：办公室职员、银行职员、邮局职员、接待员、图书馆计算机编目员、秘书、法院书记员、档案管理员等。

适合专业：金融学、保险、税务、社会工作、文秘(专)、司法助理(专)、书记官(专)、图书馆学、档案学、信息资源管理等。

2) D——金融交易

典型职业：记账员、会计、出纳、收银员、保险交割员、经济分析师等。

适合专业：会计、财务管理、金融学、经济学、审计学、国际经济与贸易等。

3) E——仓储与货运

典型职业：报关员、快递员、货物代理、物流管理等。

适合专业：物流管理、交通运输、物流工程等。

4) F——商业机器/电脑操作

典型职业：计算机操作员、打字员、录入员、统计员、办公设备操作员等。

适合专业：主要适合高职高专类专业，如计算机网络与安全管理、计算机信息管理、计算机网络技术、计算机多媒体技术等。

3. 现实型(R)——技术工作类别

1) G——交通工具的操作与修理

典型职业：各类运输设备驾驶员、飞行员、飞机维修技师、汽车修理工、船长等。

适合专业：主要适合交通行业专业，本科类有车辆工程、轮机工程、飞行技术、航海技术、海洋与船舶工程、飞行器动力工程、飞行器制造工程等；高职高专类有汽车运用技术、汽车制造与装配技术、汽车检测与维修技术、汽车电子技术、汽车运用与维修等。

2) H——建筑与维护

典型职业：各类建筑行业职业，如建筑师、铺路工、起重工、建筑监理等。

适合专业：各类建筑业专业，以高职高专类的应用型专业为主。

3) I——农业与自然资源

典型职业：各类农、林、牧、渔业职业，如宠物店店员、园林工等。

适合专业：各类农、林、牧、渔业专业，以高职高专类的应用型专业为主。

4) J——手艺与相关服务

典型职业：厨师、面包师、裁缝、屠夫、鞋匠、调音师、珠宝加工师等。

适合专业：主要适合高职高专类提供个性化服务的技术性专业，如乐器修造技术、服装工艺技术、服装养护技术、烹饪工艺与营养、西餐工艺、珠宝首饰工艺及鉴定、钢琴调律等。

5) K——家庭/商业电器修理

典型职业：家用电器维修人员、复印机和办公设备维修人员、电脑维修人员等。

适合专业：计算机科学与技术、计算机软件、通信工程等，主要以高职高专类的电器电子产品维修类专业为主，如应用电子技术、音响工程、通信技术、计算机硬件与外设、计算机系统维护等。

6) L——工业设备操作与修理

典型职业：各类机械工、纺织工、印刷工、矿工、消防员，以及各类机械维修人员等。

适合专业：高职高专类与机械电子设备操作与维修有关的各类专业，如数控技术、数控设备应用与维护、焊接技术与自动化、机电设备维修与管理、冶金设备应用与维护、新型纺织机电技术、食品机械与管理、印刷设备及工艺等。

4. 研究型(I)——科学工作类别

1) M——工程及其他应用科技

典型职业：各类工程技术人员、生物化学实验室技术人员、程序设计人员、食品技术人员、科技展示人员、制图员等。

适合专业：以本科为主的各类工程技术类专业。

2) N——医疗专业与科技

典型职业：牙医、牙医助理、药剂师、各类医疗设备操作人员、验光师、义肢技术人员、兽医等。

适合专业：以本科为主的各类医疗类专业。

3) O——自然科学与数学

典型职业：各类自然科学家。

适合专业：以本科为主的各类自然科学和数学类专业。

4) P——社会科学

典型职业：人类学家、经济学家、社会学家、心理学家、政治家等。

适合专业：以本科为主的各类哲学和人文社会科学类专业。

5. 艺术型(A)——艺术工作类别

1) Q——应用艺术(视觉)

典型职业：花艺设计、室内设计、摄影师、装饰设计、橱窗设计、时尚设计、景观设计、建筑设计等。

适合专业：各类视觉设计类专业。如艺术设计、戏剧影视美术设计、摄影、书法学、园林、室内设计技术(专)、环境艺术设计(专)等。

2) R——创作/表演艺术

典型职业：演员、歌唱家、作曲家、作家、文学家、艺术与音乐教师等。

适合专业：汉语言文学、作曲与作曲技术理论、音乐表演、舞蹈编导、表演、导演、戏剧影视文学、广播电视编导、播音与主持艺术等。

3) S——应用艺术(写作与演讲)

典型职业：广告文案、法律助理、记者、翻译、公共关系人员、律师、科技作家、广告策划等。

适合专业：汉语言文学、广告学、新闻学、出版编辑学、传播学等。

6. 社会型(S)——社会工作类别

1) T——一般健康护理

典型职业：护士、理疗师、心理咨询人员、营养师、语言矫正人员等。

适合专业：心理学、应用心理学、营养学、妇幼保健医学、康复治疗学、护理学、假肢矫形工程等。

2) U——教育与相关服务

典型职业：各类教师、教练员、职业指导师、特殊教育教师等。

适合专业：以本科为主的各类教育专业、体育运动类专业等。

3) V——社会与政府服务

典型职业：各类警察、各类公务人员、社会服务人员等。

适合专业：社会学、社会工作、行政管理、公共事业管理、劳动与社会保障、土地资源管理、公共政策学、城市管理、公共安全管理等，以及公安警察类各专业。

4) W——个人/消费者服务机构

典型职业：服务员、空姐、美容师、美发师、管家、保姆等。

适合专业：以高职高专为主的各类服务类专业，如空乘服务、导游、酒店管理、旅游服务与管理、家政服务、老年服务与管理等。

例如，某考生的气质测评结果为：胆汁质=10分，多血质=15分，粘液质=4分，抑郁质=-3分。则霍兰德职业倾向测评结果为：SEC。

根据测评结果，该考生的气质为一般多血质和倾向胆汁质，结合霍兰德测评结果，从ACT工作世界地图中就可以判断出较适合的职业类型为：T型、U型和V型，具体分析如下。

T型：一般健康护理。典型职业：护士、理疗师、心理咨询人员、营养师、语言矫正人员等。适合专业：心理学、应用心理学、营养学、妇幼保健医学、康复治疗学、护理学、假肢矫形工程等。

U型：教育与相关服务。典型职业：各类教师、教练员、职业指导师、特殊教育教师等。适合专业：以本科为主的各类教育专业、体育运动类专业等。

V型：社会与政府服务。典型职业：各类警察、各类公务人员、社会服务人员等。适合专业：社会学、社会工作、行政管理、公共事业管理、劳动与社会保障、土地资源管理、公共政策学、城市管理、公共安全管理等，以及公安警察类各专业。

该生可以在以上专业范围内，结合其他因素，如性别、文理科、就业难易程度、地域、经济发展趋势等，进一步确定自己报考的专业。

此外，在确定职业和专业时，还应注意以下事项。

(1) ACT工作世界图只列举了各类别的若干职业和专业，并没有也不可能列出所有的职业和专业。大家可以所列出的职业和专业为线索，来判断未列出的职业和专业是否属于这个类别。

(2) 专业不等于职业，因此有一些专业可能会属于不同的职业类别，遇到这种情况大家可以进一步了解该专业信息，以便作出判断。

(3) 如果自己的职业倾向尚未明确，在选择专业时可根据主要的性格特点和爱好选择应用范围较宽的专业，即遵循宜粗不宜细的原则。

(4) 如果遇到自己难以定位的情况，可以向专业人员求助。

3.4 思考与练习

3.4.1 有关职业的一些基本事实

1. 活动：猜猜看

(1) 运用头脑风暴法列举与"手机"相关的职业。

_____

(2) 记录这些职业，并讨论：你从这个活动中得到了什么启发？

_____

(3) 总结。

_____

通过这个活动，我们可以了解到一件物品从原材料加工一直到消费者购买，会涉及许多人和职业，比如从管理到制造，从研发到销售。这说明有很多专业和技能是可以变通的。因此，掌握一种专业知识的人可以从事多种职业，比如机械设计专业毕业的学生，可以从事助理、售前工程师等与人打交道的工作，也可以从事研发等相关工作。

因此，大学生在探索工作世界时，应了解和自己专业相关的职业有哪些。学习专业知识的目的是帮助人们更好地发展自己，决不是限制人的发展。当我们用更广阔的思路来看待工作世界时，会更容易理解下文中的一些基本事实。

2. 有关职业的基本事实

(1) 目前，现存职业超过20 000种，对于大多数人来说，都有数种职业适合于他们。

(2) 调查表明，各个经济收入阶层和各个行业领域的人都热爱自己的工作。

(3) 没有哪一种工作能够完全满足你所有的需要，所有的工作都有其局限性和令人失望之处。

(4) 工作市场和经济形势时常发生变化，甚至是急剧的变化。有的行业在目前可能充满机会，但却会在数年内饱和。

(5) 变化是生活的一部分。我们的选择很可能不会持续一生，因此需要不断调整和变化才能保持较高的满意度。你需要学会如何应对工作的变动，而不是如何避免变动的发生。随着经济的发展，不断会有新兴职业涌现。例如，2008年第二季度，劳动保障部发布了第十一批新职业，包括：动车组司机；动车组机械师；燃气轮机运行值班员；加氢精制工；干法熄焦工；带压堵漏工；设备点检员；燃气具安装维修工。因此，我们应做好随时调整自己的准备。找工作时，我们必须告诉自己："我正在找的工作本质上是一份临时工作，能持续多长时间我并不知道，所以，这绝不是我最后一次求职。我得随时做好重新求职的思想准备。"——《你的降落伞是什么颜色？》(美国：理查德·尼尔森·鲍利斯)

3.4.2　有哪些工作形式可以选择

运用头脑风暴法列出可供选择的工作形式。

可供选择的工作形式有如下几种。

1. 全职工作

全职工作是指每周为同一雇主工作30或30小时以上的工作，通常认为全职工作是个"铁饭碗"，具有相对的长期性。人力资源工作人员也经常提及职位具有长期性并以此为基础招聘人才。所以当公司裁员时，被裁掉的员工感觉非常痛苦的一个重要原因就是他们认定这个"铁饭碗"被打破了。

重视保障性和稳定性的人喜欢从事全职工作。他们认为维持保障性的最好方法就是加入组织。在当前的劳动大军中，有些人就会认为组织有责任照顾他们。即使全职雇员必须"像给自己做事那样努力"，而且"要对得起自己的收入"，可是，他们把自己的将来交到别人的手上的做法反而会增加自身风险。

2. 兼职工作

兼职工作是指每周为同一雇主工作不足30小时的工作，这是目前增长最快的工作形式之一。尽管兼职工作有计时工资低、对技能水平要求更低的特点，但在技术和专业领域中，这种工作形式也呈现上升的趋势。

擅长做兼职的人通常没有将一份工作作为生活的主要来源。这些人和全职工作者持有相似的信仰，重视保障性和可预测性。

3. 多重工作

多重工作是指一个人在社会中同时扮演两个或两个以上独立的工作角色。有时，有多重工作的人被叫做"兼职者"，因为他们除了做有规律的全职工作外，还会做兼职工作。

这种角色包括：为两个或两个以上的雇主工作，为一个雇主工作同时自己经营企业，或经营两家独立的企业。

这种人喜欢在具有多样性、灵活性和变化性的环境中工作。他们的特点是对自己的技能充满信心，愿意不断地更新技能，从而为自己提供"保障"。

4. 工作分享

工作分享是指两个人同意分享一份工作或一个职位的正式安排。要分享的职位通常是全职工作，工作的特点是伙伴双方的责任相同，但工作时间不同，和换班工作的方式相似，即一个人开始工作以后，就承担起另一个伙伴的职责和责任。

多数个人和组织选择这种方式，从而为不同的家庭提供需要。加拿大会议局估计，20%的加拿大组织允许工作分享，多数针对女性。

选择这种工作形式的人看重保障和体制，认为自己履行的任务是重要的。他们在力求维系工作身份的同时，弥补不同的、重要的需求或价值。

5. 工作分工/团队模式

此类安排强调分享工作职能，而不是职位，通常成立一个团队承担包括管理在内的具体职能。团队为制定和执行某项特殊决定负责，诸如开发新产品或提供新服务。由于传统职位描述消失而被团队工作代替，工作分工的方法日渐增多。团队成员必须尊重彼此的贡献，把组织的成果看得比个人的荣誉更重要。他们了解也接受自己的实力和局限性，重视团队贡献，将个人的荣誉建立在以团队模式开展工作的基础之上。

6. 人才库

人才库是指那些为找工作和完成任务而形成战略同盟的个体的集合。一般来讲，人才库的成员兴趣相同且技能互补。在很多情况下，人才库类似于团队模式。

然而，团队的特点是包括很多组织内部的人才，而人才库则存在于任一独立组织结构之外。经典的例子就是顾问(或培训师)。这些人在不同的专业领域都很有实力，因此，任何个人无法解决的问题，都可以通过团队中各个成员的共同协作得到解决。

人才库中的个体非常尊重其他成员，认为自己能够在其他成员所具备的实力的影响下成长起来。他们在同盟中感觉很舒适，能够承认自己的实力和不足。如果企业希望在需要人才的时候永远有合适的人选，就必须明确企业现阶段及未来所需的人才种类，合理地从社会和企业内部予以引进、培养和储备，并定期对企业已聘人员进行评估和管理，调整、安排人才的职务，提拔有实力的员工，确保他们工作在最适合自己的职位上，从而发挥其最大潜力。

7. 代理/经纪人

代理或经纪人特别指那些推销或代言其他个人或团体的产品或服务的人。代理代表客户就服务或产品的价值进行谈判，作为回报，代理会得到一笔佣金，通常按销售产品或服务价格的百分比来计算。代理为客户最有希望达成的合同而奔走，并根据自身的能力获取交易额的百分比作为佣金。另一种常见的代理形式存在于招聘领域，然而，这样的话，公司就成了客户。当代理成功地为公司招来一位员工时，会得到一笔酬金。这笔酬金是按照所招聘人员薪水的百分比来计算的。例如，如果你为公司招聘了一位薪水为100 000元的高级经理，那么你会获得10 000到15 000元的提成。

代理也能促成如上所述的"人才库"等团体服务。他们能代表团体就大型合同的签订与公司进行谈判。代理的实力在于他们的沟通技巧及打造同盟的能力。他们是优秀的谈判代表，愿意承担相当高的风险。

8. 合同工作

合同工作是一种迅速增长的工作形式。一些公司选择保留骨干人员作为核心员工，然后与个体就那些要求全职但要规定具体工作时间的工作签订合同。通常根据薪水来发放补偿金，但没有福利。合同的有效期限为几个星期到几年不等。长期内，个人都会与不同的雇主签订一个又一个的合同。

喜欢合同工作的个体是自立的。类似于多重工作者，他们对自己的技能充满信心，并能很快适应不同的环境。这些个体也能在家工作(Work From Home)，并能通过不断完善自己为组织创造价值。随着经济的发展以及技能的创新，这些合同工作者往往会因为不断完善自己以赢得竞争而成为组织内的关键角色，相较于那些选择稳定性和保障性较高的工作形式的个体，他们在规划自己的职业生涯时更有主动权。

9. 咨询工作

顾问不同于合同工，因为顾问会同时和多个组织签订合同，同时管理多个项目。顾问合同的特点是在特定的期限(如三个月)内取得特定的成果。一个能在某一个领域提供咨询的人必须掌握一整套专门知识(如计算机系统、职业发展、培训和营销等)。

顾问具有提升他人价值的技能，而且他们非常清楚如何在特定的情境中应用这种技能。他们的特点是自信、自立，能够独辟蹊径地解决问题。咨询工作由于合同期短以及节奏变化迅速等特点，风险非常高。

10. 自雇工作

代理、顾问以及人才库的工作形式都可以看做自雇，自雇尤指那些开发、营销产品以及提供服务的人。这是一个人的经营模式。例如：企业教练、健美教练、验房师、律师帮办、会议策划、公共关系专家、安全顾问、网页设计师等。如今，这种工作形式被称为SOHO(单独经营者兼家庭办公室)，它折射出经济发展的大趋势，在加拿大等国家，自雇是增长最迅速的工作形式。

3.4.3 新生职业生涯信念

请思考，从小到大，是否有令你很好奇的事情或事物，你是通过哪些方法了解它的？至少列举一个并进行说明。

_____

_____

如表3-1所示，传统职业生涯信念与新生职业生涯信念最大的区别在于：前者认为组织应当为员工的生涯发展负责；而后者认为员工应当为自己的职业生涯负责。在传统的职业生涯信念中，员工是从属于组织的，组织好像父母一样应当照顾员工，同时员工应当以组织为家，以组织利益为重，以被组织认可并获得升职为成功；而在新生职业生涯信念中，组织和员工的关系更像合作者，组织向员工提供横向的职业发展路径，使员工在接受新的工作或任务时能够不断学习新的技术与知识，以适应组织的需要，同时提升自己的专业能力和就业竞争力。新生职业生涯理念是经济和技术快速发展的产物，日趋激烈的竞争要求企业有更灵活和快速的适应能力，因此，组织更愿意采取一种期限更短、双方承诺更少的"交易型"心理契约。在这种契约下，由于雇佣的不稳定性、竞争的不确定性，员工更需要为个人的生涯规划负责，以便能控制社会和主导个人的发展。新生职业生涯信念提醒大学生应更主动地为自己的生涯规划负责，以新视角来看待生涯规划，无论在哪个组织从事何种工作都应该培养个人的就业竞争能力，以更积极地把握个人的发展。

表3-1 传统信念与新生信念对比表

传统职业生涯信念	新生职业生涯信念
重视忠诚和工作任期 接受工作稳定的职业生涯模式 忠诚于公司，公司将以延长工作任期作为奖励 经常需要个人为公司利益作出牺牲	重视承诺和绩效 接受实现个人理想的职业生涯模式 忠诚于理想，认为人生的价值是作贡献和适应新的要求 认为团队协作和彼此忠诚是重要的
成长 成长就相当于晋升 逐级晋升就等于成功	成长 成长与个人发展和人生意义相关，尤其要扩大知识面，提高技能水平 从事个人认为有意义的活动就等于成功
员工发展 组织重视员工发展 个人重视组织所提供的职业生涯道路，通过掌握组织认为重要的技能寻求保障 组织对员工的职业发展负责	个人发展 组织重视个人发展 最成功的工作环境会鼓励员工不断学习和进步 个人对自己的职业发展负责
绩效 个人保障与受雇时间长短有关 个人应该在同一家单位长久供职	暂时性 个人保障与个人能力和适应性挂钩 个人可能不在同一家公司长久供职
组织模式 组织相当于一个小家庭，高级管理人员扮演"父母"的角色	组织模式 组织相当于一个大家庭，重要的是伙伴关系和关系网络，服务是共享的
组织体制 以职位等级为基础，由具体的工作组成	组织体制 以要做的工作为基础，由合同、联盟和网络组成

3.5 锁定你的方向

3.5.1 城市

请依据前文测试，写出你的霍兰德测试结果。

职业类型编号_____

你感兴趣的职业在ACT图中的位置_____

_____

你的专业在ACT图中的位置_____

_____

请确认你对霍兰德测试结果的认同程度(在方块里画"√")。

非常认同□　比较认同□　一般认同□　不认同□　非常不认同□

请你确认将来要去哪个城市发展。

在表3-2中，根据你的自身综合条件，选择你喜爱并可能留下发展的城市，在选择栏填写名称，可以多选，但要排序，并说明理由。

表3-2　中国城市级别表

级　别	程　度	名　称	选　择
一线城市	一线强	北京　上海	
	一线	广州　深圳	
	准一线	天津	
二线城市	二线强	南京　武汉　沈阳　西安　成都　重庆　杭州　青岛　大连　宁波	
	二线中	济南　哈尔滨　长春　厦门　郑州　长沙　福州　乌鲁木齐　昆明　兰州　苏州　无锡	
	准二线	佛山　东莞　唐山　烟台　泉州　包头	
	二线弱	南昌　贵阳　南宁　合肥　太原　石家庄　呼和浩特	
三线城市	三线强	银川　西宁　海口　洛阳　南通　常州　徐州　潍坊　淄博　绍兴　温州　台州　大庆　鞍山　中山　珠海　汕头　吉林　柳州	

（续表）

级 别	程 度	名 称	选 择
三线城市	三线中	拉萨 保定 邯郸 秦皇岛 沧州 鄂尔多斯 东营 威海 济宁 临沂 德州 滨州 泰安 湖州 嘉兴 金华 泰州 镇江 盐城 扬州 桂林 惠州 湛江 江门 茂名 株洲 岳阳 衡阳 宝鸡 宜昌 襄樊 开封 许昌 平顶山 赣州 九江 芜湖 绵阳 齐齐哈尔 牡丹江 抚顺	
	三线弱	本溪 丹东 辽阳 锦州 营口 承德 廊坊 邢台 大同 榆林 延安 天水 克拉玛依 喀什 石河子 南阳 濮阳 安阳 焦作 新乡 日照 聊城 枣庄 蚌埠 淮南 马鞍山 连云港 淮安 丽水 衢州 荆州 安庆 景德镇 新余 湘潭 常德 郴州 漳州 清远 揭阳 梅州 肇庆 玉林 北海 德阳 宜宾 遵义 大理	
四线城市		剩余的所有城市	

资料来源：http://blog.renren.com/share/265533629/945234837

回家固然好，但很多人心有不甘。那将如何选择呢？不妨把存在的现实问题列一个表，进行简单的评估，也许会有答案。

根据表3-2选择三个吸引你的城市，填写表3-3和表3-4。

表3-3 吸引你的几个城市的理由评估

城 市	理 由	分数	总 分	大于一切的理由
	亲戚、朋友、同学			
	发展机会多			
	信息、资源丰富			
	地理位置、环境			
	文化氛围、教育资源			
	生活、工作节奏			
	经济发展程度			
	大都市有面子			
	亲戚、朋友、同学			
	发展机会多			
	信息、资源丰富			
	地理位置、环境			
	文化氛围、教育资源			
	生活、工作节奏			
	经济发展程度			
	大都市有面子			

(续表)

城　市	理　由	分数	总　分	大于一切的理由
	亲戚、朋友、同学			
	发展机会多			
	信息、资源丰富			
	地理位置、环境			
	文化氛围、教育资源			
	生活、工作节奏			
	经济发展程度			
	大都市有面子			
回家	亲戚、朋友、同学			
	发展机会多			
	信息、资源丰富			
	地理位置、环境			
	文化氛围、教育资源			
	生活工作节奏			
	经济发展程度			
	大都市有面子			
	其他理由			

通过总分的对比，可得到一个量化的结果，但也只是一个参考，大于一切的理由也许会成为影响你作出最后选择的关键因素，填完之后认真思考，看看还有没有其他因素被忽略。在表3-4中，评估并填写解决困难的分数，并与困难分数相减，最后得出总分。

表3-4　吸引你的几个城市及在未来面临的困难

城　市	困　难	分数	解决困难的分数	总　分
	住房			
	工作竞争			
	婚姻			
	压力			
	学历和能力的提升			
	子女教育的投入			
	其他困难			

(续表)

城　　市	困　　难	分数	解决困难的分数	总　　分
	住房			
	工作竞争			
	婚姻			
	压力			
	学历和能力的提升			
	子女教育的投入			
	其他困难			
	住房			
	工作竞争			
	婚姻			
	压力			
	学历和能力的提升			
	子女教育的投入			
	其他困难			
	住房			
	工作竞争			
	婚姻			
回家	压力			
	学历和能力的提升			
	子女教育的投入			
	其他困难			

　　通过表3-3和表3-4的练习，有助于你作出去哪里发展的决定，但真正确定去哪个城市生活，还需要到那个城市去住一段时间真正地体验一下。如果有兴趣可以看一下电视剧《北京青年》，然后给自己制订一个城市体验计划，真正去感受你心仪的城市。

3.5.2　行业

　　确定了城市之后，接下来，应确定选择在这个城市的哪个行业发展。

1. 选择正确行业的目的

(1) 了解社会分工。行业作为社会分工的大类是可以在一定层面上反映社会和国家发展轨迹的，每个行业在社会和国家中都有特定的职能和作用，通过了解行业，可以很好地把握社会的发展方向。

(2) 确定职业发展方向。确定行业是确定职业发展方向(定向)的关键，每个人只能在有限的领域内发展，而及早确定日后要发展的方向，就可以集中有限的时间和资源去为目标努力，这样成功的几率也比较大，而且有利于自己找到最适合的职位。

(3) 了解职业发展领域。当你初步确定在一个行业发展时，通过行业探索可以很全面、细致地了解这个行业，也会更明确此行业的发展空间和发展方向，这样选择与努力的空间也就更大了，同时也为日后的求职、跳槽都做了调研。

(4) 弥补个人职业差距。行业探索可以明确整个行业的发展趋势和通用素质要求，这就为个人补充入门和通用能力提出了具体要求，从而让大学生可以有效地规划大学生活，当职业差距足够小时个人也就可以从容地进入这一行业了。

2. 我国行业分类

我国的行业分类如表3-5所示。

表3-5 我国行业分类

国民经济的行业分类	A.农、林、牧、渔业 B.采掘业 C.制造业 D.电力、煤气及水的生产和供应业 E.建筑业 F.地质勘察业、水利管理业 G.交通运输、仓储及邮电通信业 H.批发和零售贸易、餐饮业 I.金融保险业 J.房地产业 K.社会服务业 L.卫生、体育和社会福利业 M.教育、文化艺术及广播业 N.科学研究和综合技术服务业 O.国家机关、党政机关 P.其他行业
证券市场的行业划分	工业、商业、金融业、房地产业、公用事业和综合类
证券市场投资实际应用的行业划分	科技行业、房地产行业、家电行业、电子信息行业、化工行业、能源行业、汽车行业、金融行业、农林牧副渔业、酿酒食品饮料行业、医药行业、冶金行业、纺织行业、机械行业、纸业包装行业、建材行业、商业行业、综合类等

3. 行业探索

(1) 你的专业属于哪个行业＿＿＿＿＿＿＿＿＿＿＿＿＿＿＿＿＿＿＿＿＿

如果没有专业限制你有可能从事的行业＿＿＿＿＿＿＿＿＿＿＿＿＿＿＿

(2) 目标城市的行业细分领域_____

目标城市行业内标杆企业(著名企业)_____

目标城市的哪些行业具有优势_____

目标城市的潜力行业_____

(3) 你最喜欢的行业_____

(4) 你最喜欢的行业的通用素质和从业资格_____

_____

_____

(5) 有哪些名人做过或正在做这个行业_____

_____

_____

(6) 行业内著名的公司老总或人力总监的介绍和言论_____

_____

_____

_____

3.5.3 企业

在确定了城市和行业后，接下来，应确定选择在这个城市的哪个企业发展。

1. 企业探索的好处

(1) 争取实习及实践机会。目前，企业在招聘时很关注有社会实践、企业实习经验的学生，因为这样的学生能更深入地了解社会和企业，具备企业所需要的一定能力，能缩短企业的员工培训周期，更快地适应企业节奏，从而能够有效地投入生产劳动，为企业尽快地创造利润和价值。而了解企业是获得企业实习机会的有效途径，每个企业都希望员工能够了解企业、认同企业并能和企业一起成长，因此这样有准备的员工是深受企业喜欢的。

(2) 为日后就业奠定基础。其实，大学生就业就是找到一家企业接受你，所以如果你能在大学期间一直关注与研究一个企业，为其默默地积累、储备经验和知识，那毕业时是很容易进入这家公司工作的；即使去不了目标公司，去公司的竞争对手以及目标公司下一流的公司也是很轻松的，所以想去500强企业工作的大学生现在就要早做准备了。

(3) 有助于了解自我。缺乏与外在世界互动的自我了解是不科学的，当我们和职业世界不断接触时，我们才会在变化中、冲突中加深对自己的了解。也就是说，当你还没有上路时，你是无法确定喜欢哪类企业、不喜欢哪类企业的。你必须有所了解、有所实践，才会最终确定自己的职业锚。

(4) 有效规划大学生活和明确学习方向。当我们刚上大学时或当我们对大学生活无从规划时，确立一个自己喜欢的企业为目标有助于你有效安排大学生活。即便这个目标企业选择得并不合理，但有一个目标企业就可以促使你发现和企业、职业、职场的一些差距，当你为弥补这些差距而努力时，你就是在塑造职业能力了，虽然你最后没有去目标企业工作，但你的努力方向是对自己未来的职业生涯有所支持的。

(5) 建立人脉关系。千里马常有而伯乐不常有，职场发展在一定程度上离不开贵人的提携，所以在校时通过探索企业去有意识地结识一些企业人士是有好处的，也许你现在访谈的职员就是你未来职业发展道路上的贵人呢，而这些企业人脉也会给予你实习、就业等方面的指导和支持。

2. 在你选定的城市里，锁定目标行业里的一些企业，逐个了解它们

(1) 企业的简介及发展历史(企业何时成立的、对外是怎样介绍的)；

(2) 企业的产品服务(企业的核心产品、产品线或服务是什么)；

(3) 企业的经营战略(企业的发展战略、经营策略是什么)；

(4) 企业的组织机构(企业的规模有多大，企业的部门设置是怎样的，都有什么岗位)；

(5) 企业文化(企业的文化和人际关系是怎样的，企业的工作方式是怎样的)；

(6) 企业的招聘人力(企业的人力资源战略和规划是什么，企业校园招聘的途径和职位有哪些)；

(7) 企业的薪酬福利(企业的各级待遇是怎样的)；

(8) 企业员工(企业的创始人、现任领导、现任高层、核心员工、目标部门主管和员工、以往员工)。

3. 企业调查的方法和步骤

企业调查的方法和步骤如图3-2所示。

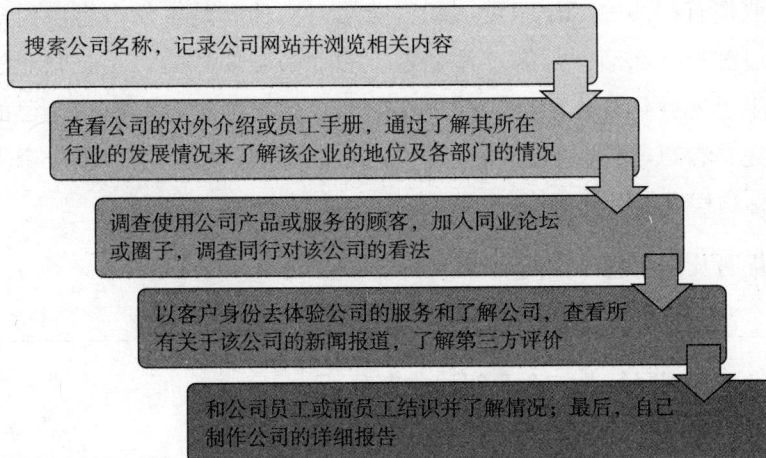

搜索公司名称，记录公司网站并浏览相关内容

查看公司的对外介绍或员工手册，通过了解其所在行业的发展情况来了解该企业的地位及各部门的情况

调查使用公司产品或服务的顾客，加入同业论坛或圈子，调查同行对该公司的看法

以客户身份去体验公司的服务和了解公司，查看所有关于该公司的新闻报道，了解第三方评价

和公司员工或前员工结识并了解情况；最后，自己制作公司的详细报告

图3-2　企业调查的方法和步骤

3.5.4　职业

上文中，我们已经列出自己可能从事的职业，这是基于自己的愿望、朦胧的理解和结合量表的推荐写出来的，下面我们将从现实的角度进一步探讨你将要从事的职业。

1. 职业的名称

写下你要从事的职业的名称和定义。

_____

_____

_____

2. 核心工作内容

_____

_____

每个职业都有核心的工作职责，职责背后对应的就是工作内容，说白了，就是这个职业一般都干什么活、什么工作是这个职业必须要做的。了解职业的核心工作内容，有利于了解胜任工作所必需的工作能力，这样就很容易明确自己的不足并能有针对性地完善自己、提高自己。对工作内容的了解程度，是衡量一个人对工作的熟悉程度和喜欢程度的重要标准。

3. 薪资待遇及潜在收入空间

4. 岗位设置及不同行业、企业间的差别

岗位设置，一般来说是指一个职业是有一系列岗位分类的，如人事岗位就分招聘、考核等很多具体岗位，而不同行业、不同性质、不同规模的企业对岗位的划分和理解也有很大的不同，很可能同样都叫一个名字，但工作内容却完全不一样。了解职业的岗位设置，能加深对职业外延的理解，明确职业的具体岗位后，就可以有针对性地与自己作比较，从而找到差距所在。不同行业对职业(岗位)的理解和要求也是有差异的，而具体的企业更是千差万别。一般来说，我们可通过权威人事网站、职业分类大典、业内资深人士等途径来了解某个职业的具体岗位设置情况。

5. 入门岗位及其职业发展通路

入门岗位是指针对应届毕业生的工作，企业中的一些中低端岗位是面向大学生开放的。此外，还要了解一个岗位对应的职业发展通路是什么，这个岗位有哪些发展途径，最高端岗位是什么等。入门岗位就是提供给大学生的敲门砖，所以，你一定要知道你能通过哪些岗位进入到这个职业。从企业每年的校园招聘信息中就能看到哪些岗位是针对应届生的，如通过一些校园招聘网站就可以找到这些信息。

6. 职业标杆人物

职业标杆人物是谁(就是在这个领域谁做得最好)＿＿＿＿＿＿＿＿＿

＿＿＿＿＿＿＿＿＿＿＿＿＿＿＿＿＿＿＿＿＿＿＿＿＿＿＿

他是怎么做到的＿＿＿＿＿＿＿＿＿＿＿＿＿＿＿＿＿＿＿＿＿

＿＿＿＿＿＿＿＿＿＿＿＿＿＿＿＿＿＿＿＿＿＿＿＿＿＿＿

他都取得了什么成绩＿＿＿＿＿＿＿＿＿＿＿＿＿＿＿＿＿＿＿

＿＿＿＿＿＿＿＿＿＿＿＿＿＿＿＿＿＿＿＿＿＿＿＿＿＿＿

他遇到过什么困难＿＿＿＿＿＿＿＿＿＿＿＿＿＿＿＿＿＿＿＿

＿＿＿＿＿＿＿＿＿＿＿＿＿＿＿＿＿＿＿＿＿＿＿＿＿＿＿

他是怎么解决的＿＿＿＿＿＿＿＿＿＿＿＿＿＿＿＿＿＿＿＿＿

＿＿＿＿＿＿＿＿＿＿＿＿＿＿＿＿＿＿＿＿＿＿＿＿＿＿＿

＿＿＿＿＿＿＿＿＿＿＿＿＿＿＿＿＿＿＿＿＿＿＿＿＿＿＿

他具备什么素质＿＿＿＿＿＿＿＿＿＿＿＿＿＿＿＿＿＿＿＿＿

＿＿＿＿＿＿＿＿＿＿＿＿＿＿＿＿＿＿＿＿＿＿＿＿＿＿＿

＿＿＿＿＿＿＿＿＿＿＿＿＿＿＿＿＿＿＿＿＿＿＿＿＿＿＿

7. 亲身体验

亲身体验一天某职业的工作流程是判断自己是否适合这个职业的重要途径，如果你无法适应该职业的工作节奏或对工作内容没有兴趣，就不必再做相应的准备工作，并尽快寻找新的发展方向，所以这个过程是很关键的。在此过程中，应重点确认自己是否能够接受从事此职业可能给生活带来的影响。

3.5.5 生涯人物访谈

1. 目的

(1) 信息采访的目标是收集能促使你作出明智的职业生涯决策的信息。

(2) 不要利用信息采访来找工作或开展职业面试，这样不但会使你陷入尴尬的境地，也会烦扰潜在雇主。

2. 意义

获得详细的职业生涯信息的最有效的方法之一是对当下从事你感兴趣的职位的人进行信息采访。信息采访具有以下意义。

(1) 通过实地考察，可明确你的职业生涯目标。

(2) 有利于拓展职业人际关系网。

(3) 有利于树立工作面试的信心。

(4) 能够获取最新的职业信息。

(5) 能够确定你的专业实力和不足之处。

(6) 能够通过内部了解组织。

3. 准备

在进行信息采访前，做好准备工作是非常重要的，不仅有助于你深入地开展信息访谈，而且能够提高信息访谈的专业性，从而有助于你找到满意的工作。

4. 安排信息采访

(1) 联系你感兴趣的组织。询问你欲调查的职位名称、工作人员姓名和电话号码。

(2) 采访前，打电话给你要采访的人，进行自我介绍并说明自己的身份(如某学校的学生)以及通过何种途径获得有关他的信息。通常可用电子邮件或书信的方式，但电话联系的效果更好。

(3) 说明调研中你感兴趣的工作类型、原因以及进行采访所需要的时间(通常为20

到30分钟)。如果要采访的人不能和你见面,则询问他能否给出5分钟的时间进行电话采访;如果他还是很忙,就请求他介绍一位与他所做的工作相似的人。

(4)感谢他能够接受采访并确认采访的日期、时间和地点。如果他无法接受采访,则礼貌地表示遗憾。如果获得了被推荐人的信息,则表示感激。

5. 开展信息采访

在开展采访时,可提问如下问题。

(1) 在这个工作岗位上,每天都做些什么?

(2) 最近,这项工作因科技、市场、竞争等因素发生变化了吗?

(3) 你是如何找到这份工作的?

(4) 你是如何看待该领域将来的变化趋势的?

(5) 你的工作是如何为实现组织的总体目标或使命贡献力量的?

(6) 你所在的领域有"职业生涯道路"吗?

(7) 这个领域需要什么样的人?

(8) 到这个领域工作所需具备的基本素质是什么?

(9) 就你的工作而言,你最喜欢什么?最不喜欢什么?

(10) 在工作初期,从事哪类基础工作最有益于学到尽可能多的知识?

(11) 在该领域,初级职位和略高级别职位的薪水是多少?

(12) 在该领域,采取工作行动和解决问题的自由度如何?

(13) 该领域有发展机会吗?

(14) 工作的哪部分让你最满意,哪部分最有挑战性?

(15) 什么样的个人品质或能力对胜任本工作来讲是最重要的?

(16) 你认为将来该领域潜在的不利因素是什么?

(17) 结合你自己的经历,在该领域工作你遇到了什么样的问题?

(18) 对于一个即将进入该领域的人,你有什么特别建议吗?

(19) 胜任本工作需要特别的知识、技能和经验吗?

(20) 胜任本工作需要具备怎样的教育或培训背景?

(21) 公司对刚进入该领域的员工提供哪些培训?

(22) 能帮助我深入了解该领域的途径有哪些?

(23) 你的熟人中有谁能够成为我下次采访的对象吗？当我打电话给他/她的时候，可以提及你的名字吗？

(24) 根据你对我的教育背景、技能和工作经验的了解，你认为我在作出最终决定之前还应对哪个领域、什么工作进行深入调查研究呢？

在进行采访时，应注意以下事项。

(1) 是你请求他人接受采访，因此应注意语气和态度。

(2) 一定要简洁，不要浪费他人时间。

(3) 给采访对象留出提供其他信息的机会。

(4) 为自己准备一段"30秒的广告"，因为在信息采访过程中，对方可能会问到你的职业兴趣和目标。

(5) 用一张纸或电子日记记录采访过程并在采访的过程中做笔记。

(6) 如果你还不了解工作领域的相关信息，可详细询问。

(7) 在采访过程中，尽可能详细地记录更多信息。

(8) 一定要迅速发送感谢信(采访结束后一天之内)。

6. 职业通用素质要求及入门具体能力要求

结合人物访谈的内容，列出十项最基本的能力要求，然后与自己一一对照，进一步认识自我。

第1项_____ 与自己对照 _____

第2项_____ 与自己对照 _____

第3项_____ 与自己对照 _____

第4项_____ 与自己对照 _____

第5项_____ 与自己对照 _____

第6项_____ 与自己对照 _____

第7项_____ 与自己对照 _____

第8项_____ 与自己对照 _____

第9项_____ 与自己对照 _____

第10项_____ 与自己对照 _____

3.6 我的生命线

生命线是你我都有的东西。人间有多少条生命，就有多少条生命线，生命线就是每个人走过的路线。通过下面这个游戏，可帮助你画出你人生的路线图。

首先，在图3-3中的横线左侧起点处标注"0"，表明你生命的起始点；在线条右方箭头处认真标明你预计的寿命，多大都可以；在横线上写上你的名字。

其次，请一寸一寸地抚摸这条线，他就是你未来发展的蓝图。无论你走到哪，都走不出它的坐标系。你是你自己的人生规划师，没有人能替代你。

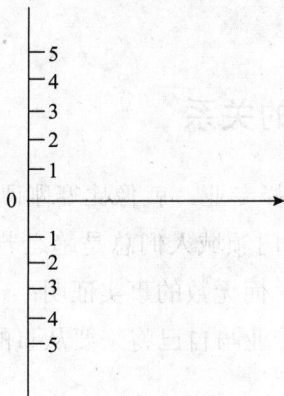

图3-3 生命线

再次，请按照为自己规定的生命长度，找到你目前所在的那个点。比如你打算活到75岁，你现在只有20岁，你就在整条线段的三分之一处，留下一个标记。之后，请你在标记的左边，即代表过去的岁月的那部分，把对你有重大影响的事件用笔标注出来。比如7岁的你上学了，你就找到和7岁相对应的位置，写上"上学"这件事。注意，如果你觉得是件快乐的事，就写在生命线的上方；如果你觉得非常快乐，就把这件事标注得更高一些；反之亦然。例如，9岁的时候，有一件特别让你伤心或受到极大创伤的事，你就在9岁位置的生命线下方画一条垂直于生命线的线，根据你伤心或受创的程度决定线的长短。然后，按这种方式分别写出两到三件积极的事和消极的事，在相应的年龄位置，根据积极和消极的程度画出垂直于生命线的长短不同的线，直至将今天之前的生命历程记录完毕。

然后，你要看一看、数一数，在影响你的重大事件中，是位于横线之上的部分多，还是位于横线之下的部分多？上升和下落的幅度怎样？应从自我的感受出发，而不要过多顾及世俗的评判标准。

最后，开始对未来进行规划。在你的生命线上，把你这一生想干的事，比如从事第一份工作、升职加薪、恋爱结婚、买车买房、周游世界、生小孩、当老板等都标注出来，如果有可能尽量把时间标注出来，根据给你带来的快乐程度确定线的长短，如果某件事能给你带来最多的快乐，就标注在横线的最上方。

当然，在将来的生涯中，还会遇到挫折和困难，如父母的逝去、孩子的不上进、生病、职场或事业方面的不如意等，可用笔在生命线上一一画出，这样我们的生命才称得上完整。

3.6.1　专业与职业的关系

人生好比马拉松比赛，选择专业，就像比赛刚刚开始。不同领域，收入相差可高达十倍以上，为此，对于热门领域人们总是趋之若鹜，形形色色的"热门""高薪"职业排行榜也是层出不穷。而无数的事实证明：一个人无论是主动还是被动选择某一专业，他都无法保证那个专业与自己将来要从事的职业或经营的事业相关。

1. 专业与职业对口

学以致用，可以充分发挥大学毕业生的专业特长，使毕业生在工作中如鱼得水、脱颖而出，从而取得事业上的成功，同时也能避免人才浪费。所谓学以致用，狭义上是指"专业对口"，广义上则是指毕业生无论从事何种类型的职业，其工作性质与所学专业都有密切的联系，可以是本专业范围内的工作，也可以是与相近专业相关的工作。

2. 从事的职业可以不限于本专业

如今，人才竞争日趋激烈，如何脱颖而出、使自己成为社会需要的人才，已经成为大学生普遍关注的问题。越来越多的企业在选择人才的时候，注重的是综合素质。这就需要我们在学习专业知识的同时，有意识地提高自己的综合素质。那些走出校门能很快融入社会、被企业认可和接受的学生，大都是在知识准备、能力准备和观念、心理准备都相对充足的基础之上，才获得职业选择和发展机会的；即便遭遇挫折，不少人也能依靠自身调整心态，重整旗鼓寻求机会，甚至人生的每一次失败经历都会成为成长和发展道路上的财富。

3. 专业与职业变动

读书期间的专业选择只是在生涯过程中的一次选择。外在的环境条件时刻处于变化之中，外部的机会也是很难预测的，关键问题在于你是否在上学期间就已经做了充足的准备，你的知识、能力、观念、心态、心理素质、经验都有了多大程度的改进，你是否为自己的内在成长做好了科学的规划，你是否为自己的职业选择做好了充足的准备。

4. 选择适合自己的职业

没有最好的职业，只有最适合自己的职业。职业选择的出发点首先应该是自己的个性、能力、兴趣爱好、价值观。在一个不适合自己的"完美"行业里拼搏再长时间，恐怕也很难有出头之日。就拿IT工程师这个所谓的"香饽饽"职业来说，被很多人列为目标职业，然而在这些人中有相当一部分其实并不适合在这个行业里发展。举个简单的例子，让一个生性浪漫、善于交际的人从事IT工作、整天面对程序逻辑，显然是不合适的。并且，IT工程师这个职业本身也并非十全十美，由于其职业特性，很多超过35岁的工程师往往必须考虑转行的问题，如转行到相关管理、销售岗位上去，这是IT工程师难以避免的发展瓶颈，而IT工程师在职业满意度上的表现则更糟糕。

5. 职业无好坏之分

在选择专业和发展方向时，"最好职业"排行榜究竟能起到多少作用呢？职业排行榜能成为就业指南针吗？其实，职业并无好坏之分，职业优劣的排名只能作为参考，万不能当作择业的标准。任何职业都有高峰期与低谷期，很多职业人士抱着天真的想法：通过跳槽让自己一直处于发展较好的领域中，哪个领域赚钱，就转行到哪里去。但是，职场人不要忘了职业发展的两条基本规律：第一，跳槽、转行、职业发展都需要职业资本作为先锋。如果缺乏这个职业所需要的技能、经验、资本，想跳也跳不进去，即使千方百计跳进去了，干不了多久就会被淘汰。第二，在这个信息高度发达的社会中，劳动力严重供大于求。从热门职业到冷门职业，往往只要三五年的时间，也就是说，或许你根本来不及积累职业资本，"热门"就已经变成"冷门"了。热门职业就像天上的云彩，变幻莫测。因此，盲目跟风，非但不现实，到头来还会使自己迷失。一个人的职业生命是有限的，如果能够沿着一条自己选择的、适合自己的路走下去，咬定青山不放松，以平常心态对待职场风云，或许，最后到达成功顶点的人就是你。

3.6.2　受用人单位青睐的8类学生

什么样的学生是最受用人单位欢迎的？据调查，8类求职学生更容易获得用人单位的青睐。

1. 在最短的时间内认同企业文化

"企业文化是企业生存和发展的精神支柱。员工只有认同企业文化，才能与公司共同成长。"壳牌公司人力资源部的负责人介绍说："我们公司在招聘时，会重点考查学生的求职心态与职业定位是否与公司要求相吻合，以及个人的自我认识与发展空间是否与公司的企业文化与发展趋势相吻合。"

有关专家提示："学生求职前，要着重对所选择企业的企业文化有一些了解，并考虑自己是否认同该企业文化。如果想加入这个企业，就要使自己的价值观与企业倡导的价值观相吻合，以便进入企业后，能自觉地把自己融入这个团队中，以企业文化来约束自己的行为，为企业尽职尽责。"

2. 对企业忠诚，有团队归属感

问卷调查显示，国有企业、外资企业、民营企业的人力资源人士都一致认为，宁可要一个对企业足够忠诚、哪怕能力差一点的员工，也不愿意要一个能力非凡但朝三暮四的员工。

一家企业的人力资源经理认为，员工对企业忠诚，表现在对企业管理的积极参与以及对公司形象的努力维护，不管老板在不在场，都要认认真真地工作，踏踏实实地做事。有归属感的员工，他的忠诚，最终会促使他达到理想的目标，从而成为一个值得信赖的人，一个老板乐于雇佣的人，一个可能成为老板得力助手的人。

一位企业高管如是言："企业在招聘员工时，除了要考查其能力水平外，个人品行是最重要的评估方面。品行中最重要的一个方面是对企业的忠诚度。那种既有能力又忠诚于企业的人，才是每个企业最需要的理想人才。"

3. 不苛求名校出身，只要综合素质好

某网络通信股份有限公司的人力资源人士表示："我们公司不苛求名校和专业对口，即使是比较冷僻的专业，只要学生综合素质好，学习能力和适应能力强，遇到问题能及时看到问题的症结所在，并能及时调动自己的能力和所学的知识，迅速释放自己的潜能，制定可操作的方案，同样会受到欢迎。"

问卷调查分析报告指出："随着企业竞争的加剧，企业更加关注人才的质量。因为人才是创造产品、提供服务为企业赢得利润的主要因素。有些企业，尤其是技术含量不高的企业，不仅看重学生的学习成绩，更看重学生的综合素质，这是现代企业的用人特点，个人综合素质比学历更重要。"

4. 有敬业精神和职业素质

"现在有些年轻人职业素质比较差，曾经有一个年轻人，早晨上班迟到的理由居然是前一天晚上看电视节目看得太晚了。新来的学生在工作中遇到问题或困难，不及时与同事沟通交流，等到领导过问时才汇报，导致耽误工作的进展，这些都是没有敬业精神和职业素质差的表现。"某人寿保险公司人力资源管理人士说："我们把高素质、忠诚负责的员工视为最宝贵的财富。敬业精神体现在责任感、主人翁意识、为做好工作而主动学习、注重细节、先付出后回报等方面。"

5. 有专业技术能力

北京某科技股份公司人力资源部经理介绍说："具备专业技能是我们对员工最基本的素质要求，IT行业招人时更加注重应聘者的技术能力。在招聘时，如遇到具备同等能力的应聘者，也许会优先录取研究生。但是，进入公司后，学历高低就不是主要的衡量标准了，公司会更看重实际操作技术，谁能做出来，谁就有本事，谁就拿高工资。"

一位人力专家这样说："专业技能是技术含量高的企业很看重的用人标准，对专业人才的选拔可以说是精挑细选。"

6. 沟通能力强、有亲和力

某科技集团人事部的负责人说："我们公司认为，大学生最需要提高的能力是沟通能力。企业需要的是能够运用自己良好的沟通能力与企业内外有关人员接触，合作无间、同心同德、完成组织使命和达到组织目标的人。"

"企业特别需要性格开朗、善于交流、有好人缘的员工。这样的人有一种亲和力，能够吸引同事与他合作，给予他人帮助，通过他的努力，能够赢得更多的客户，使企业财源滚滚。"一位与企业打交道多年的商学院老师如是说。

7. 有团队精神和协作能力

"我们特别欣赏有团队精神的员工，因为在软件开发和使用过程中，如果有一名员工在一个环节上出现问题，将会影响整个项目的进程。"某软件股份有限公司人力资源管理人士说。

某汽车工业(集团)总公司的人力资源人士认为："从人才成长的角度看，个人是属于团队的，要有团队协作精神和协作能力，只有在良好的社会关系氛围中，个人的成长才会更加顺利。"

8. 带着激情去工作

"企业需要带着热情去工作的人。"某科技股份有限公司人力资源人士表示："我们在对外招聘时，特别注重人才的基本素质。除了要求求职者具备扎实的专业基础外，还要看他是否有工作激情。一个没有工作激情的人，我们是不会录用的。"

"热情是一种强劲的激动情绪，一种对人、对工作和信仰的强烈情感。"一位资深的生涯规划专家说："一个没有工作热情的员工，不可能高质量地完成自己的工作，更别说创造业绩。只有那些对自己的愿望真正有热情的人，才有可能把自己的愿望变成美好的现实。"

3.6.3 职业探索的具体内容及途径

1. 就业市场的形势

内容：市场的大小，供求关系，在各地区、各领域的分布情况。

途径：报刊，电视广播，网络。如《21世纪》、《中国教育报》、《中国大学生就业》、中央二台《劳动·就业》栏目。

_____

_____

_____

2. 继续教育方面的选择

内容：考研、在职研究生、学校保送、根据扶贫计划等优选、出国、研究生学历班、函授、自考、在职培训、实习、成人教育、夜大、其他培训、资格认证等。

途径：各高校网站、研究生招生通讯、留学网站、各校的保送或在职读研政策、支援西部计划、扶贫计划等。

_____

_____

_____

3. 专业与职业的关系

内容：我这个专业可以从事什么职业？

途径：www.nacalester.edu/cdc，学长、校友及生涯人物访谈，本专业讲座。

_____

_____

_____

4. 具体职业

内容：工作的性质，要求的学历、技能，薪酬福利，工作条件、地点，发展趋势和晋升前景等。

途径：www.zhiyebaike.com，stats.bls.gov/ocohome.htm，www.onetcenter.org，生涯人物访谈，实习，相关讲座，人才市场。

_____

_____

_____

5. 公司/机构/学校

内容：机构的愿景、文化、管理，提供的条件，工作要求和工作内容等。

途径：公司网站，面试，实习等。

_____

_____

_____

_____

思考题

1. 你对自己目前的专业满意吗？为什么？如何提高自己对专业的满意度？请列出几点来与同学一起分享。您同意书中关于专业学习和第二专长学习相结合的说法吗？你觉得两者应该如何结合呢？请调查并查找与第二专长相关的资料和信息，并分析不同的第二专长如何影响自己的学习、生活和工作生涯，请以自己调查和查找的案例为主进行说明。

2. 你对学生社团体验有什么看法？请结合自己的实际情况进行说明。

第4章　能力探索与发展

认准自己的特长，充分发挥自己的能力，就能够获得成功的机会。机会不会自动地找到你，你必须不断而又醒目地亮出你自己以吸引别人的关注才有可能寻找到机会。

本章为你列出企业最为关注的几项个人特质，请结合任务认识和把握自己的优势与不足，加以自我修炼，从而为职场发展拓展无限的空间。

4.1　能力的理解

4.1.1　能力区分

在大学校园里，大部分同学之间的智力并没有太大的差异，只是各自的特点不一样。每个人都有自己的特长，比如一些人的语言能力较强，善于表达自己的思想和观点；有些人的推理能力较强，能够快速运算，进行推理，解决应用问题。因此，在职业选择时，还应注意个人能力与职业类型相匹配。需要强调的一点是，有些人将兴趣误认为个人能力。其实，兴趣和能力是不能等同的，这一点一定要弄清楚，否则，将可能走入误区。

能力，就是指人们顺利完成某一活动所必需的主观条件。能力按照其获得的方式(先天与后天)，可以分为潜能和技能两大类。潜能是人们先天具有的才能；技能则是人们后天通过学习等途径掌握的能力。一方面，潜能如果得到开发，可以大大加快和加强人们掌握技能的速度和成效；另一方面，潜能再好，如果没有得到开发，等于白白浪费了自身的潜能。那么，如何开发自己的潜能呢？首先，必须认识自己的潜能；其次，确认自己可以利用潜能去做什么样的事或者说从事什么样的职业。这就是人们探索自身能力倾向的过程。

1. 一般能力和特殊能力

1) 一般能力

一般能力就是我们所说的智力。它是人在认识活动中表现的一种具有多维结构的综合性能力。个人认识过程中的各种能力，包括感知能力、记忆能力、思维能力、想象能力、言语能力等都属于智力的范围。其中，抽象概括能力是智力的核心，创造能力是智力的高级表现。

2) 特殊能力

特殊能力是指在某些专业和特殊职业活动中表现出来的一般能力(智力)的某些特殊方面的独特发展。例如，数学能力、文学能力、艺术表演能力、管理能力、医学能力等都属于特殊能力。

一般能力和特殊能力相互关联，构成辩证统一的有机整体。一方面，一般能力在某种特殊活动领域得到特别发展时，就可能成为特殊能力的重要组成部分。例如，人的一般听觉能力既存在于音乐能力之中，也存在于言语能力之中，没有听觉的一般能力的发展，就不可能发展言语和音乐能力。另一方面，在特殊能力发展的同时，也发展了一般能力。例如，观察能力属于一般能力，但在画家的身上，由于绘画能力的特殊发展，对事物的一般观察能力也相应得到增强。人在完成某种活动时，常需要一般能力和特殊能力的共同参与。总之，一般能力的发展为特殊能力的发展提供了更好的内部条件，而特殊能力的发展也会积极地促进一般能力的发展。

2. 再造能力和创造能力

1) 再造能力

再造能力又叫模仿能力，是指能使人迅速地掌握知识、适应环境，善于按照原有的模式进行活动的能力。这种能力符合学习活动的要求。

2) 创造能力

创造能力是指具有流畅、独特、变通、创新及超越平常的思考与活动的能力，这种能力符合创造活动的要求。

这两种能力有着密切的关系。再造能力是创造能力的前提和基础。人们常常是先模仿，然后再进行创造的。

3. 液体能力和晶体能力

根据能力在人的一生中的不同发展趋势以及能力和先天禀赋与社会文化因素的关系，可将其分为液体能力和晶体能力。

1) 液体能力(液体智力)

液体能力是指在信息加工和问题解决过程中所表现出来的能力。如对关系的认识，类比、演绎推理能力，形成抽象概念的能力等。它较少地依赖于文化层次和知识结构，而取决于个人禀赋。

2) 晶体能力(晶体智力)

晶体能力是指获得语言、数学等知识的能力，它取决于后天的学习，与社会文化有密切的关系。

4. 认知能力、操作能力和社交能力

1) 认知能力

认知能力是指人脑加工、存储和提取信息的能力，即我们一般所讲的智力，如观察力、记忆力、想象力等。人们认识客观世界，获得各种各样的知识，主要依赖于人的认知能力。

2) 操作能力

操作能力是指人们操作自己的肢体以完成各项活动的能力，如劳动能力、艺术表演能力、体育运动能力、实验操作能力等。操作能力是在操作技能的基础上发展起来的，搜集与整理又成为顺利掌握操作技能的重要条件。操作能力与认知能力不能截然分开。不通过认知能力积累一定的知识和经验，就不会有操作能力的形成和发展；反过来，操作能力不发展，人的认知能力也不可能得到很好的发展。

3) 社交能力

社交能力是在人们的社会交往活动中表现出来的能力，如组织管理能力、言语感染力、判断决策能力、调解纠纷能力、处理意外事故的能力等。这种能力对组织团体、促进人际交往和信息沟通有重要作用。

5. 职业与职业能力

职业是人类社会发展到一定阶段的产物，是随着社会分工的产生而出现的。随

着生产力的提高，人类社会产生了各种各样的职业划分，职业家族不断扩大。

职业能力是指顺利完成某种职业活动所必需的并影响活动效率的个性心理特征，其中包括一般职业能力和特殊职业能力。一般职业能力是指与岗位各项任务和各种岗位、各种职业有关的共同能力，诸如自学能力、语言文字表达能力、社交与活动能力、外语和计算机应用能力等；特殊能力是指个体从事某种专业活动所需要的具体能力。

4.1.2　求职竞争力

大学生求职核心竞争力属于个人核心竞争力范畴，主要是指在大学生能力系统中起主导作用，能使大学生在就业市场竞争中取得竞争优势并可持续发展的、独特的、不易被他人模仿的一种综合能力。

求职竞争力可分为以下三个层次。

第一个层次是基本工作能力。包括适应环境的能力、组织管理能力、人际沟通能力、团队协作能力、外语和计算机运用能力以及从事实际工作必需的思想素质和心理素质，如爱岗敬业、敢于吃苦、乐观自信、诚实守信等。基本的工作能力，良好的职业道德、职业意识和职业精神，是大学生作为社会人、职场人应该具备的基本素质，是用人单位挑选大学生的首要标准。

第二个层次是专业技能。大学生经过严格的专业训练，全面系统地掌握了本学科、本专业的基本理论和方法，能够运用它指导实践的能力就是专业技能。包括实践动手能力、分析和解决问题的能力、学习能力、创新能力等。它是大学生可持续发展的基础，是大学生求职核心竞争力之所在，也是用人单位挑选大学生的关键标准。

第三个层次是求职技能。求职不仅需要实力，更需要勇气和智慧。大学生掌握了求职技巧和方法，就会使求职活动更科学有效，就会在竞争中脱颖而出。求职能力包括信息收集与处理能力、准确定位能力、抓住机遇的能力、表达能力、自我决策能力、自我推销能力、自我保护能力等，这是影响大学生实现劳动者和生产资料的结合，达到人职匹配的重要因素。

4.2 能力探索

4.2.1 分析成就、探索能力

当我们声称自己具有某一项能力时，听众马上会想让我们证明一下。什么方式是最好的证明呢？向他们提供自己的成就经历来支持自己拥有某项能力的说法是最好的方式。下面，请回顾自己的过去，写出5个自己认为最重要的成就经历，这些成就可以来源于生活的各个方面。首先，为每项成就经历取个名字。然后，尽可能地写出尽量多的细节。不要只是简单地写一个句子、给出最后的结果，而要写出什么时间、在哪里发生、什么事情、你是如何做的、为什么会这样做。还要描述自己当时的感受，以及从中学到了什么。你陈述得越详细，揭示你的能力就越多。详细地描述自己的成就经历后，再仔细重读一遍，找出给你带来成就的能力，并在右边列出。

成就经历一：_____

细节	所识别的能力
_____	_____
_____	_____
_____	_____

成就经历二：_____

细节	所识别的能力
_____	_____
_____	_____
_____	_____

其余的成就经历以相同格式列出。

根据你的成就经历列出你现有的能力：

_____

对于上述能力，哪一项需要进一步发展：

_____

怎样去拓展这些能力(制订能力提升计划)：

_____

_____

总结经验：

_____

_____

当你取得成就时，要养成记录相关细节的习惯。坚持记录细节将是非常有价值的，特别是在写简历和求职信或准备面试时。列出取得成就的相关细节，也就为你声称所具有的能力提供了依据。

4.2.2　评估自己的技能

如果你现在被问及能力或技能，你会开出怎样的一份技能清单？

在表4-1中各项你乐于运用(尽管你在这方面并不专长)的技能前标注"×"，在那些你特别擅长的技能前标注"√"，在你从未使用过的技能前标注"□"，在你想要开发提升的技能前标注"○"。在个人品质一项中，用"△"标出符合你情况的条目。

表4-1　技能评估表

×=我乐于运用的技能		√=我极擅长的技能			
□=我从未使用过的技能		○=我想要获得和发展的技能			
文员技能					
___检查	___评估	___归档	___开发	___改进	___记录
___校对	___计算	___建议	___跟进	___记账	___打字
___检索	___安排	___系统化	___制表	___复印	___合作
___分类	___恢复	___组织	___购买	___接待	___解决问题

（续表）

| ×=我乐于运用的技能 | √=我极擅长的技能 |
| □=我从未使用过的技能 | ○=我想要获得和发展的技能 |

技术性技能

＿＿财务	＿＿评估	＿＿计算	＿＿调查	＿＿观察	＿＿核证
＿＿制图	＿＿设计	＿＿检验	＿＿创造	＿＿细节	＿＿重建
＿＿修改	＿＿开发	＿＿合成	＿＿构造	＿＿解决	＿＿研究
＿＿文件审阅	＿＿提炼加工				

公共关系技能

＿＿计划	＿＿指挥	＿＿通知	＿＿咨询	＿＿写作	＿＿代表
＿＿谈判	＿＿合作	＿＿沟通	＿＿推广	＿＿说明	＿＿主持
＿＿接待	＿＿调解	＿＿表演	＿＿赞助	＿＿招聘	＿＿演示
＿＿创造	＿＿解决问题				

销售技能

＿＿接触	＿＿说服	＿＿审阅	＿＿检查	＿＿通知	＿＿推广
＿＿定位	＿＿影响	＿＿证明	＿＿比对	＿＿区分	＿＿说明
＿＿询问	＿＿签约	＿＿谈判	＿＿核算	＿＿沟通	＿＿计算
＿＿建议	＿＿合同	＿＿推荐			

维护整理技能

＿＿操作	＿＿修理	＿＿维护	＿＿拆卸	＿＿调整	＿＿清扫
＿＿整理	＿＿组装	＿＿采购	＿＿攀高	＿＿设计	＿＿评估
＿＿检查	＿＿保养				

管理技能

＿＿计划	＿＿组织指派	＿＿聘用	＿＿测评	＿＿指挥
＿＿控制	＿＿协调指导	＿＿授权	＿＿创意	＿＿监管
＿＿谈判	＿＿决策策划	＿＿会议	＿＿激励	＿＿概括
＿＿评估	＿＿团队建设	＿＿日程安排	＿＿分配工作	＿＿解决问题
＿＿行政管理	＿＿制度化、规范化			

沟通技能

＿＿说理	＿＿组织	＿＿定义	＿＿写作	＿＿倾听	＿＿解释
＿＿说明	＿＿阅读	＿＿讲演	＿＿编辑	＿＿指导	＿＿面试
＿＿合作	＿＿演示	＿＿程序化	＿＿组合	＿＿融合	＿＿连接
＿＿概括	＿＿起草建议				

研究技能

＿＿面试	＿＿询问	＿＿合成	＿＿写作	＿＿诊断	＿＿综合
＿＿设计	＿＿理论	＿＿试验	＿＿评估	＿＿调查	＿＿沟通
＿＿合作	＿＿分析	＿＿演示	＿＿发现和识别	＿＿建立并运用公式	
＿＿仔细推敲琢磨	＿＿审读、回顾				

(续表)

×=我乐于运用的技能	√=我极擅长的技能
□=我从未使用过的技能	○=我想要获得和发展的技能

财务技能

___预算	___计划	___核查	___会计	___流程	___计算
___归纳	___核算	___比较	___检查	___总结	___报告
___控制	___表达				

服务技能

___咨询	___顾问	___导引	___倾听	___协调	___传达
___教授	___答复	___合作	___推动	___监控	___激励
___说服	___评估	___反馈	___总结	___计划	___修改
___调解	___鼓励	___解说	___签合同	___演示	___解决问题

个人品质

___雄心	___果决	___镇静	___能干	___自信	___明智
___合作	___直率	___坚定	___圆通	___谨慎	___坦诚
___主导	___高效	___热情	___灵活	___乐观	___真诚
___理想	___创新	___思考	___逻辑	___忠诚	___客观
___细心	___执著	___现实	___实用	___耐心	___正直
___坚韧	___严谨	___自强自立	___成熟稳重	___多才多艺	
___敢于担风险	___有力量	___做事讲究方法	___有条理	___有主见	
___冒险精神	___反应敏捷	___进取心	___适应性	___创造性	___可依赖

以上所列举的只是部分能力，更多的技能需要自己探索。

当你完成上述步骤后，回顾一下同时标注"×"和"√"的技能。这些是你的自发性技能，代表着你的强项，而且预示了可能会给你带来满足感的领域。如果你能在生活和工作中尽可能地运用这些技能，并且不断地发现新的使用方法，你将在生活和工作中体会到快乐和满足感。

回顾填写表4-1的过程，选出5个或更多让你最感兴趣的和想要发展的技能。思考如何发展这些技能并制订发展计划，填写表4-2。

表4-2　制订计划表

技 能 名 称	发 展 计 划
1.	
2.	
3.	
4.	
5.	

4.2.3 职业能力自评表

该测试的评定使用5级量表：A，强；B，较强；C，一般；D，较弱；E，弱。

测试分为9组，每组均相应测试一项职业能力。每组均有6题，按上述5个等级为各题打分。选A打1分、选B打2分、选C打3分、选D打4分、选E打5分。累计各项得分之后合计总分。具体见表4-3～表4-11。

表4-3 第一组能力

项 目	A强	B较强	C一般	D较弱	E弱
善于表达自己的观点					
阅读速度快，并能抓住中心内容					
能清楚地向别人解释难懂的概念					
对文章的段落和篇章具有分析和综合的能力					
快速掌握词汇量的能力					
中学时你的语文成绩					
小计分数					
合计					

表4-4 第二组能力

项 目	A强	B较强	C一般	D较弱	E弱
作出精确的测量(如测长、宽、高等)					
解算术应用题					
笔算能力					
心算能力					
使用工具(如计算器)的计算能力					
中学时你的数学成绩					
小计分数					
合计					

表4-5 第三组能力

项 目	A强	B较强	C一般	D较弱	E弱
素描的水平					
画三维度的立体图形					

（续表）

项　目	A强	B较强	C一般	D较弱	E弱
看几何图形的立体感					
想象盒子展开后的平面形状					
玩拼板游戏					
中学时你的美术成绩					
小计分数					
合计					

表4-6　第四组能力

项　目	A强	B较强	C一般	D较弱	E弱
发现相似图形中的细微差异					
识别物体的形状差异					
注意到多数人忽视的物体的细节部分					
检查物体的细节部分					
检查图案是否正确					
中学时善于找出数学作业中的细小错误					
小计分数					
合计					

表4-7　第五组能力

项　目	A强	B较强	C一般	D较弱	E弱
快速而正确地抄写资料(如姓名、数字等)					
阅读中发现错别字					
发现计算错误					
在图书馆很快地查找编码卡					
发现图表中的细小错误					
自我控制能力(如较长时间做抄写工作)					
小计分数					
合计					

表4-8　第六组能力

项　目	A强	B较强	C一般	D较弱	E弱
劳动技术课中操作机器的能力					
玩电子游戏或瞄准打靶					

(续表)

项　　目	A强	B较强	C一般	D较弱	E弱
在广播体操类活动中身体的协调灵活性					
打球姿势的平衡度					
打字比赛或算盘比赛					
闭眼单腿站立的平衡能力					
小计分数					
合计					

表4-9　第七组能力

项　　目	A强	B较强	C一般	D较弱	E弱
灵巧地使用手工工具(如锤子)					
灵巧地使用很小的工具(如缝衣针等)					
弹乐器时手指的灵活度					
动手做一件小手工品					
很快地削水果					
作修理、装配、拆卸、编织等活动					
小计分数					
合计					

表4-10　第八组能力

项　　目	A强	B较强	C一般	D较弱	E弱
善于在陌生场合发表自己的意见					
善于在新场合结交新朋友					
口头表达能力					
善于与人友好交往，并协同工作					
善于帮助别人					
擅长做别人的思想工作					
小计分数					
合计					

表4-11　第九组能力

项　　目	A强	B较强	C一般	D较弱	E弱
善于组织单位或班级的集体活动					
在集体活动或学习中，时常关心他人的情况					

(续表)

项　　目	A强	B较强	C一般	D较弱	E弱
在生活中能经常动脑筋，想出别人想不到的好点子					
冷静、果断处理突然发生的事情					
在你曾做过的组织工作中，你认为你的能力怎样					
善于解决同事或同学之间的矛盾					
小计分数					
合计					

　　填完上述表格后，便可进行能力等级评定。具体方法为：首先，将各组总计得分除以6便可得到该组所测的职业能力的最后得分。最后，把每一组的评定等级填入表4-12。

　　根据你的能力等级评定得分，可以判断你的能力属于哪个等级，5个等级的含义为："1"表示强；"2"表示较强；"3"表示一般；"4"表示较弱；"5"表示弱。评定等级时可能出现非整数的情况，例如等级2.2，则表示此种能力水平稍低于较强水平，高于一般水平。

表4-12　能力等级评定表

组　　别	相应职业能力	合计分数	能力等级评定分 (合计分数为6分)	您的能力等级属于
第一组	语言能力			
第二组	数理能力			
第三组	空间判断能力			
第四组	察觉细节能力			
第五组	书写能力			
第六组	运动协调能力			
第七组	动手能力			
第八组	社会交往能力			
第九组	组织管理能力			

4.3　能力发展

　　请你根据实际情况填写表4-13。

表4-13 能力发展表

能 力 分 类	能 力 水 平	发展目标和计划
交流表达能力		
数字运用能力		
创新能力		
自我提高能力		
与人合作能力		
解决问题能力		
组织策划能力		
信息处理能力		
外语应用能力		
学习能力		
管理能力		

4.3.1 自我省察

(1) 我具备哪些能力？

(2) 我是如何运用自己的能力的？

(3) 有哪些能力是我所欠缺而有待充实的？

(4) 我是否还有哪些能力尚未被挖掘、启发？

(5) 我的能力的强弱与自己未来生涯的发展有怎样的关系？

(6) 与我所具备的能力有关的职业有哪些?

4.3.2 能力清单

请你结合自身的实际情况填写表4-14。

表4-14　能力清单表

我拥有的能力	证明拥有该能力的依据
1.	
2.	
3.	
4.	
5.	
6.	
7.	
8.	
……	

4.3.3 理想职业

列出你想要从事的并且适合你的5项职业,并列出各个职业所需要的经历和能力,并思考如何获得这些经历和能力,然后制订获得这些经历和能力的计划,填写表4-15。

表4-15 理想职业表

我的职业	所需经历	所需能力	获得经历和能力的目标与计划
1.			
2.			
3.			
4.			
5.			

思考题

你觉得自己的核心竞争力是什么？如果没有，如何形成自己的核心竞争力？

第5章　生涯决策

决策就是个人在两个以上选项之间挑选、决定的过程。如果没有一种以上的可供考虑的行动、选择或可能性，就不会有作决策的必要。所以，决策是个人在众多可行的方案中，选择最令自己满意的方案的过程。这个历程看似简单，其实不然，因为其中包括许多复杂的决策因素。

当个人在作抉择时，将所有可能影响决策的变项，包括所有可能的方案、实施每个方案的可能性及阻碍、个人对决策可能导致的结果的期望等，逐一清楚地列出来，而个人的最后决策则取决于他主观的自我概念及价值观，以及对这些主观因素的评估结果。因此，最后的决策其实是个人对于价值观及实施可能性两者的主观组合。

但个人的职业决策不等同于经济活动的决策，个人对职业的价值期望，如经济收入、兴趣偏好、发展自我、社会地位等，是与经济决策的效用不同的。另外，决策者个人的价值观、态度、经验、认知方式等都是影响决策行为的重要因素。只有深入研究这些因素，才能阐明和认识职业决策过程。

5.1　生涯决策理论

5.1.1　奇兰特的决策模式说

奇兰特认为决策是一连串的决定，任何一个决定都会影响后来的决定，亦会受先前决定的影响。因此，决策是一个发展的历程而非单一的事件。这也说明生涯决策不是一个结果，而是持续不断地作决定及修正的终生历程。决策的基准在于选择有利因素最多、不利因素最少的方案。这个模式特别强调资料的重要性，奇兰特将个人处理资料的策略分成三个系统。

1. 预测系统

预测不同的选择可能会造成的结果，并估算每个行动可能造成该结果的几率，以作为选择行动方案的参考。

2. 价值系统

个人对各种可能选择的行动的喜好程度。

3. 决策系统

评判各种行动方案的标准，主要包括以下几个选择取向。

(1) 期望取向，即选择可能达成自己最想要的结果的方案；

(2) 安全取向，即选择最安全、最保险的方案；

(3) 逃避取向，即避免选择可能造成最不好的结果的方案；

(4) 综合取向，即考虑自己对于行动结果的需求程度、成功的几率及避免最不好的结果。权衡这三个方面，然后选择一个行动方案。

作决策时，具体包括以下几个步骤。

(1) 根据自己的需求制定目标；

(2) 搜集资料，以了解可能的行动方向；

(3) 根据所得的资料，预测各种行动方案的成功率及其结果；

(4) 估算个人对于每个行动方案的喜好程度；

(5) 评估各种方案，选择其中一个方案执行；

(6) 若达成目标则终止决策，然后再等待下一个决策的出现；

(7) 若没有成功，则继续调查其他可行的办法。

5.1.2 克朗伯兹的生涯决定社会学习论

社会学习论是由班都拉所创的，强调的是个人独特的学习经验对人格与行为的影响。克朗伯兹将这一观念引用到生涯辅导上，用以了解在个人决策历程中，社会因素、遗传因素与个人因素对于决策的影响。该理论认为，影响生涯选择的因素包括：遗传因子与特殊能力、环境情况与特殊事件、学习经验、工作取向及技能。

应用克朗伯兹发展的生涯决策模式，包括以下7个步骤。

(1) 界定问题。理清自己的需求及时间或个人限制，并制定明确的目标。

(2) 拟订行动计划。思考可能达成目标的行动方案，并规划达成目标的流程。

(3) 澄清价值。界定个人的选择标准，作为评量各项方案的依据。

(4) 进行选择。搜集资料，找出可行的方法。

(5) 评价各种方案。依据自己的标准来评价各种方案。

(6) 系统地删除。系统地删除不合适的方案，挑选最合适的方案。

(7) 开始行动。开始执行行动方案。

5.1.3 泰德曼的决策历程说

泰德曼(Tiedeman)结合舒伯与金斯伯格的生涯发展观点，提出整个决策过程是由预期、实施与调整这两个阶段组成的。

1. 预期的阶段

首先，个人采取各种方式，拟订几个可行的方案；然后，考虑各个方案的利弊得失，并且预估可能产生的结果，最后作出具体的选择。

2. 实施与调整阶段

将选择的方案落实于现实生活，然后评估结果，并根据个人对结果的满意程度，对方案进行调整或改变。金树人曾经做过总结，认为生涯决策理论的一个重要观点就是把职业选择作为一个持续不断的历程，而非某一个单一事件，同时还提出被大多数人认同的决策步骤。

(1) 探索不同的可行方案；

(2) 比较实施不同方案后的得失；

(3) 根据对实施结果的详细预估作出选择；

(4) 接受事实的考验；

(5) 评估实施的结果再作决定。

总之，决策理论重视个人生涯发展时的历程及抉择，并且因为牵涉个人的价值观，所以除了搜集正确的客观资料之外，更重要的是要针对个人独特的价值观，加以了解、澄清。因此，虽然有大多数人所认同的具体步骤可供参考，但事实上，个人主观的价值评论才是最重要的决策依据。另外，决策理论者主张，有效的决策能力比单一的生涯选择更重要，故现阶段的生涯辅导人员在帮助一个人时，不能仅仅给他鱼吃，更应注重教他抓鱼的技巧。

5.2　生涯规划常用的方法

5.2.1　PPDF法

PPDF的英文全称是：Personal Performance Development File。可译为"个人职业表现发展档案"，也可译成"个人职业生涯发展道路"。

1. PPDF在企业中的运用方法

在发达国家的不少企业里都有一种被称为PPDF的东西。这个东西看起来很简单，但是作用却非常大。有不少企业、公司通过它使自己的员工形成了一种合力，形成了团队，并使员工为了单位的目标去努力实现自我价值。为什么它能起到这样的作用呢？主要是因为它将所有员工的个人发展，同企业的发展紧密地联系在一起。它为每个员工都设计了一条经过努力可以达到个人目标的道路，使其明确只有公司发展了，个体的目标才可以实现。这实际上是一种极有效的人力资源开发方法。正因如此，许多企业纷纷效仿。

每个人对自己的生涯都有良好的设计，这些设想有的可能实现、有的可能不会实现。当一个人在一个单位工作时，如果这个单位的管理者能够为他的生涯进行设计，他就会产生一种追求感和归属感。管理者给员工进行具体的设计时，要使他们的职业生涯计划建立在现实的、合理的基础上，并且通过必要的培训、职务设计及有计划地晋升或职务调整，为他们的职业生涯发展创造有利条件。

企业为员工设计职业生涯发展规划，可产生以下积极影响。

(1) 可以更深入地了解员工的兴趣、愿望、理想，以使他能够感觉到自己是受到企业重视的人，从而调动更大的积极性。

(2) 由于管理者和员工有时间接触，可使员工产生上进心，从而为单位的发展作出更大的贡献。

(3) 由于了解了员工希望达到的目的，管理者可以根据具体情况来安排对员工的培训。

(4) 可以适时地运用各种方法引导员工进入单位的工作领域，从而使个人目标和单位目标更好地统一起来，降低员工的失落感和挫折感。

(5) 能使员工看到自己在这个单位的发展前景，从而达到稳定员工队伍的目的。

制订个人职业生涯发展计划时，基本上有三个方向可供选择。

(1) 纵向发展。即员工职务等级由低级到高级的提升。

(2) 横向发展。即在同一层次不同职务之间的调动，如由部门经理调到办公室任主任一职。此种横向发展既可以发现员工的最佳发挥点，同时又可以促使员工积累各个方面的经验，为以后的发展创造更加有利的条件。

(3) 向核心方向发展。虽然职务没有晋升，但是却担负了更多的责任，有了更多的机会参加单位的各种决策活动。

通过把握以上三种发展机会，可不同程度地满足员工的发展需求。

PPDF是对员工工作经历的一种连续性的参考。它的设计使员工的主管领导对该员工所取得的成就以及员工将来想做些什么有一个系统的了解。它既指出员工现时的目标，也指出员工将来的目标及可能达到的目标。它阐明了员工要达到这些目标，在某一阶段应具备的能力、技术及其他条件，等等。同时，它还能帮助员工在实施行动时进行认真思考，以促使员工明确这些目标以及应具备的能力和条件。

2. PPDF的使用方法

PPDF是两本完整的手册。当你希望达到某一个目标时，它为你提供了一个非常灵活的档案。将PPDF的所有项目都填好后，交给你的直接领导一本，自己保留一本。适时告诉你的领导，你想在什么时间内、以什么方式来达到你的目标。他会同你一起研究，分析其中的每一项，帮你指出哪一个目标设计得太远，应该再近一点；哪一个目标设计得太近，可以将它往远处推一推。他也可能告诉你，在什么时候应该和电大、夜大等业余培训单位联系，他还可能会亲自为你设计一个更适合你的方案。总之，不管怎样，你都要单独地和你相信的领导一同探讨你该如何发展、奋斗。

3. PPDF的主要内容

1) 个人情况

(1) 个人简历。包括个人的生日、出生地、部门、职务、现住址等。

(2) 文化教育。包括学校校名、地点，入学时间，主修专业、课程、研究的课题等，所修课程是否拿到学历，在学校负责过何种社会活动等。

(3) 学历情况。填入所有的学历、取得的时间、考试时间、课程以及分数等。

(4) 曾接受过的培训。曾受过何种与工作有关的培训(如在校、业余还是在职培训)，以及具体的课程、形式、开始时间等，

(5) 工作经历。按顺序填写你以前工作过的单位名称，以及工种、工作地点等。

(6) 有成果的工作经历。写上你认为取得成绩的工作经历，不要涉及当下正在从事的职业。

(7) 以前的行为管理论述。写上你对工作的评价，以及与行为管理有关的信息。

(8) 评估小结。对档案里所列的情况进行自我评估。

2) 现在的行为

(1) 现时工作情况。填写你现在的工作岗位、岗位职责等。

(2) 现时行为管理文档。写上你现在的行为管理文档记录，可以在这里加一些注释。

(3) 现时目标行为计划。设定一个目标，同时列出和此目标有关的专业、经历等。这个目标是有时限的，要考虑到成本、时间、质量和数量等方面。如果有什么问题，可以立刻同你的上司探讨解决。

(4) 确定你的现时目标。

(5) 为每一个目标设定具体的期限，并在此处写上你和上司谈话的主要内容。

3) 未来的发展

(1) 职业目标。在今后的3～5年里，你准备升到哪个职位。

(2) 所需要的能力、知识。为了达到你的目标，你认为应该具备哪些新技术、技巧、能力和经验等。

(3) 发展行动计划。为了获得这些能力、知识等，你准备采用哪些方法和实际行动；其中哪些行动能在有限的时间内完成；谁对执行这些计划负责；什么时间能

完成。

(4) 发展行动日志。此处填写发展行动计划的具体活动安排，以及所选用的培训方法。包括选择听课还是自学、所需时间、开始时间、取得的成果等方面。这不仅仅是为了自己，也是为了了解工作、了解行为。同时，你还要对照自己的行为和经验等，写上你从中学到了什么。

参照上述办法，大学生也可以为自己的大学生涯设计一个PPDF，设计好后交给班主任或辅导员一份，给父母一份，自己保留一份。每隔一个月或半年对照一次，看看执行与实现的情况如何，以便及时调整。

5.2.2　SWOT法

SWOT分析法是指个体通过分析自己的性格、能力、爱好、长处、短处、所处环境的优势和劣势，以及一生中可能会面临哪些机遇，职业生涯中可能会面临哪些威胁，将自身条件和需求与外部环境结合起来，制定职业生涯目标。一般来说，决策者在进行SWOT分析时，应遵循以下4个步骤。

1. S(strength)——优势分析

优势分析主要是分析自己出色的地方，特别是相对于其他竞争者的优势方面。我们每个人都有自己独特的技能、天赋和能力。在当今分工非常细致的市场经济社会里，大多数个体往往擅长于某一领域，而不是样样精通。比如，有些人不喜欢整天坐在办公桌旁；有些人一想到不得不与陌生人打交道，就心里发麻、惴惴不安。寻找职业方向，往往要从自己的优势出发，以己之长立足于社会。

在SWOT分析表里，应先列出你自己喜欢做的事情和你的长处所在(如果你觉得界定自己的长处比较困难，你可以找一些测试题做一做，做完之后，就可以明确你的长处)，主要包括以下几个方面。

第一，你学习了什么。在学校学习期间，你从专业学习中获取了哪些收益，接受过什么培训，自学过什么，有什么独到的想法和专长，参加过什么社会实践活动，提高和升华了哪方面知识，获得何种证书。专业也许在未来的工作中并不起决定性作用，但在一定程度上影响了自身的职业方向，因而尽自己最大努力学好专业课程是达成理想职业目标的前提条件之一。

第二，你曾经做过什么。即自己已有的人生经历和体验，如在大学期间担任学生干部，曾经参与或组织的实践活动，取得的成就、积累的经验及获得的奖励等。经历是个人最宝贵的财富，往往可以从侧面反映一个人的素质、潜力，因而备受用人单位的关注，不可掉以轻心。在自我分析时，要善于利用过去的经验选择，来推断未来的工作方向。

第三，最成功的是什么。你可能做过很多事情，其中最成功的是什么，为何成功，是偶然还是必然，是否是自己能力所为。通过对最成功事例的分析，可以发现自我性格方面的优势，比如坚强、果断、智慧超群，以此作为个人深层次挖掘的动力之源和能力闪光点，这也是职业规划的有力支撑。

2. W(weakness)——劣势分析

劣势分析主要是分析经验与经历中所欠缺的方面，尤其是落后于竞争对手的方面。"人无完人，金无足赤。"由于经历的不同、环境的局限，每个人都无法避免一些经验上的欠缺，特别是面对招聘单位提出的数年工作经验条件的时候。经验欠缺并不可怕，可怕的是自己还没有认识到或即使认识到还一味地不懂装懂。正确的态度是：认真对待，善于发现，并努力克服劣势和提高自己。找出你的劣势与发现你的优势同等重要，因为你可以基于自己的优势和劣势做两种选择：一是努力去改正你常犯的错误，提高你的技能；二是放弃那些对你不擅长的技能要求很高的职业。劣势分析主要包括以下两个方面。

(1) 性格弱点。如不善交际、感情用事等。人无法避免与生俱来的弱点，必须正视自己的不足，并尽量降低其对自己的影响。例如，一个独立性强的人会很难与他人默契合作；而一个优柔寡断的人绝对难以担当组织管理者的重任。卡耐基曾说："人性的弱点并不可怕，关键要有正确的认识，认真对待，尽量寻找弥补、克服的方法，使自我趋于完善。"找出自己的弱点并想办法克服，将有助于自我提高。

(2) 经验或经历中所欠缺的方面。例如，学管理专业，却没有当过学生干部，至今没有管理经验；学中文或新闻专业，没有到报社或杂志社实习，缺乏实践经验；学市场营销专业，没有营销策划和实践体验；等等。这些都是经历欠缺的表现。

3. O(opportunity)——机会分析

机会分析是指分析有利于职业选择和发展的机会，并在SWOT分析表中列出。主要包括对以下几个方面的分析。

1) 对社会大环境的认识与分析

具体分析当前社会政治、经济、科技、文化的发展趋势是否有利于所选职业的发展，以及在哪些方面有利。

2) 对所处环境和以后所选择的单位的外部环境的分析

具体分析目前哪些因素对自己有利，将来所选择的单位在本行业中的地位和发展趋势如何，以及市场竞争力如何。

3) 人际关系分析

具体分析哪些人对自己的职业发展会起到帮助作用，这种帮助能持续多久，以及如何与他们建立并保持联系。

4. T(threat)——威胁分析

威胁分析是指分析外部环境中存在的潜在危险。你需要对所处环境和以后所选择的单位的各种内部危机进行分析。例如，行业规模是否萎缩，单位是否重组或改制，有无空缺职位，竞争该职位需要满足哪些具体条件，有多少人和自己竞争这个职位，目前有哪些因素对自己不利，等等。不同的行业都会面临不同的外部机会和威胁，所以，找出这些外界因素对确定一个理想的职业生涯目标是至关重要的，因为这些机会和威胁会影响你今后的职业发展。

所以，在SWOT分析中也需要列出你感兴趣的一两个行业，然后认真地评估这些行业所面临的机会和威胁。SWOT分析如表5-1所示。

表5-1　SWOT分析表

劣　　势	威　　胁
曾经做过什么 学习了什么 最成功的经历是什么 ……	对社会大环境的认识与分析 目标企业的外部环境分析 人际关系分析 ……
利用优势和劣势的组合：……	改进劣势和机会的组合：……

(续表)

劣　势	威　胁
性格弱点 经验和经历所欠缺的方面 ……	企业重组 新同事或竞争对手实力增强 领导层变化 ……
消除劣势和威胁的组合：……	监视优势和威胁的组合：……

在表5-1中列出你的性格、能力等方面的优势，并说明如何发挥它们；列出你性格、能力等方面的不足，并说明如何克服它们；列出外部环境对你的职业发展的有利方面，并说明如何把握它们；列出外部环境对你的职业发展的不利方面，并说明如何规避它们。

做完SWOT分析评估后，可以列出你从学校毕业后5年内最想实现的职业目标。这些目标包括：你想从事哪一种职业，你将管理多少人，或者你希望自己拿到的薪水是哪一个级别。请时刻记住：你首先必须竭尽所能地发挥自己的优势，使之与行业提供的工作机会完全匹配；然后制订一份策略性的行动计划，务必保证有效地完成它。

5.2.3　生涯愿景模型法

1. 个人愿景是什么

个人愿景是指发自个人内心的、真正最关心的、一生最热切渴望达成的事情，它是一个特定的结果，一种期望的未来或意象。当你为一个自认为至高无上的目标付出无限心力的时候，它就会变成一种自然的、发自内心的强大力量。

愿景有多个方面。有物质上的欲望，也有有关个人健康、自由方面的欲望，还有对社会的贡献、对某领域的贡献等。所有这些，都可以成为人们心中真正的愿望的一部分。总体来说，个人愿景主要包括以下几个方面。

(1) 自我形象。你希望成为什么样的人？假如你可以变成你想成为的那种人，你应具备哪些特征？

(2) 有形财产。你希望拥有哪些物质财产？希望拥有多少？

(3) 家庭生活。在你的理想中，你未来的家庭生活环境是什么样子？

(4) 个人健康。对于健康、身材、运动以及其他与自己身体有关的方面，你有什么期望？

(5) 人际关系。你希望与你的同事、家人、朋友以及其他人保持怎样的关系？

(6) 职业状况。你理想中的职业是什么样子？你希望你通过努力可以产生怎样的影响力？

(7) 个人休闲。在学习、旅游、阅读或其他活动领域中，你希望创造出怎样的成果？

2. 如何建立个人愿景

学会把焦点放在全程追求的目标上，而非仅放在次要的目标上，这种能力是"自我超越"的动力。人在做自己真正想做的事情时，就会精神焕发并充满热情。当遭受挫折的时候，也会坚韧不拔，认为是自己分内该做的事，觉得很值得做，意愿很强大，效率自然会提高。

每个人都有自己的愿景，但在很多情况下，人们对自己的愿景的认识往往是模糊的，或者是错误的，这样就会造成行动的盲目。因此，对于每个人来说，关键不在于如何建立个人愿景，而是如何理清个人愿景。以下三个步骤可以帮你理清自己的愿景。

(1) 想象实现愿景后的情景。假如你获得了一直渴望获得的成果，那么：这到底是什么样的情景？你怎样来形容它？你的感觉如何？这种感觉是不是你真正想要的？

(2) 形容个人愿景。想象你正在达成你一生中最热切渴望达成的愿望，这些愿望是什么样子？请你回顾在中小学时代、高中毕业时、大学毕业时、参加工作后以及现在的个人愿景，其中哪些愿景实现了，哪些还没有实现，原因是什么？这些愿景涉及自我形象、有形财产、感情生活、个人健康、人际关系、工作和个人休闲等方面。

(3) 检验并明确愿景。分步检视你的个人愿景清单以及涉及的各个方面，从而找出最接近你内心深处的层面。如果你现在就可以实现愿景，你会接受它吗？假定你现在就实现了愿景，这愿景能为你带来什么？你接受了它，你的感受又是怎样？

总之，人生不能没有梦想，梦想不能没有翅膀！

5.2.4 五"What"法

对于许多大学生来说，职业生涯规划也许是一个比较模糊的概念，因而就更谈不上对自己进行职业生涯规划了。职业生涯规划并不像某些书上所说的那样玄机无限，只要你对自己有一个基本的认识，同时掌握一定的方法，每个人都能对自己进行职业生涯规划，为自己的职业生涯发展勾勒一张蓝图。

五"What"归零思考法共有5个问题：What are you？ What you want？ What can you do？ What can support you？ What you can be in the end？ 一个人回答了这5个问题，找到它们的最高共同点，就会作出自己的职业生涯规划。该方法尤其适合即将毕业的大学生朋友。

针对第一个问题"我是谁"，应该对自己进行一次深刻的反思，以清醒地认识自己的优点和缺点，并将其一一罗列出来。

第二个问题"我想干什么"是对自己职业发展的心理趋向的测查。每个人在不同阶段的兴趣和目标并不完全一致，有时甚至是完全对立的。但会随着年龄的增长和经历的增多而逐渐固定，并最终锁定自己的终生理想。

第三个问题"我能干什么"则是对自己的能力与潜力的全面总结，一个人的职业定位归根结底取决于他的能力，而其职业发展空间的大小则取决于潜力的大小。了解一个人的潜力，应该从几个方面着手，如对事的兴趣、做事的韧性、临事的判断力以及知识结构是否全面、更新是否及时等。

第四个问题是"环境支持或允许我干什么"，这种环境支持在客观方面包括本地的各种状态，比如经济发展、人事政策、企业制度、职业空间等；人为主观方面包括同事关系、领导态度、亲戚关系等。两方面的因素应该综合起来考虑。有时我们在做职业选择时常常忽视主观方面的因素，没有将一切有利于自己发展的因素调动起来，从而影响了自己对职业切入点的选择。而在国外，通过同事、熟人的引荐找到工作是最正常也是最容易的，当然我们应该知道这和一些不正常的"走后门"等现象有着本质的区别，前者的环境支持是建立在自己的能力之上的。

明晰了前面4个问题，就会从各个问题中找到对实现有关职业目标有利的和不利的因素，列出不利因素最少的、自己想做而且又能够做好的职业目标，那么第5个问题"自己最终的职业目标是什么"自然就有了一个清楚明了的框架。

下面我们针对某高校计算机专业的女生的职业选择和职业目标确定做一次分析，或许能够启发许多和她们一样的同学。

某高校女生，计算机专业，在临近毕业时常常对自己的职业方向感到难以选择。就现在来说，计算机专业属于热门专业，找一份差不多的工作并不难，但女生的就业难度往往高于男生，且该女生对教师这一职业比较喜欢。在这种存在多种矛盾的情况下，我们不妨和她一起认真地进行一次有关职业规划方面的思考，并通过对其职业前途的规划确定其就业方向。

What are you? 某高校计算机专业毕业生；优秀学生干部，学业成绩优秀，英语过国家六级；辅修过心理学、管理学；参加过高校演讲比赛，拿过名次；家庭经济状况一般，既不很富裕也不拮据，父母工作稳定，身体健康，暂时还不需要有人特别照顾；自己身体健康；性格不属内向，但也不是特别活跃，喜欢安静。

What you want? 很想成为一名教师，这不仅是儿时的梦想，而且一直以来都比较喜欢这个职业；也可以成为公司的一名技术人员；如果出国读管理方面的硕士，回国成为一名企业管理人员也是可以接受的。

What can you do? 做过家教，虽然不是自己的专业，但与孩子交流有天生的优势，做家教时当学生成绩进步时很有成就感；当过学生干部，与同学们相处比较融洽，组织过几次有影响的大型活动；实习时在公司做过一些开发工作，虽然没有大的成就，但感觉还行。

What can support you? 家里亲戚推荐去一家公司做技术开发；GRE考得还可以，已经申请了国外几所高校，但能不能提供奖学金还很难说，况且现在签证比较困难；去年曾有几家学校来系里招聘教师，但工作内容不是授课，而是去学校做技术维护，今年不知会不会有学校再来招聘教师；有同学开了一家公司，希望自己能够加盟，但自己不了解这个公司的具体业务，也不知道它有多大的发展前途。

What you can be in the end? 最后的选择可能有4种，具体内容如下。

(1) 到一所学校当教师，自己有这方面的兴趣和理想，在知识和能力方面并不欠缺，在素质教育大趋势下，与师范类专业相比，自己有专业方面的优势，授课时可以让学生了解更多的前沿知识，特别是现在计算机在中学生中的普及率较高，并且自己有信心成为学生心目中的好老师。不足之处在于缺乏授课技巧，但可以通过专业训练逐步提高。

(2) 到公司做技术人员，收入上会好一些，但通过近几年的发展来看，这一行业起伏较大，同时由于技术发展较快，须随时对自己进行知识更新，压力较大，信心不足，兴趣也不是很大。

(3) 加盟同学的公司，丢掉专业从最底层做起，风险较大，这与自己求稳的心理及性格不符，同时也会面临来自家庭的阻力。

(4) 如愿获得奖学金，出国读书，回国后还是去做一名企业管理人员。不确定性因素较多，且可把握性较小，自己始终处于被动状态。

单纯从职业发展上看，这4种选择都有其合理性，但如果从个体而言，第一种选择显然更符合她本人的职业取向。从心理学上看，第一种选择能够使她得到最大的满足，在工作中也最容易投入，作出一定的成绩后会有很大的成就感。从职业前途看，教师这个职业日益受到社会的尊重，社会地位呈上升趋势。从性格上看，这种职业也比较符合她的职业取向。主要困难是非师范生进入这个职业的门槛比较高，如果她能在确定自己的最终目标后，努力去弥补与师范生相比在职业技巧方面的差距，那么她实现自己的职业理想将指日可待。

北京某高校学生简历如表5-2所示。

表5-2　北京某高校学生简历

姓名：×××	去向：北京某大企业	
毕业学校：北京某高校	研究生(本科)/专业：本科/通信工程	
生日：1982/03　性别：男　出生地：北京　星座：牧羊座		
背景概述	专业成绩优秀，外语出众，有工作经验	
学习成绩	85	
外语成绩	CET-4：90.5；CET-6：85；TOEFL：660＋5.5；GRE：700+800+6	
学生工作	2000—2004 2000—2002 2000—2003	系男篮主力 小班体委 多门课程课代表

(续表)

实习兼职	参与项目和职责 2003.11－2004.6：IBM Authorized Training Center Aix 5L associate instructor 2003.07—2003.11：CCTV青少部彤彤工作室 灯光助理 2001.08—2001.09：北京西城六部口交通中队 电脑、局域网维护
重大奖励	2001：校三等奖学金，文体积极分子奖，校运会田径金牌 2002：校三等奖学金，文体积极分子奖，校运会田径金牌 2004：新东方学校优秀学员奖，托福高分奖，GRE高分奖，GRE单项写作高分奖(GRE作文满分)

1. SWOT 一般分析

针对上述资料，进行SWOT分析。

● 应用头脑风暴法列出与S、W、O和T相关的因素；

● 区分它们的优先次序；

● 整合利用S、W、O和T。

1) 优势及其运用

(1) 优势 (Strength)主要有以下几点。

① 专业背景好，凡是专业课，没有低于85分的；

② 英语能力出众，在同龄人中较为突出；

③ 有多次实习工作经历，比较善于与成年人打交道，语言表达能力优秀。

(2) 对于上述优势，可做如下运用。

① 申请工程技术类工作时，占优势；

② 申请工作时和面试时，易脱颖而出(现在英语好、专业好的人才极为稀缺)；

③ 在交流沟通时更为Professional，在面试中占有先机。

2) 劣势及其弥补

(1) 劣势(Weakness)主要有以下几点。

① 一些基础课和文科课的成绩一般；

② 性格有些暴躁。

(2) 对于上述劣势，可采取以下措施弥补。

① 面试时强调专业技能；

② 尽量将心态放平和。

3) 机遇及其把握

(1) 该同学面临以下机遇(Opportunities)。

① 偶然得知IBM ATP 要招收兼职工作人员；

② 毕业前的各种招聘面试；

③ TOEFL、GRE学习考试。

(2) 针对以上机遇，应积极把握。

① 立即申请，通过几轮面试，并在其后的大半年里兢兢业业，争取获得领导的一致表扬与欣赏；

② 认真对待每一次面试，尽可能抓住资源，获得入职机会；

③ 努力提高自己的英语水平，可通过考试驱策自己学习。

4) 挑战及其排除

(1) 该同学主要面临以下挑战(Threat)。

① 在IBM ATP中，先要学习很多东西，并且还要应对几次上岗前的评测，上岗后与由二、三十个工程师组成的团队协同工作，压力很大；

② GRE作文考到满分，GRE语文考700分，托福考660分，接近满分；

③ 面试时的各种刁难与挑战。

(2) 对于上述挑战，可通过以下途径排除。

① 用尽可能多的时间参与学习、实践，在评测和上岗前进行心理暗示。

② 在"非典"期间和随后的暑假里，每天工作12小时以上，练习作文，分析题型，积累写作材料。同时积极锻炼身体，以保持精力旺盛，不生病。

③ 同专业人士交谈，吸取经验；在兼职过程中积累和职业人士打交道的方法，拓宽眼界；对每一个面试公司作调研，分析需求与特点；在面试之前准备相关材料及应变策略，确保自己在面试之中发挥表达能力强、感染力强的特点。

2. 点评

(1) 这是一个全面发展的典型，说明该同学对于自身和环境确实有着深刻的了解。

(2) 仅作分析是没有用的，关键是分析之后应积极采取行动。该同学在此过程中表现出强大的意志力，如连续几个月时间每天工作12小时以上，练习作文，分析题型，积累写作材料。这不是一般人所能做到的。

(3) 努力的方面要综合。大学是我们提高自己综合素质的一个极好时期，该同学就很好地做到了这一点，既取得了好的学习成绩，又抓住了许多实习和实践的机会。实际上，这两者是相辅相成的。

思考题

参照生涯决策理论和方法，选择一种方式，结合前几节课的内容对自己的职业选择做一个决策分析。

第6章 规划成功的人生

拥有一个成功的人生是每个人都梦寐以求的，可是如何实现这一目标却困扰着许多人。在本章，我们将系统地谈一谈如何拥有一个成功的人生。

成功是我们每一个人的梦想，正如弗洛伊德所言："每个人生来就有做伟人的欲望。"其实伟人就是成功的典型代表，但是，在现实生活中，一定会有很多人认为成功是一件很难说得清楚的事情，对成功的渴望和对成功的困惑就这样一直困扰着许多人。其实，成功比我们想象的简单得多，正如一位成功学大师所言："成功就是简单的事情重复地去做！"之所以有人不成功，不是因为他们做不到，而是他们不愿意去做这些简单而又重复的事情。剖析那些成功者的故事，我们会发现这些故事的背后其实都隐含着一条简单而又清晰的成功轨迹——对成功的认识先于创造成功的结果。这些对成功的思考方式会激发一切成功行为并最终促使人们达成预期的梦想。因此，创造成功的人生，就让我们从规划自己的成功生涯开始！

6.1 什么是成功

成功的基本定义就是达成预期目标。美国潜能大师博恩·崔西有一句经典论断，他说成功就等于目标达成，其他所有言论都是对这一句话的注解。

到底什么是成功？我们对成功的解释有无数种，人们常常认为成功是件说不清楚的事情，其实，成功的定义是十分简单而明确的，成功就是达成预期目标。它至少包括5层基本含义。

在谈论成功之前一定要有一个预期的目标，这是第一层含义。没有目标，成功当然无从谈起。人们常说成功是件说不清楚的事情，其实只是目标说不清楚而已。不同的人所预期的目标是不同的，同一个人在不同的时期其目标也是不一样的，而成功的内容或其现实的含义也会因此改变。

第二层含义就是预期的目标一定要达成，才算成功。没有达成就不能称之为成功。当然，我们也不一定要将这样的情况定义为失败，以免产生消极心理，误导自己的情绪。例如，你的目标是年底存一万元钱，但到时只存了9999元钱，对你而言这仍然是不成功。但别人觉得你已经很成功了，这是因为他所说的成功是针对他自己的目标而言的。

第三层含义就是成功具有明显的个性化特征。标准因人而异，可划分为自己的标准、他人的标准、团体的标准三种标准。人们往往为了什么是成功而争得面红耳赤，就是因为各自的标准互不兼容。一般情况下，人们往往习惯于按照自己的标准或自己的成功来衡量别人的成功，这是不客观的。因为一个组织与另外一个组织的标准也会不一样，有时甚至完全相反，无法断定哪一种标准是绝对正确的。我们必须确立自己的标准，否则只会盲从于他人，在社会的大潮中随波逐流。此外，我们还应知道这个世界允许存在与我们不一致的标准，否则我们就无法理解他人、理解社会。

第四层含义就是成功是个中性的概念。因为判别成功的标准是人们自己的预期目标，因此好人会成功坏人也会成功。例如，小偷的目标是偷到你家的电视机，一旦得手他就获得了所谓的"成功"。至于小偷成功之后又被警察抓到最后关进监狱，那不是因为小偷不成功而是因为另一条规律在起作用：因为小偷的成功标准不被社会的成功标准所认可，社会群体的标准高于小偷的个人标准。

第五层含义就是成功是个数学概念。所有的目标都应是可量化的。许多人常常将目标定义为更上一层楼、跃上新台阶、挣更多的钱、钱越多越好、过上幸福的生活等。对于这些目标，我们会发现有个共同的特征就是没有被量化，以至模糊不清、无法衡量。所以，这类所谓的目标充其量只能算是一种愿望，不能算作真正的目标。许多人常说成功说不清楚，也可能是因为他们只有一个模糊且没有量化的目标。

一切成功追根溯源，最终都应归结为目标的达成。由此可见，研究目标是研究成功的核心。成功的核心也许可以简化为两大问题，第一个问题就是如何确立一个好的目标；第二个问题就是如何高效地达成该目标。

6.1.1 目标

在讨论如何确立一个好的目标之前，我们先来弄清楚一个问题——为什么要确立目标？

哈佛大学曾做过一个非常著名的关于目标对人生影响的跟踪调查。研究对象是一群智力、学历、成长环境都差不多的年轻人。结果发现，有27%的人没有目标，60%的人有较模糊的目标，10%的人有清晰的短期目标，只有3%的人有清晰的长期目标。

长达25年的跟踪结果显示，那些有清晰的长期目标的人，25年来几乎不曾更改过自己的目标，25年来他们一直朝着同一个方向不懈地努力，25年后他们几乎都成为社会各界的顶尖成功人士。

那些有清晰的短期目标的人，大都生活在社会的中上层，他们的共同特点是那些短期目标不断达成，生活质量稳步上升，最终成为各行各业不可或缺的专业人士，如医生、律师、工程师、高级主管等。

那些有较模糊的目标的人，他们几乎都生活在社会的中下层，他们能够安稳地生活、工作，但几乎没有取得特别的成就。

而那些没有目标的人，25年后他们都生活在社会的最底层，生活并不如意，经常失业，依靠社会救济，平日常常抱怨他人、抱怨社会、抱怨这个世界。

调查者因此得出一个结论——目标对人生有巨大的导向性作用。成功在一开始，仅仅是自己的一个选择，你选择什么样的目标就会取得什么样的成就，继而就会拥有什么样的人生。

那么，你有目标吗？你的目标清晰吗？你的目标是长期的还是短期的？结合哈佛大学的跟踪调查，你属于哪个群体？将来你想成为哪一类人？

今天的生活状态不由今天决定，它是我们过去生活目标的体现；明天的生活状态也不由未来决定，它是我们今天生活目标的体现。目标是行动的导航灯，没有目标我们就不会努力，因为我们不知道为什么而努力。正如大海中的航船，如果不知道自己靠岸的码头在哪里，开足马力只会让自己更茫然。此外，没有目标，我们几乎同时失去了机遇、运气、别人的支持。因为不知道自己到底想要成为什么样的人，也就没有办法得到他人的帮助。因此，目标的确定，可使其发挥强大的推动作用，从而促使我们获得成功。

6.1.2 目标的作用

(1) 给个人的行为设定明确的方向，使其充分了解每一个行为的目的；

(2) 使自己知道什么是最重要的，有助于合理安排时间；

(3) 迫使自己未雨绸缪，把握今天；

(4) 可以使个人清晰评估每一个行为的进展、每一个行为的效率；

(5) 使个人把重点从工作本身转移到工作成果上来；

(6) 使个人在没有获得结果之前，就能看到结果，从而产生持续的信心、热情、行动力。

许多人都有清楚的目标，但一部分人能够达成，而另一部分人则不能达成。主要受以下几个因素的影响。

1. 期望强度

人人都想成功。可是，尽管每个人都有自己所期望的目标，但他们期望的牢固程度或期望的强度是不一样的。期望强度为0%时，根本就不想要，当他不想要的时候，当然就得不到了。期望强度为50%时，可要可不要，对于很想要的，常常会努力一阵子，一旦遇到困难就会退缩，他们常幻想不付出代价就获得成功，结果自然不会成功。期望强度为99%时，非常非常想要。然而，在现实生活中，达成目标常常会遇到很多难关，而这些难关，往往就是那些99%的人不可逾越的鸿沟。我们知道，在最后一刻放弃与在第一步放弃，结果是一样的。99%和100%在数学上的差别就是1%，可是对于成功而言，特别是对于成功的结果而言它们的差别就是100%。期望强度为100%代表一定要，代表不惜一切代价，只有排除万难，才能获得成功的结果。

现在，试着找到自己的目标，自问对这个目标的期望强度到底是百分之几，继而确定这一期望强度是否足以让自己走到成功的终点。

2. 成功成本

很多人的成功期望都在99%以下，这就是现实生活中人们不能成功的核心原因之一。成功是需要付出代价的，这个代价叫做"成功成本"。实现越大的梦想，往往需要越高的成本。一个人能取得多大的成就，取决于他能付出多高的成功成本。一个人的成功概率有多高，取决于他的期望强度有多大。如果他的期望强度不是很大，他能承受的压力以及成功成本就不会太大，因此，他成功的概率也就会相应较小。

3. 成功的动力

个体确立目标之后，比如目标是赚更多的钱，接下来他最关心的就是如何达成目标。可当他遇到瓶颈的时候，他就会自我宽慰"何必搞得那么辛苦，赚这么多钱干嘛呀"。一开始他就不知道自己为何要赚更多的钱，所以一旦遇到困难，他就会选择放弃。行为科学研究结论表明，人不会持续地去做自己都不知道为什么要去做的事情。其实"为何"常常比"如何"来得更重要。每设定一个目标，尤其是具有挑战性的目标，务必列出要实现它的10条以上的理由或好处，而且好处越多越清晰，对我们达成目标会越有帮助。因为对我们没什么好处的目标，我们在潜意识里会认为没有必要为它做那么多事情，也就意味着目标被实现的可能性已经不大了。

请大家现在就写下一个对自己有意义的目标，然后写下达成该目标的18条理由，应确保理由充分，从而促使自己努力实现目标。

6.1.3　找到梦想，确立人生目标

不妨想象一下，自己退休的时候会有怎样的成就？我们的同事、朋友、家人会怎样评价自己？离开人世的时候会有什么成就？人们会怎样评价自己？或者想象一下，自己离开这个世界10年以后、50年以后、100年以后，人们还会不会记得自己，人们又会怎样评价自己？在这些问题的答案背后，蕴藏着人生的意义，有我们的人生终极目标，有我们真正的梦想。

找到梦想之后，接下来要做的是，如何将梦想变成一个个具有可操作性的目标。梦想与目标之间的差别在于，梦想可以非常概括、抽象，但目标是具体且可以量化的，目标是一个数学概念。不能量化的目标其实不能称之为目标，充其量就是一个想法或者是一个微小的目标，目标就是可以量化的梦想。

1. 有效的目标核心条件

如果一个目标能用数字来描述，一定要用准确的数字来描述，数字要具体化；同样，一个目标如果不能用一个数字来描述，而用某种形态来描述，那么这个形态一定要指标化。

在生活中，常常听到这样的口头禅式的目标：找一份好工作，成为有钱人，有

一个幸福的家庭,尽最大的努力做好这件事情,让公司的业绩跃上新台阶,平平淡淡过一生等。这些都是想法,而不是真正的目标。之所以把它们归为无效目标是因为它们具有共同的特征,就是模糊,没有量化,让人不知道如何操作。如果我们要买一辆车,就应该补充描述为什么牌子的车、什么型号、价格是多少,从而将模糊的目标量化。

任何目标都必须限定在什么时间完成。如果不限定自己在什么时间完成,目标的实现就会变得遥遥无期。时间限制可以具体到某年某月某日某时某分。没有时间限制的目标,即使量化得再具体,也可能会使目标实现之日变得遥遥无期。因为你可以轻而易举地为自己找到拖延懈怠的借口,而且不知道该采取什么样的行动、用什么样的力度去追求。例如,对于同一目标,两人确定的达成时间是3年和13年,那么两人所制订的行动计划是完全不一样的。任何目标无法量化,以及不设定时限,就都是无效的目标。模糊的目标,就像打靶一样,如果连靶子都看不清楚,则命中是偶然的,打不中是必然的。最理想的人生,是一种平衡而和谐的人生。因此,目标可以是关于事业的、金钱的、名誉的,也可以是关于家庭的、健康的、享受的,以及心灵成长等各方面。今年你的十大目标是什么呢?其中最核心的目标是什么呢?在未来的三年、五年、十年内,自己最期望达成的目标又是什么?有些目标可能需要我们用毕生精力去追求,如健康的身体、美满的家庭、饱满的心灵。而有些目标在我们人生的不同时期,会有不同的侧重,如学生时代侧重学习目标,青年时代侧重事业、爱情或金钱方面的目标。不妨准备一些卡片,将三年、五年、十年、一生的目标都写下来,我们会发现,人生将会从此变得更加精彩。

2. 确立目标的四大误区

(1) 将自己的目标建立在现实的可能性上,而不是将它建立在自己的憧憬上。尽管去任何目的地,都必须考虑现实的出发点,建立任何目标,都必须考虑现实的条件。但是,确立目标时,如果过分地强调现实的可能性,而不是强调对未来的憧憬,我们就会发现,我们所建立的目标,十有八九不会是什么太大的目标。没有远大目标的牵引,人的潜能就不会有太大的发挥空间。正如高尔基所言:"目标越高远,人的进步就越大。"

(2) 常常根据自己现有的能力来确立目标,而不先确立目标然后再去逐一培养达成该目标所必备的能力。如果我们先确定目标，然后去培养能力，我们就会发现能力提升的速度显而易见。根据自己的能力来确立目标的人，他所确立的目标常常不会是什么太大的目标，并且他的能力也很难长进。能力是一个相对的概念，绝不是天生的，而是后天有计划地培养出来的。只有确立一个有挑战性的目标，能力才会在挑战中迅速提升。

(3) 将没有量化、很难实现的想法当成目标。这样做的结果就是无法衡量进度，也无法衡量结果。同时也会导致自己有意无意地压缩梦想，以适应残酷的现实。

(4) 根据现有的信息来确立目标，而不是先确定目标，然后再去找寻能够帮助目标达成的信息。在我们的大脑生理结构中有一个网状系统，是专门用来过滤信息的。在这个系统中，有两种信息能够自动通过，一种是你认为重要的，一种是你认为有危害的。例如，一位母亲可对火车声充耳不闻安心睡觉，可是听到婴儿很小的哭声就能立即醒来，不是因为婴儿的哭声比火车声还大，而是母亲的大脑网状系统在起作用。在她的潜意识里，她认为婴儿的哭声更重要，火车声相对不重要，因此即便哭声再小也能直接通过母亲的大脑网状系统直接让母亲立即醒过来。再如，我们坐汽车时即便车厢摇摇晃晃也能睡着，但如果我们坐在摇摇晃晃的机舱里则很难睡着。这是因为，汽车摇摇晃晃并不危险，但飞机摇晃就危险得多了，它会直接通过大脑中的网状系统让我们立即醒过来。

目标一旦确立，你就相当于给自己的大脑潜意识下了一道指令，与之相关的信息就是重要的信息。然后你的网状系统就会自动地帮助你过滤一些有用的信息。就像一个球迷，很容易就对球赛的相关信息特别关注；记者随时都能发现一些新闻线索。但如果你不是球迷，不是记者，你就会对相关的信息视而不见。其实不是这些信息不存在，而是你的网状系统认为这些信息不重要。

先确立目标，然后跟目标相关的信息就会自动地向你涌来。没有目标，我们常常会得到一些随机的、凌乱的信息。很多人都抱怨没有机遇，其实每个人每天都面临着成千上万的机遇，只是因为他没有目标，所以什么机遇都看不到。据专家统计，全世界在一天之内正式发表的论文，如果让你一个人全部看完，大概需要1100年的时间。不是没有信息，是我们不知道到底需要什么样的信息。如果依据现有的信息来确立目标，我们很容易坠入信息的陷阱，过不多久就会发现，这并不是我们真正所需要的信息，或者我们会轻而易举地受到另一个信息的诱惑而放弃现在的追求。许多人经过无数次的跳槽还是找不到如意的工作，许多人一辈子忙忙碌碌一直没有什么成就，许多人一辈子都在找赚钱的生意却一辈子赚不到大钱。现在，我们应该知道产生这些现象的原因了。

6.1.4　达成目标的方法

目标确立之后，我们需要将它分解成一个个阶段性的小目标，以利于目标的一步步达成。

分解目标最有效的方法有剥洋葱法和多叉树法。

1. 剥洋葱法

剥洋葱法是指像剥洋葱一样，将大目标分解成若干个小目标，再将每一个小目标分解成若干个更小的目标，一直分解下去，直到明确当下应立即采取的行动。实现目标的过程，是由现在到将来、由低级到高级、由小目标到大目标，一步步前进的。但是，设定目标最高效的方法，却与实现它的过程正好相反。即运用剥洋葱的方法，由将来到现在、由大目标到小目标、由高级到低级，层层分解。在我们进行个人生涯规划的过程当中，我们可以这样运用剥洋葱的方法。首先，找到自己的梦想，然后将梦想明确化，变成我们人生的终极目标。其次，将终极目标演化成我们人生的总体目标，总体目标不要太多，最好只有一个，不要超过两个。再次，把总体目标分解成几个五年至十年的长期目标，再继续分解下去，把每个长期目标分解成若干个两到三年的中期目标。然后，把两到三年的中期目标分解成若干个六个月到一年的短期目标。再者，将每个短期目标分解成月目标、周目标、日目标。最后，落实当下应采取的行动。所有的目标，不管它有多大，一定要分解到你现在应采取的行动，你现在所做的每一件事情，都应该与梦想相关联，否则这个梦想实现的可能性已经不太大了。

2. 多叉树法

我们可以想象一下，有一棵大树，从树干开始，就会有若干个分支，每个分支会有小的树枝，每个小的树枝上又会有更小的树枝，直到叶子。我们用树干表示大目标，每个树枝代表小目标，叶子就是我们现在的目标，或是我们现在要去做的每件事情，以及所应该达到的目标。

运用多叉树法时，首先，要弄清楚大目标和小目标之间的逻辑关系：①小目标是大目标的条件；②大目标是小目标的结果；③小目标如果全部实现，那么大目标就一定会实现。 其次，写下一个大目标，明确实现该目标的条件是什么，然后列出实现目标的必要条件和充分条件。每一个小目标，就是大目标的第一层树杈。再问要实现这些小目标的条件是什么，然后列出达成每一个小目标所需满足的必要条件与充分条件，这样就可画出各个小目标的第二层树杈。依此类推，直到画出所有的树叶(即时目标)，才算完成该目标的多叉树分解。每个目标最后都可以被描绘成一棵枝繁叶茂的大树。从叶子到树枝，再到树干，不断自问：如果这些小目标均达成，那么大目标一定会达成吗？如果回答"是"，表示这个分解已经完成；如果回答"不一定"，则表明所列出的条件还不够充分，应继续补充被忽略掉的树枝(小目标)。一棵完整的目标多叉树，就是一套完整的达成该目标的行动计划。因此，目标多叉树，又叫"计划多叉树"。

6.1.5 目标的评估

1. 目标评估

目标评估包括目标合理性的评估、计划可行性的评估。两项评估的核心，是对目标大小的评估。

当目标多叉树分解完成后，如在单位时间内无法完成树叶所显示的工作量，则表明该目标太大。例如，销售员三年收入超过千万，多叉树分解结果显示他每天要打2000个电话，拜访500个客户，看50本书。显然，他在单位时间内无法完成这些工作量。这就表明这个目标太大了。

当目标多叉树分解完成后，如在单位时间内可以轻易完成树叶所显示的工作量，则表明该目标太小。例如，某人希望自己十年之内薪水翻一番，多叉树分解结果显示，他只需要做一件事情，那就是准时上下班，不被炒鱿鱼就可以了，只要单位能容忍他这样混日子，他无需做任何努力，即使是通货膨胀也能让他的薪水翻一番。显然，他在单位时间内能轻而易举地达成该目标，这就表明他定的目标太小了。

其实梦想可以始于一时的灵感，一旦变成必须达成的目标，那么它就是一种有严密科学性的内心行为。因此，应为自己的每一个目标做系统的评估，以免因目标太大最终无法达成，使自己遭受挫折，或者因目标太小而影响自己的前途。

2. 判断目标能否达成的两种方法

1) 充要判断法

将目标多叉树分解后，如果列出的条件仅仅是必要条件，则表明即使小目标全部达成，大目标也不一定会达成，只是可能会达成。如果列出的条件是充分必要条件，除了必要条件外，还有各种辅助条件，则表明只要小目标全部达成，大目标一定会达成；如果小目标全部达成，而大目标不一定达成，则表明分解时忽略了其他条件。这时应立即予以补充，直到条件完全充分为止。

2) 直接判断法

针对每一个目标，直接问自己下面的问题，答案有助于我们判断该目标是否能达成。问题包括：①为何要达成这个目标？②达成这个目标的意愿到底有多强烈？③达不成怎么办？④愿意付出怎样的代价？答案包括：①十条以上的理由；②意愿的强度是100%；③不成功，便成仁；④愿意付出任何代价。如果我们的答案与上述4种答案一致，那么表明我们的目标一定能够达成。有任何一个答案不一样，都有可能让我们难以达成目标。如果意愿强度不是那么强烈，如果我们不愿意付出那么多代价，那么建议大家现在就放弃该目标，立即更换可让我们作出上述明确答案的目标。

6.1.6　目标调整

唯一不变的，就是变化。在实现目标的过程中，当我们遇到种种没有预测到的变化时，我们必须立即作出反应，调整自己以适应变化。以下是修正目标时应遵循的基本法则。

(1) 修正计划，而不是修正目标。如果更改目标成为习惯，那么这个习惯很可能让我们一事无成。目标一旦确立，绝不可以轻易更改，尤其是终端目标。可以不断修正的是达成目标的计划(过程目标)。在英国有这样一句谚语："目标刻在水泥上，计划写在沙滩上。"

(2) 修正目标的达成时间。一天不行，可以改成两天，一年不行，可以改成两年。坚持到底永不放弃，终将获得成功。

(3) 修正目标的量。三思而后行，不要轻易地压缩梦想，以适应这个残酷的现实。应有的思维模式是："不惜一切努力，找寻新的方法以改变现实，达成目标。"

(4) 不要轻易放弃目标。虽然屡战屡败，但仍然可以屡败屡战，对于成功者而言，这个世界根本没有失败，只是暂时还没有成功。只要不服输，失败就绝不会成定局。

(5) 面对新的目标，切勿重复上述过程，而永远只重复修正法则的第一条。不断修正计划，并最终达成目标。

快速达成目标通常包括以下9个步骤。

步骤1：做一个决定，决定要获得成功。

步骤2：写下已经量化的目标，并且给每个目标列出10条以上要实现它的理由。

步骤3：运用多叉树法制订计划，分解目标，倒推至当下。拟订计划，设定时间表。

步骤4：列出所有必要条件和充分条件，注明解决方法。

步骤5：要实现什么样的目标，自己必须变成什么样的人，因此，适当改变自己。

步骤6：运用潜意识的力量，进行正面的自我暗示，使自己一直处于积极思考之中。

步骤7：行动第一，立即采取行动，让自己忙起来，让自己每一分、每一秒，都在做最有生产力的事情。

步骤8：每天睡觉之前做一次自我检讨，衡量进度，做积极的修正。

步骤9：坚持到底，永不放弃，直到成功！

6.2 大学生涯发展规划的制定

6.2.1 大学生职业生涯规划书的结构

大学生职业生涯规划书通常包括以下项目。

(1)题目。包括姓名、年限、年龄跨度、起止日期。

(2) 引言。主要写规划的目的以及自己对规划意义的认识。

(3) 自身条件及潜力测评结果。

(4) 发展环境分析。包括对政治环境、经济环境、学校环境的分析，还包括专业发展前景分析、相关的职业与行业环境分析、所在班级与院系的情况分析。

(5) 大学生涯发展方向及总体目标。

(6) 目标分解及目标组合。

(7) 目标的评估。听取老师、亲人、同学、朋友以及其他一些可能了解或能够帮助自己的人的意见，征询他们对自己大学生涯目标的建设性意见。

(8) 目标与现实的差距分析。即自身现实状况与实现目标要求之间的差距。

(9) 确定目标实现或成功的标准。

(10) 制定缩小差距的方法及实施方案。

(11) 后记。

不管是大学生的职业生涯发展设计书还是员工的职业生涯规划书，其实都没有固定的内容与结构，当事人应当从实际出发，实事求是，以使其发挥积极的导向作用。

6.2.2　大学生职业生涯规划书的类型

撰写大学生职业生涯发展规划书其实没有固定的格式，它只不过是职业理想、生活理想的文字化和条理化，常见的类型有文字型、图表型。

1. 文字型

文字型的职业生涯发展规划书主要以叙述的方式按照某种逻辑编写，举例如下。

例1：大学生×××的职业生涯规划

1. 引言

在当今这个人才竞争日趋激烈的时代，职业生涯规划已成为赢得竞争的利器。对企业而言，职业生涯规划是一种有效的手段，可以体现公司"以人为本"的人才理念，关注员工的持续成长；而对个人而言，职业生命是有限的，如果不进行有效的规划，势必会造成生命和时间的浪费。作为当代大学生，若是带着一脸茫然踏入这个竞争激烈的社会，怎能满足社会的需要，使自己占有一席之地？因此，我为自己拟订一份职业生涯规划，以确立目标，获得前进的动力。

2. 自我盘点

我叫×××，男，是一名本科生，性格开朗、活泼，业余时间喜欢交友、听音乐、外出散步、聊天、上网。喜欢看小说、散文，尤其爱看杂志类的书籍。心中偶像是周恩来。平时能与人友好相处，群众基础较好，深受亲人、朋友、老师的欢迎。喜欢创新，动手能力较强，做事认真、投入，但缺乏耐力、恒心，在学习上常"三天打鱼，两天晒网"，以至一直不能成为尖子生。有时多愁善感，没有成大器的气质和个性。在身高方面缺乏自信心，且害怕别人在背后议论自己。

3. 应对自身的劣势

所谓江山易改，本性难移，虽然我的恒心不够，但我会充分发挥自己性格中积极的一面，努力改变自己，虚心向同学、老师、朋友请教，及时发现自身存在的各种问题并制订相应的计划以求尽快改正。我会经常锻炼身体，增强体质，以降低"海拔"不够带来的负面影响。

4. 未来人生职业规划

根据自己的兴趣和所学专业，在未来应该会向化学和英语两个领域发展。围绕这两个方向，本人特对未来50年作出如下初步规划。

(1) 2009—2013年，学业有成期。充分利用校园环境及条件优势学好专业知识，培养学习、工作、生活的能力，全面提高个人综合素质，为就业做好准备。

(2) 2013—2015年，熟悉适应期。利用三年左右的时间，不断地尝试努力，初步找到适合自身发展的工作环境、岗位。

在规划期内，主要做好以下方面。

① 学历、知识结构。提升自身学历层次，从本科走向研究生，不断熟练专业技能。英语四、六级争取获得优秀成绩，普通话过级，努力获得英语口语等级证书，把握机会接触社会，以熟悉工作环境。

② 个人发展、人际关系。在规划期间，主要做好职业生涯的基础工作，加强沟通，虚心求教。

③ 生活习惯、兴趣爱好。尽量养成有规律的生活习惯，积极参加健身运动，如散步、跳健美操、打羽毛球等。

(3) 2015—2060年，在自己的工作岗位上，踏踏实实地贡献自己的力量，并创建一个完美的家庭。

5. 结束语

计划固然好，但更重要的在于具体实践并取得成效。任何目标，只说不做到头来都会是一场空。然而，现实是未知多变的，制订的目标计划随时都可能遭遇瓶颈，这就要求我们保持清醒的头脑。每个人心中都有一座山峰，雕刻着理想、信念、追求、抱负；每个人心中都有一片森林，承载着收获、芬芳、失意、磨砺。一个人若要获得成功，必须拿出勇气，付出努力，不断地拼搏、奋斗。成功，不相信眼泪；成功，不相信颓废；成功，不相信幻影。未来，要靠自己去打拼!

例2：某大学生的职业生涯发展规划书

1. 引言

踏着时光的车轮，我已走到20岁的年轮边界。驻足观望，电子、网络铺天盖地，知识信息飞速发展，科技浪潮源源不绝，人才竞争日益激烈。我不禁感叹，这世界变化好快。

身处信息世界，作为一名电子信息专业的当代大学生，我不由得考虑自己的未来。在机遇与挑战并存的未来社会里，我究竟该扮演什么角色呢？

水无点滴量的积累，难成大江河；人无点滴量的积累，难成大器。没有兢兢业业的辛苦付出，哪来甘甜欢畅和成功的喜悦？没有勤勤恳恳的刻苦钻研，哪来震撼人心的累累硕果？只有付出，才能有收获。未来，掌握在自己手中。

由此，想起自己走过岁月中的点点滴滴，我不禁有些惭愧。我对自己以往在学业、文体、社团活动中的表现不是很满意。我发现自己惰性较大，平日里总有些倦怠、懒散，学习、做事精力不够集中，效率不高，态度也不够专注。倘若不改正，这很可能会导致我最终庸碌无为。不过还好，我还有改进的机会。否则，岂不遗憾终生？

一本书中这样写道：一个不能用自己的能力改变命运的人，是不幸的，也是可怜的，因为这些人没有把命运掌握在自己的手中，反而成为命运的奴隶。生命就像一张白纸，等待着我们去描绘、去谱写。

而如今，身为大学生的我们，与其一天天消磨时光，不如抓紧时间多学一些知识来充实自己。大学时光在人的一生中也许只能经历一次，如果不好好把握，将来自己一定会追悔莫及。于是，经过一番深思熟虑之后，我决定规划自己的未来。因为有目标，才会有动力。

2. 自我盘点

2.1 兴趣爱好

业余爱好：读书、听音乐、无线电维修、画画；喜欢的文学作品：《红楼梦》《战争与和平》《老人与海》《平凡的世界》；喜欢的歌曲：《爱拼才会赢》《红日》《流年》；心中偶像：周恩来、比尔·盖茨。

2.2 优势与优点

学习成绩优秀，担任班干部，群众基础好，深受父母、亲人、班主任、任课老师的关爱，动手能力较强。做事仔细认真、踏实，友善待人，做事锲而不舍，勤于思考，考虑问题全面。

2.3 劣势与缺点

目前的经济状况较为窘迫，身高不够，体质偏弱。性格偏内向，交际能力较差，过于执著，偏固执，胆小，思想上属于保守派，缺乏自信心和冒险精神，积极主动性不够，做事爱拖拉，惰性较大。

2.4 生活中的成功经验与失败教训

成功竞选成为班支委一员，成功组织过学习研讨主题班会并获年级组评选第一名，个人学习成绩、综合积分均为班级第一名，通过考核以较大优势加入系学生实验室，工作中全班同学的悉心支持是我最大的财富。高考失利打击较大，一位好朋友因对我产生误解而形同陌路，竞选系学生部长失利，与人交流能力不强。

所谓江山易改，本性难移。内向并非全是缺点，它使我少一分张扬，多一点内敛。以后，我会相应加强与他人的交流沟通，积极参加各项有益的活动，使自己多一分自信、激扬，少一分沉默、怯懦。充分利用一直关心支持我的庞大的亲友团的优势，悉心向同学、老师、朋友请教，及时发现自身存在的各种不足并制订相应的计划加以改正。

此外，还将加强锻炼，增强体质，提高体育成绩，以降低身高不足而带来的负面影响。积极争取参加校内外的各项勤工俭学活动，以解决短期内的生活费不足问题并增加社会工作阅历，为以后创造更多的精神财富和物质财富打下坚实的基础。

2.5 职业取向分析测试

为了进一步认清自己属于何种类型的社会人，初步确定个人未来数年内更适宜从事的工作岗位究竟是什么，我查找了多种测试工具，最终选择了霍兰德职业倾向测验量表，并对其中的相关内容进行了认真的测验，从而初步得出自己的未来职业取向。测验结果如下。

心目中的理想职业(专业)：公务员、科技工作者、医生。

感兴趣的活动排序：H型、I型、S型、C型、A型、R型。

职业能力倾向测试：①R(实际型)。木匠、农民、操作X光的技师、工程师、飞机机械师、鱼类和野生动物专家、自动化技师、机械工(车工、钳工等)、电工、无线电报务员、火车司机、长途公共汽车司机、机械制图员、机器修理师、电器师。②RIS。厨师、林务员、跳水员、潜水员、染色员、电器修理师、眼镜制作工、电工、纺织机器装配工、服务员、装玻璃工人、发电厂工人、焊接工。测试结果显示，本人适合的职业主要有：无线电修理工，电工。

综上所述，本人所适宜的职业类型主要为工程技术类，即无线电服务、电工类。

3. 未来职业规划

3.1 确定职业道路

根据已确定的职业发展领域，确定自己何时开始内部发展、何时重新选择以及选择怎样的发展道路。简述如下。

职业类型：工程技术型。

典型特征：性格内向，喜欢独立思考，做事谨慎细致。选择职业时，主要关注工作的实际技术应用程序。即使获得提升，也不愿从事全面管理的职位，而且希望在技术职能领域获得提升。

成功标准：在本技术领域达到最高管理位置，保持自己的技术优势。

主要职业领域：工程技术、电类专业。

个人职业道路设计：一线操作员→技术维修技术员→助理工程师→工程师→高级工程师→副总工程师→公司总工程师。在担任高级工程师两年后，如果在本企业发展不佳，则跳槽到大中型企业发展。

培训和准备：三年内取得助理工程师资格，7年内取得工程师资格，成为工程师后5年内取得高级工程师资格。在业余时间进修管理学知识，提高处理信息的能力，保持积极的心态。

3.2 未来人生职业总规划

围绕可能的职业发展道路，本人特对未来20年作如下初步规划。

2008—2010年，学业有成期。充分利用校园环境及条件优势，认真学好专业知识，培养学习、工作、生活能力，全面提高个人综合素质，并做好专升本或就业准备。

2011—2013年，熟悉适应期。利用三年左右的时间，经过不断地尝试努力，初步找到适合自身发展的工作环境、岗位。

在此期间，主要做好以下方面。

(1)学历、知识结构。提升自身学历层次，从专科走向本科。途径：参加进修、自学或函授、夜大或脱产等。熟练专业技能，达到助理工程师技术水平。途径：专业学习、培训，熟悉工作环境。

(2)个人发展、人际关系。在这一时期，主要做好职业生涯的基础工作，与同事友好相处，获得领导认同，打好基础，职位升迁暂不考虑。途径：加强沟通，虚心求教。

(3)婚姻家庭。暂不考虑，有缘分可顺其自然，不强求。

(4)生活习惯、兴趣爱好。在适宜的交际环境中，尽量形成较有规律的个人习惯，并积极参加体育活动，如跑步、打球等。途径：制定生活时间表，约束自己更好地执行。

2014—2019年，稳步发展期。在五年左右的时间里，争取在本单位、本岗位上达到业务精湛的要求，并小有成就。

在此期间，主要做好以下方面。

(1)学历、知识结构。在原有基础之上进一步提升自身学历层次，达到本科或研究生水平。途径：参加进修、自学或函授、夜大或脱产等。熟练掌握本专业领域内的技术技能，达到工程师或高级工程师的技术水平，并积累一定的生产技术管理经验。途径：参加专业培训，加强学术交流。

(2)个人发展、人际关系。在与同事友好相处的基础上，使自己逐步成为单位的技术骨干，并充分发挥自身技术优势，在技术管理岗位上有所小成。途径：努力工作，敢于创新，充分利用网络、图书馆等不断学习新技术、新方法。

(3) 婚姻家庭。寻找另一半，关注其品行、学历、家庭背景等因素，结婚生子，购买住房，承担家庭责任，教育好下一代。

(4) 生活习惯、兴趣爱好。在此阶段，生活工作压力最大，养成良好的个人习惯显得尤为重要，必须调整好自身状态，以保证能更好地投入到事业发展中去，应定时参加体育活动，以增强体质。途径：制定生活时间表，由家庭成员督促执行。

2020—2028年，事业有成期。此阶段为职业生涯发展的黄金时期，应好好把握，以达到个人事业的顶峰。

在此期间，应做好以下方面。

(1) 学历、知识结构。重点加强知识的更新，熟练应用本专业领域的技术技能，并成为技术权威，积累丰富的生产技术管理经验。途径：加强学术交流，虚心向年轻人学习新技术。

(2) 个人发展、人际关系。成为单位的中流砥柱或中层领导，注意管理方法的学习总结，加强对年轻人的指导帮助，带动新一代快速成长。

(3) 婚姻家庭。在工作时注意处理好家庭与工作的关系，保证家庭和睦。

(4) 生活习惯、兴趣爱好。前些年养成的良好生活习惯将成为现阶段的宝贵财富，注意继续保持。

3.3 短期目标规划

千里之行，始于足下。本人计划先把目前在校的三年短期规划作为自己职业生涯总规划的起始点。希望能够走好第一步，为以后的长期规划打下坚实的基础。

1) 在校期间总的目标规划

(1) 思想政治及道德素质方面。以马列主义、毛泽东思想、邓小平理论、"三个代表"重要思想为指导，树立正确的人生观、价值观、道德观、奋斗观、创业观，坚持正确的人生价值取向。定期递交对党的章程的学习、认识及实践的体会，以及有关自己的言、行、感受的材料，争取早日通过审核，加入中国共产党。积极参加党团活动、"三学"活动等。

(2) 社会实践与志愿服务方面。适时参加社会调查活动、下厂参现实习等。适时参加安全义务献血、植树、青年志愿服务等公益活动。

(3) 科技学术创新及创业方面。扎实学习专业技能，同时充分利用校内图书馆、校外购书城以及网络等途径，开阔视野，扩展知识范围，以此激发、拓展思路，开展学术创新、科技创新活动。

(4) 文体艺术、社团活动与身心发展方面。积极参加校内外文体艺术活动、校内社团活动、演讲赛、辩论赛、书画比赛等，以此锻炼胆量、提高能力，展示个人风采。积极参加校运动会，锻炼身体，每周平均参加体育活动三次，每次半小时左右。

(5) 技能培训方面。为后期踏入社会、参加工作积累一定的基本能力，培养较为扎实且全面的专业基本技能，力争实现以下目标。

① 大二上半学期通过二级计算机考试；

② 大二上半学期参加英语三级(B)等级考试并通过；

③ 大三上半学期参加四级英语考试并力争通过；

④ 大三时期在技能培训方面注重对电子信息技术专业英语的学习、积累，参加发电调试工(高级)、通信终端维修工等专业考试并通过。

(6) 学业方面。平时无特殊情况绝不迟到、请假，更不准旷课，保证学习听讲时间及学习质量。充分利用课余时间，除去必要且适量的身体锻炼、娱乐活动及休闲时间外，均应安心、踏实、专注地攻读职业方向类、专业类书籍和其他类别的实用书籍。学习时应注意预习、听讲、复习、综合分析、对比联系，注意合理安排学习时间。知识积累不仅应做到广、博，更应做到专、精，博采众长，又红又专。

2) 三年阶段规划

(1) 大学一年级试探期。初步了解职业，特别是自己未来可能从事的职业即与自己所学专业——电子信息技术对口的职业，并通过参加选修课学习文学艺术类课程，努力提高本人的人际沟通能力。多和师长们进行交流，多参加学校、院系组织的各种活动，以提高人际交流的技巧，丰富社会阅历。

(2) 大学二年级定向期。做好两手准备：①继续学习深造，专业方向为电子信息技术类。②就业，在有合适单位、岗位的情况下，可以考虑先工作。围绕这两个方面，本学年本人一方面做好专转本考试的准备工作，了解与之相关的要求，做好迎考复习；同时注意提高自身的基本素质，通过参加学生会或社团等组织，锻炼自己的各种能力，同时检验自己的知识技能。另一方面开始尝试兼职、参加社会实践活动，在课余时间从事与自己未来职业有关的专业类工作，以提高自己的责任感、主动性和受挫能力。

(3) 大学三年级分化、冲刺期。若大二专转本成功，则到新的学校继续学习专业知识；若不幸落第，则以成功毕业并找到合适的工作为主要目标。在此期间，首先，注意提高求职技能，搜集就业信息；在平时的学习、研讨中，锻炼自己独立解决问题的能力和创造性；学习写简历、求职信，了解搜集工作信息的渠道；尝试向已经毕业的校友了解往年的求职情况；开始毕业前的工作申请，积极参加招聘活动，在实践中校验自己的积累和准备情况。然后，预习或模拟面试。积极利用学校提供的条件，了解就业指导中心提供的用人公司资料信息，强化求职技巧，进行模拟面试等训练，尽可能地在作出较为充分的准备的情况下进行施展演练，从而为自己的三年大学学习生涯交上一份令自己和所有关心我的人满意的完美答卷。

4. 结束语

计划的制订固然有益于我们的发展，但更重要的是具体实施并取得成效。这一点时刻都不能忘记。任何目标，只说不做到头来都只会是一场空。然而，现实是未知多变的。制订的目标计划随时都可能受到各方面因素的影响。这一点，每个人都应该有充分的心理准备。当然，也包括我自己。因此，在遇到突发因素、不良影响时，要注意保持清醒冷静的头脑，不仅要及时面对、分析所遇到的问题，更应快速果断地拿出应对方案。对所发生的事情，能挽救的尽量挽救，不能挽救的要积极采取措施，争取作出最有效的矫正。相信即使将来的作为和目标相比有所偏差，也不至于相距太远。其实，每个人心中都有一座山峰，雕刻着理想、信念、追求、抱负。每个人心中都有一片森林，承载者收获、芬芳、失意、磨砺。但是，无论计划制订得多完美，只要没有付诸行动，那么，成功便只是镜中花、水中月，可望而不可即。一个人，若要获得成功，必须拿出勇气，付出努力，不断地拼搏、奋斗。成功，不相信眼泪；成功，不相信颓废；成功，不相信幻觉。成功，只垂青于经受充分磨砺并充分付出的人。未来，掌握在自己手中。人生好比海上的波浪，有时起，有时落，三分天注定，七分靠打拼，只有爱拼才会赢。

2. 图表型

图表型的例子如下。

例：大一学生的大学生涯发展规划

第一、二、三部分(略)

第四部分：行动计划(行动计划如表6-1所示)

表6-1 行动计划

年 级	具体行动计划
大二	① 了解职业，参加学校举办的就业指导系列讲座 ② 认真学习辅修专业的知识(工商管理) ③ 每天抽出一个小时来提高英语听、说能力，每天睡觉前15分钟背10个英语单词，增加词汇量。通过CET-4 ④ 每周一至周五晚上6点半至9点半，去图书馆自习，完成当天的作业并自学计算机VB语言，阅读《宏观经济学》《微观经济学》《管理学原理》《管理经济学》等 ⑤ 在学校内参加勤工助学活动，担任学生助理，提高自己的交际能力 ⑥ 参加学校内的各种课外活动，如：运动会、数学建模大赛等 ⑦ 成为中共预备党员 ⑧ 期末考试平均分要在80分以上 ⑨ 暑假学会汽车驾驶，拿到汽车驾驶证件
大三	① 坚持每天抽出一个小时来提高英语听、说能力，每天睡觉前30分钟背20个英语单词，增加词汇量。通过GET-6 ② 主修专业和辅修专业各科考试成绩仍要保持在80分以上 ③ 每周一至周五晚上6点半至9点半，去图书馆自习，完成当天的作业并自学计算机数据库语言，阅读《会计学》《运筹学》《企业战略管理》等 ④ 每天晚上9点到10点学习Auto CAD绘图软件 ⑤ 2009年4月通过计算机三级数据库考试 ⑥ 参加汽车学院主办的"汽车无限创意大赛" ⑦ 每个月的最后一个周末参加青年志愿者活动 ⑧ 成为中共党员 ⑨ 在学校内，继续参加勤工助学活动 ⑩ 在大三暑假，找汽车工厂实习
大四	① 学习本专业的选修课程，每门课程考试成绩在80分以上 ② 进一步学习管理方面的知识，阅读《人力资源管理》《资产评估》《物流管理学》等书籍 ③ 制作简历，掌握一些必要的求职技巧，每晚登录中国高校就业联盟网，留意最新发布的招聘信息 ④ 担任学校就业指导中心的学生助理 ⑤ 参加招聘会，应聘东风汽车有限公司 ⑥ 完成毕业设计和毕业论文，完成自己的主修和辅修学业，取得学位证和毕业证

第五、六部分(略)

6.2.3 个人发展规划的论证

仅有计划或规划是不行的，制定大学生涯规划书后一定要进行先期的论证，这样可以避免少犯错误。在论证时，可以从以下几个方面来考虑。

1. 具体性

具体与抽象相对。抽象是一种属性，即从具体事物中抽取的方面、特点、关系等；抽象也是一种方法，即在思想中抽取具体事物的本质属性。

个人职业发展规划必须具体。表现在自我探索、目标设定、行动方案等诸多方面。

此外，自己究竟有什么特点？长处在哪里，短处又在哪里？兴趣与爱好、能力与技能、性格与气质、成长经历与价值观究竟如何？近期、中期、远期的职业目标是什么？准备如何行动和保证行动计划的顺利实施？等等。所有这些内容均须具体化。

2. 可行性

可行性包括现实的主观条件、现实的客观条件、可创造的条件三个方面。一个好的职业发展规划仅有具体性是不够的，还必须现实可行，否则只能是痴人说梦。

3. 发展性

社会在发展，职业的种类、内涵、前景都处在不断变化之中，人也在不断发展，年轻人的知识、技能、社会适应能力都在不断增长，理想、价值观以及追求的职业目标都在发生变化。因此，要以发展性的观点来看待职业规划，将职业发展与生涯发展联系起来，在不断探索、不断进取和不断调整中实现自己的人生价值与社会价值。

思考题

结合自己的实际情况，制定一份长期生涯规划书。

第7章　大学生活与学习

　　大学阶段是职业生涯发展的重要准备阶段，在这个阶段里，一个人为其今后的职业生涯所做的准备，将直接影响他几年后的就业竞争力和未来的职业生涯发展力。每一种角色都有相应的角色要求。作为学生，社会对我们的角色要求当然就是好好学习，大学学习是大学生涯的主要内容。当然，大学学习与小学、初中、高中的学习是不一样的，大学学习有着更加丰富的内涵，同时也要求我们树立全新的学习观念，优化我们的学习行为。

7.1　为什么上大学

　　相信很多同学都会有这样的感受，没上大学之前，总是对它很憧憬，想象着大学里有环境优美的校园、有来自五湖四海的同学、有学识渊博的教授、有丰富多彩的业余生活，也许还会邂逅美好的爱情……总之，把一切都想得很美好。进入大学之后，才发现大学生活根本就不是当初想的那么回事，失落感、迷茫感便油然而生。由此，一部分人便发出"上大学简直是在耗费我们的青春"的言论。于是，他们便任由自己的惰性滋长。等到毕业时，又后悔不迭，叹息自己没有好好珍惜大学生活。当然，也有一部分人经过失落、茫然之后，又重新找到了自己的定位，对大学有了更加现实的认识，并对自己的大学生涯进行了科学、合理的规划。他们的大学生活虽然艰辛，但是却很充实。等到毕业进入社会时，便有了更多的底气和自信。

7.1.1　大学是一个自我修炼场

　　同样的环境往往造就两种不同的人生。可见，大学并不像有的人说的那样，"耗费了我们的青春，却收获甚微"。大学并不是什么都没有给我们，关键是我们应该对它有一个比较现实的预期，并对自己的大学生涯做好科学、合理的规划。毕竟，大学是一个非常难得的自我修炼场。

1. 大学为我们提供了良好的成长环境

大学是什么？"大学者，囊括大典网罗众家之学府也。"大学是高级知识分子的聚集地。在这里，他们不仅传播知识而且还创造知识。这些掌握高深知识的学术精英，通过授课、讲座、报告、日常指导等多种方式向我们传授系统的专业知识和最前沿的研究成果。

图书馆是大学的精髓。想了解一所大学怎么样，到校图书馆里看一看便可略知一二。也许有的大学的图书馆藏书量不是很丰富，期刊种类、数据库数量也不是很多。但是，任何一个大学的图书馆所蕴藏的资源满足我们的日常学习需要绝对是绰绰有余的。关键在于我们是否充分挖掘了图书馆的信息资源。求知若渴者会非常积极主动地利用校图书馆，他们会常来这里了解自己所学专业的前沿知识，汲取自己感兴趣的知识。在这里，他们学到了很多课堂上学不到的东西，拓宽了自己的知识面。

大学除了聚集着学识渊博的老师之外，还汇聚了富有激情、敢于挑战、思想开阔的来自五湖四海的同学。每个同学都是独特的，都可以成为别人学习的对象，而同学之间的相互学习会对个人的成长产生重要的影响。正是这些价值观念、兴趣爱好、为人处世风格完全不同的同学的存在，才使得我们的经历日益多元化、人生阅历日益丰富。

2. 大学为我们提供了比较高的职业发展起点

哈佛大学退学学生比尔·盖茨的创业神话，使得人们对大学有了新的认识。如今，越来越多没有受过大学教育的人最终成为千万富翁、亿万富翁的事迹，使得人们对大学教育的价值产生了怀疑。特别是现在每年都有很多大学毕业生找不到工作，更加剧了人们的怀疑。于是，人们纷纷发出"上大学又有什么用，到头来还不是替别人打工""读了大学，也有可能找不到工作，还不如不读大学呢"等悲观失望的言论。

很多人会有这样的想法，是可以理解的。这种想法产生的根本原因是传统计划经济的惯性思维在作祟。在计划经济条件下，大学教育是精英教育，大学生是社会的精英，读大学也意味着将来进机关、进大企业，等同于成功。但是，在市场经济条件下，特别是我国高等教育日益大众化之后，情况就不一样了。新的社会环境要求大学生必须完成从"天之骄子"到"有知识的普通劳动者"的角色转变。在这个转变过程中，很多学生、家长就出现了各种各样的不适应。

如今，虽然大学学历不再意味着进机关、进大企业，但是经过大学系统地知识、技能培养之后，相对于没有受过高等教育的其他劳动者来说，就具备了从事起点更高的职位所要求的素质与能力。而且大学生的知识优势也会让大学生在未来的职业生涯发展中具备更大的潜力。将这种潜力发挥出来的关键是，必须要转变过去那种"天之骄子"的心态，将自己定位为"有知识的普通劳动者"。从基层干起，通过在与其他劳动人口的职业竞争中慢慢地将自己的优势体现出来，使自身价值在为社会创造财富的过程中得以实现。

3. 大学帮助我们构建人脉网络

除了亲情关系外，在人的一生中有两种关系最为纯洁：战友关系和同学关系。在这两种关系中，掺杂的世俗利益最少。大学聚集了很多优秀的同学。在这里，我们可以通过各种各样的途径去结识他们，拓展自己的人际关系网。而这种人际关系网的建立，对于我们今后的求职以及职业生涯发展都是一笔非常宝贵的财富。这就是我们常说的"人脉"或"社会资本"。

很多人喜欢建立关系，却不善于管理关系。人际关系不等同于短线的、工具性质的关系，抄短线搞关系也许能建立关系、促成合作，但是这种工具性的关系却无法建立信任，无法维持长期而稳定的关系。而我们所说的"人脉"或"社会资本"是指通过正常的社交活动，与他人建立健康、长期、稳定的人际关系。它不是工具性关系，但是最终会为自己带来回报。至于"人脉"究竟会对一个人的职业生涯发展产生怎样的影响，在本书的第8章中会进行比较详细的介绍。

总之，大学是人生的一大宝库，也是一个很容易消磨意志的地方。大学是个自由的地方，善于利用这种自由汲取养分的人，可以在大学里学习到很多的知识，为日后的职业生涯发展打下良好的基础。而在这种自由中放纵自己、丧失目标的人，则可能在这个自由的世界里空耗自己的青春。是放纵自己还是如饥似渴地汲取大学"养分"，完全取决于我们自己。其实，大学为我们解决的最大问题就是我们想要什么的问题。

7.1.2　上大学为了什么

在进入该主题之前，让我们先看看一位大学生的自述。

近来我的心情很郁闷，心情好时我偶尔会去上课，只要老师不点名，逃课也无所谓，反正考前突击一下一般都能过关；寝室乱一些也无所谓，因为我是扫天下者，不必在乎一屋之乱；通宵上网，在游戏中放松放松，早上、下午睡睡懒觉，反正只要运气不是太差，辅导员就不会发现……

有时我也会感到特别恐慌，我上大学就是用父母的血汗钱和自己的宝贵青春换取一纸文凭吗？再这样下去，我拿什么来成就一番事业？有什么资格来谈民族的复兴、国家的富强？

谁也不能告诉我大学毕业后将会怎样，一切都是未知数。苦恼、彷徨、无助的感觉时时萦绕在我的心头。谁能会诉我，到底为什么要上大学？

上大学的具体目的因人而异。有的人上大学可能是为了让父母在别人面前有点面子；有的人上大学可能是为了改变现状，将来找一份好工作；有的人也许根本就不知道自己为什么上大学，仅仅是因为升学惯性，稀里糊涂地来到了大学。

对于绝大多数人而言，上大学最直接的目的就是学习知识、培养能力。那么，学习知识、培养能力的目的又是什么呢？为了将来找一份好工作。如果将我们上大学的目的往上推，就会发现其实上大学的终极目的主要有两个。

1. 获取较高的职业发展起点

虽然职业没有高低贵贱之分，但是社会职位绝对是有高级低级之分的。从社会职位的分布来说，低级职位在社会上的分布最多，职位层次越高，相应的职位也就越少。在前面的章节中，我们了解到任何职业对从业者都是有入职资格要求的。同样，相应的职位也要求从业者具备相应的能力，高级职位要求从业者具备更高的能力。社会职位层次与个人能力之间的关系，如图7-1所示。

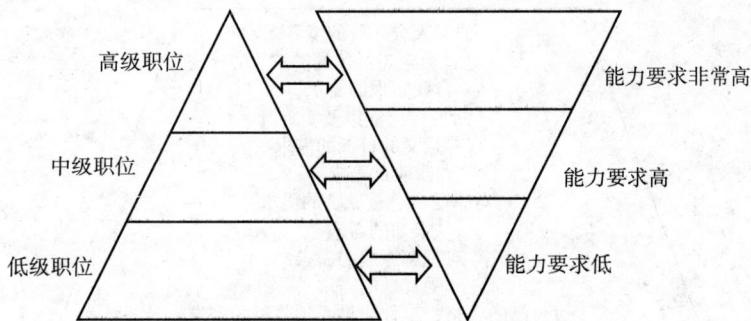

图7-1　职位高低与个人能力之间的关系

"人往高处走、水往低处流"，人的本性是追求更高层次的发展。无疑，上大学是我们获取较高职业发展起点的一条非常快捷的途径。通过上大学，我们能在较短的时间内，系统地学习适合于自己未来发展的相应领域内的现有成果，然后将这些知识转化为自己的职业能力。在就业时，就能为个人将来的职业生涯发展创造一个比较高的发展起点。

2. 满足更高层次的人生需求

面对人生大舞台，每个人都渴望实现自己的价值，追求职业生涯的成功。我们上大学，不仅是为了学习知识，最终的目的是通过找到一份适合自己发展的职业而实现自我价值，获取职业生涯的成功。从高校人才培养目标中也可以看出，高校旨在将受教育者培养成人才，决不只是为了让学生找一个"饭碗"。当一个人能被社会公认为"人才"时，他的高层次人生需求也必然已得到满足，其职业生涯也已取得成功。

美国心理学家马斯洛曾指出"人是永远不能满足的动物"，并提出了著名的"人生需求层次理论"。马斯洛指出人的需求由低级向高级逐层推进，即：生理需求→安全需求→友爱和归属的需求→受尊敬的需求→自我实现的需求。

后来，马斯洛的学生补充了他的观点，增加了人生需求金字塔的层次。拓展后的人生需求金字塔见图7-2。

"天人合一"的境界
与自然融为一体的需求
自我实现的需求
对发挥潜能以及实现
富有意义的目标的需求
求美的需求
对享受美、被欣赏的需求
求知的需求
对理解原因的需求
受尊敬的需求
对自己的人格、工作成果受到尊重的需求
友爱和归属的需求
与人交往、爱以及被爱的需求
安全的需求
对安全、舒适、安宁以及自由的需求
生理的需求
对氧气、水、食品、休息、性的需求

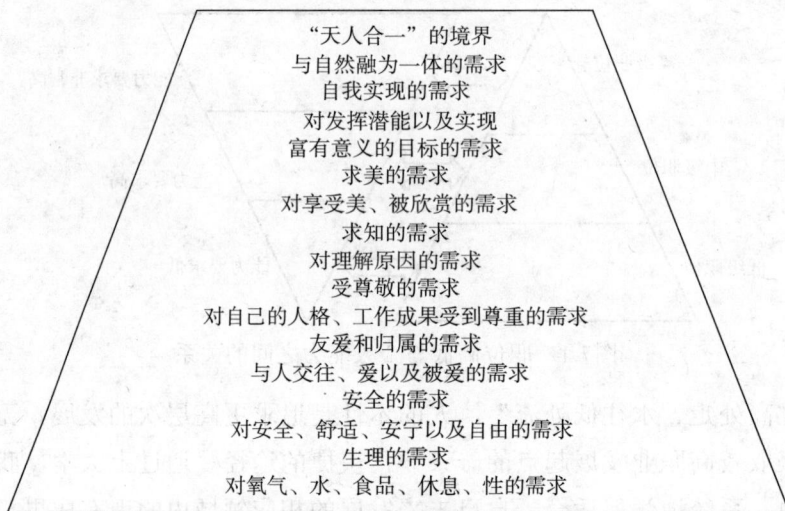

图7-2　人生需求金字塔

相信每个人都希望在自己的人生中实现较高层次的需求，最终能够实现自我价值，达到"天人合一"的境界。人有实现高层次需求的愿望是好的，但并不是随心所欲就能实现的。实现人生较高层次的需求，对人的知识、素质、能力是有要求的。也就是说，实现较高层次的人生需求必须具备丰富的知识、较高的素质和能力。人生需求层次与能力、职业生涯发展的关系，如图7-3所示。

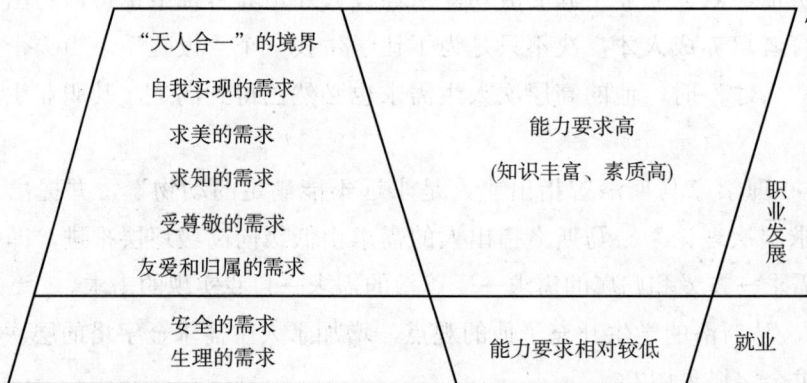

"天人合一"的境界
自我实现的需求
求美的需求
求知的需求
受尊敬的需求
友爱和归属的需求

能力要求高
(知识丰富、素质高)

职业发展

安全的需求
生理的需求

能力要求相对较低

就业

图7-3　人生需求与个人能力、职业生涯发展的关系

我们在大学里学习知识、培养能力，绝不仅仅为了获得一个职位，满足低层次的人生需求。如果单纯只是为了就业，不上大学照样可以实现。通过上大学，我们

不仅可以获得较高的职业发展起点，而且在未来的职业生涯发展过程中，我们还可以将我们在大学里所学到的知识应用到所从事的工作中去，为满足社会公众和他人的需求创造物质财富和精神财富，从而最终实现自己高层次的人生需求。

7.2 大学学习的特点及现代学习观

人生在世，总是在从事两类活动：一是改造客观世界的活动；二是改造人类主观世界的活动。前一类活动可以统称为工作，后一类活动可以统称为学习。大学是人类进行学习活动的一个非常重要的场所。在这里，我们可以有更多的机会和更好的条件获取知识、提升素质、培养能力，实现个人的理想，从而更好地服务社会和完善人生。相对于小学、中学和高中的学习，大学的学习有着更高的要求。因此，完成大学学习就要认识有关规律，并掌握它的主要特点。

"学习"一词如同"工作"一词一样，是人们日常生活中最常用的词汇之一。似乎我们每个人都懂得它的含义。但是，要给"学习"下一个科学的定义却不是一件容易的事情。经过了漫长的争论后，现在人们倾向于把学习定义为"由练习或经验引起的行为或行为潜能的相对持久的变化"。从这个定义中，我们可以看出学习包含三个要点。

第一，主体身上必须发生某种变化。比如，两组儿童，一组进行游泳训练，另一组未予训练。到了水里，训练组的儿童会游泳；未训练组的儿童不会游泳，到了深水区会下沉。这种游泳行为的出现就是学习。

第二，这种变化是能相对持久地保持的。有些主体的变化，如适应、疲劳等不能称做学习。因为这种变化是暂时的，条件变化或经适当休息，这种暂时性变化就会迅速消失。

第三，主体的变化是后天习得的，由自然成熟或先天反应倾向所导致的变化不能称做学习。

学习要以应用为本。我们通过读书、听课、人际交流、实践等方式获得了知识，如果不把这些前人在实践中认识客观世界的成果应用于客观实践中，去发现和解决现实问题，知识就不会变成能力，这些知识也会随着时间的流逝而逐渐被遗忘。从某种程度上说，能力的大小相当于知识应用程度的高低，并且只有将知识转变为能力，我们所掌握的知识才可能对职业生涯发展产生积极的作用。

7.2.1 大学学习的特点

大学学习与高中学习相比较，无论是在学习目标、学习内容还是在学习方式上都发生了很大的变化。大学学习是一种与未来职业需要直接挂钩的、层次更高的、需要进一步发挥积极主动精神的学习。表7-1是大学学习特点与高中学习特点的对比。

表7-1 大学学习特点与高中学习特点的对比

项　目		高　中	大　学	对大学生提出的要求
学习目标		考上大学	成为社会需要的优秀人才	掌握专门知识，培养专门能力，提高综合素质
学习自主性		学习自主性少，依靠教师安排多	自主学习范围大，课外学习由自己安排	要求学习、生活的自我管理能力强
课程	数量、质量	少而浅	多而深	广泛学习，努力钻研
	时代性	粗浅的经典知识	深层的经典知识与现代科学前沿知识	不仅要掌握经典知识，而且还要了解专业领域内的最新知识
	选修课	极少	多	要求独立自主能力强
实践教学		少	较多	将专业知识运用到实践中转变为专业能力
学习方法		少(主要是课程)	多(课程、讲座等)	综合利用多种学习方式获取知识，培养能力
思维方法		模仿、记忆多，一般性理解多	深层次理解多、创造性学习多	要求具有创新意识，创新能力强

7.2.2 现代学习观

"一旦观念出了问题，不管你多么有知识、多么有能力都失去了意义。""改变世界之前，需要改变的是你自己、是观念，而不是环境在决定你的命运。"《观念决定命运》一书的作者张守富在书中如是说。作为以发展和改造自己为根本任务的学习活动，一个人的学习观念对其学习活动有着重要的影响。旧的学习观念必然会对我们的学习活动产生消极的、不利于自身发展的影响。

今天，我们正处于一个知识经济时代。在这样一个飞速发展的社会中，学习贯穿人的一生(既指它的时间长度，也指它的各个方面)。新的社会形势，要求我们树立新的学习观念。作为新世纪的大学生，我们应该顺应时代要求，树立现代学习观念，用新的学习观指导我们的大学学习和未来的学习活动。

1. 自主学习观

受传统计划经济的影响，高等教育的计划性给中国大学生的学习自主性造成了很大的压抑。多年计划经济制度下的高等教育模式，使得大多数学生学什么专业、学什么课程、使用什么教材以及谁是任课教师，都由学校安排。这样的安排在大学校园里，问题似乎不大。但是，就业以后，我们面对的是逐步完善的市场经济，为了适应市场经济对人力资源的配置要求，就应该充分培养学生学习的自主性和自觉性，形成自主学习观。

走上工作岗位后，自动、自发地学习非常重要。因为，一个人在大学里所学到的知识只有极少部分能够应用到工作实践当中，更多的知识需要我们结合工作实际进一步学习。特别是在当今这样一个知识经济时代，科技已经成为第一生产力，谁拥有知识并通过应用于实践将知识转化为能力，谁就能够在这个竞争日益激烈的社会中，取得持续的竞争优势。而知识的获得，就要靠后天的学习，特别是要靠自主学习。缺乏动力，没有学习自主性，即便头脑再聪明、基础再好，在学习上也不可能有很大的收获。"要我学→我要学→我会学→我学会→我学好→我成才"，从学习的角度诠释了一个人的成才过程。

2. 创新学习观

大学的一个职能是向受教育者传播知识。然而，作为一个处在要求不断创新的知识经济时代的大学生，仅仅作为知识的接收器已经不能适应社会发展的需要了。社会要求我们不仅能够主动地去学习已有的知识，而且还要求我们能成为知识的创造者，在学习和工作中做一个具有创新精神、创新能力的人。

培养创新能力，首先要有创新意识。因此，在学习知识或解决问题时，不要总是死守一种思维模式，不要让自己成为课本或经验的奴隶。只有在学习中敢于创新，善于从全新的角度思考问题，我们潜在的思考能力、创造能力和学习能力才能被真正激发出来。

3. 终身学习现

在现实生活中，人们常常认为，一个人念完了小学、中学、大学、研究生，从就业那一天起，他的学习历程便结束了。这是一种传统的非常狭隘的学习观念。这种学习观在知识和社会发展相对缓慢的社会，消极影响并不突出。然而，在这样一个知识大爆炸、社会发展日新月异的时代，其消极作用就日益明显，必然要被终身学习观所取代。表7-2是传统学习观与终身学习观的对比。

表7-2　传统学习观与终身学习观的对比

比较项目	传统学习观	终身学习观
学习时间	幼儿期、少年期、青年期	人生的各个阶段
学习目的	学习基础知识	培养生活和工作的能力
学习作用	文凭作为挑选人才的凭证	发现和强化潜能，注重提高实际能力
学习领域	限定的、隔离的	沟通的、融合的
学习机会	分数、年龄、区域、专业、性别都会影响选择	学己所想学、不受限制
向谁学习	学校里的老师	能者为师、先者为师、快者为师
学习方式	你教我学，你考我答	提供方法，事实检验
考试场所	教室	处处可能是考场
考试内容	考卷上的题目	事事可能是考题
成绩标准	分数	事情结果
学习工具	主要用书本学习	各种学习工具、媒体
成人与儿童的学习关系	小孩向成人学习	相互学习
学习观点	活到老、学到老是一种好品德	学到老才能活到老，学习是一种生存本领
学习内容	根据学校、老师的安排侧重于自然科学、抽象知识	根据生活、工作需要侧重于文化修养、实用知识

21世纪是学习的世纪。美国前总统克林顿从整个社会的角度说道："终身教育是知识经济成功之本。"就个人职业生涯而言，其实，大学里传授的知识对一个人一生的职业生涯发展所起的作用是非常有限的。相对于那些无法接受高等教育的人而言，大学里传授的知识只是为我们初次进入职场提供了一个较高的起点。新的时代，要求我们将终身学习的观念贯穿于整个职业生涯。我们只有在整个职业生涯中

不断地学习，不断地补充新的知识，才能适应不断变化的世界，才不至于被快速发展的时代抛弃。以前我们常说"活到老，学到老"，而现在我们只有学到老，才能活到老。

4. 全方位学习观

从时间上来说，我们要建立终身学习观；从空间上来说，我们还要建立全方位学习观。全方位学习观的本质是人生中处处皆学习。全方位学习观包括在学校中学习、在工作中学习和在生活中学习。

1) 在学校中学习

从孔子开设专门学堂招收学生开始，经过多年的发展，学校最终成为人们开展学习活动、获取知识最重要的场所。学校之所以是人们开展学习活动最重要的场所，是由学校的根本任务决定的。学校的根本任务是传播知识，并为受教育者开展学习活动提供一切便利条件。这其中包括师资、教学管理、课程安排、后勤服务等。

大学更是人类开展高层次学习活动非常重要的地方。因为，这里有学识渊博的教授，也有思想活跃的同学，更有为我们开展高层次学习活动所需要的各类资源。幸运的我们，要懂得珍惜这个来之不易的学习机会，抓住一切有利的条件和机会，主动地获取知识，培养职业能力。

2) 在工作中学习

在现实生活中，人们往往简单地将"学习"与学校联系起来，似乎只有学校才有学习活动。有这种偏见的人离开了学校，便认为没有学习的场所和机会了。其实，工作场所也是一个充满学习机会的地方。在这里，可能很少有学识渊博的教授，但是这里却有非常多的掌握一技之长的上司或同事，甚至是下属。这些人都是我们学习的对象，从他们身上我们能够学到在大学里学不到的知识。

在工作中学习也是一种实践学习方式。在大学阶段，主要学习书本知识。如果知识只停留在理论层面，不用于实践，我们就不能真正掌握知识的实质，也不可能将所学到的知识转变为解决实际问题的能力。在工作中学习、在学习中工作，工作与学习相互促进，就能使学习更上一层楼，工作也会干得越来越好。

3) 在生活中学习

社会生活是一个奥妙无穷的世界，蕴藏着无穷无尽的知识，就看我们有没有发现它们的眼睛。很多人可能仅仅将看电影、开Party、聊天、旅游等当作放松身心的休闲娱乐活动。其实，每次休闲娱乐的时候，我们都会面临许多学习、成长的机会。做个学习的有心人，就能够从生活中学习到许许多多的实用知识。比如，周围的人是怎样处理事情的、什么场合应该说什么话、别人身上有什么长处可以为我所用……生活中，我们要善于观察身边点点滴滴的小事，读生活之书，从生活中寻找和发现真理。牛顿之所以伟大是因为他从生活中发现了伟大的万有引力定律。总之，只要我们做个学习的有心人，生活中时时、处处、事事都有学习的机会。

7.3 大学阶段的主要任务与学习方式

在大学阶段，我们要过英语四、六级，要获得几门职业技能证书，要培养自己的表达能力、沟通能力，要为考研作准备……总之，大学阶段是我们人生的重要时期，有做不完的事情。但是，在许多需要完成的任务当中，哪些是大学生在大学阶段必须要完成的呢？本节立足于工作世界的现实要求，将详细地介绍大学生在大学阶段的主要任务以及大学学习的方式。

7.3.1 大学阶段的主要任务

为方便大家记忆，我们将大学阶段的主要任务归纳为大学学习"一、二、三"，即培养一种精神，树立两种意识，学会三种能力。这里讲的大学学习"一、二、三"，就是我们在大学阶段必须要完成的任务，它们将会影响我们一辈子，使我们终身受益。

1. 培养一种精神

职业精神是人们在从事工作时所表现出来的一种态度或精神风貌。美国研究人员比奇通过调查发现，在失业者或无法获得晋升者之中，共有87%的人并非因为缺乏职业知识或技能，而是因为不恰当的工作习惯和态度导致了失业或无法晋升。因此，职业精神对一个人的职业生涯发展的确是非常重要的。

1) 主动精神

我们先来看一个情景案例，了解一下什么是主动精神及其对一个人的职业生涯发展的影响。

张三和李四同时受雇于一家店铺，他们拿同样的薪水。一段时间后，张三青云直上，又是升职又是加薪，而李四仍在原地踏步。李四不满意老板的"不公正待遇"，终于有一天他向老板发牢骚了。

"李四，你到集市上去看看今天有什么卖的？"老板问。

一会儿工夫，李四回来向老板汇报："今早集市上只有一个农民推着一车土豆在卖。"

"有多少？"老板又问。

李四又跑到集市上，回来告诉老板："一共40袋土豆。"

"价格呢？"老板继续问他。

"您没有叫我打听价格呀。"李四委屈地申明。

于是老板把张三叫来，吩咐他说："张三，你现在到集市上去看看今天有什么卖的。"

张三也很快地就从集市上回来，向老板汇报说："今天集市上只有一个农民在卖土豆，一共40袋，价格是两毛五分钱一斤。我看了一下，这些土豆的质量不错，价格也便宜，于是顺便带回来一个让您看看。"

张三边说边从提包里拿出一个土豆。"我想这么便宜的土豆一定可以赚钱，根据我们以往的销量，40袋土豆在一个星期左右就可以全部卖掉。所以我把那个农民也带来了，他现在正在外面等您回话呢。"

这时老板转向李四，说："现在你知道为什么张三的薪水比你高了吧？"[1]

从我们一出生直至上大学，在生活和学习中，总是有人不断地告诉我们应该做什么，不应该做什么。由此，造成了我们的被动性思维。当需要我们主动地为同学

---

① 资料来源：http://wenku.baidu.com/link?url=4OAMuQ6CYG6IjdyYH6y5zo9kX222dhotZo6sAmhVH7I-6inE8tZVWfs9US4njk27ukfeOxaZommwF_4rUidY4oUlXM7_HLAQz_1OtebKGly

或老师排忧解难的时候，我们没有办法；当需要我们自己作决定的时候，我们总是寄希望于父母或老师告诉我们应该怎样做。社会不需要被动做事的人，这种人的做事风格就像挤牙膏一样，挤一点才会出一点。

2) 责任心

一位大公司的老板曾经讲过这样一个故事。

有个人来他公司应聘，经过交谈，他觉得那个人其实并不适合他们公司的工作。因此，他很客气地和那个人告别。那个人从椅子上站起来的时候，手指不小心被椅子上凸出来的钉子划了一下。那人顺手拿起老板桌子上的镇纸，把凸出来的钉子砸了进去，然后和老板道别。就在这一刻，老板突然改变了主意，他留下了这个人。"我知道在业务能力上他也许未必适合我们公司，但他的责任心的确令我非常欣赏。把事情交给这样的人我会很放心。"[①]

责任心是一种习惯性行为，也是衡量一个人成熟与否的重要标准。梁启超说过："凡属我受过他好处的人，我对于他便有了责任。凡属我应该做的事，而且力所能及的，我对于这件事便有了责任。凡属于我自己打主意要做的一件事，便是现在的自己与将来的自己立了一种契约，便是自己对于自己加一层责任。"责任感对于一个人来说是极其重要的，是一个优秀的人才所必需的，敬业精神也源于当事人的强烈责任感。

一个缺乏责任心的人，在学习、工作、生活中就会寻找各种各样的借口，告诉别人自己做不了某事或做不好某事的理由。比如，迟到了，就以"路上塞车""时间搞错了"等为借口。如果我们有心去找，所有的事情都可以找到无数条"合情合理、冠冕堂皇"的理由。但是，一个人借口找得越多，离成功也就越远。正如我国著名的职业生涯规划师程社明所说："人生成功从职业生涯发展开始，职业生涯发展从做好本职工作开始，做好本职工作从对结果负责开始，对事情结果负责从找自己的错开始。一件事情没有干成时，总是能为推卸责任找到理由，理由找得越多，

---

① 资料来源：http://wenku.baidu.com/link?url=zOu_sf5lvwkKxRGFE_Zmz0H_Ma-HeIpzdYKOMVDh9FX-bsj1DaO8Y1WeO52ssi5NJMFtYNT1KiJx2JgDwpiRP76FzXab-BEum15_rEPX-3a

就离发现客观规律越远，谁将责任推得干干净净，谁就与成功绝缘了。"责任心是一个人对待生活和工作的态度，这就需要我们从身边小事做起，养成对自己的行为结果负责的态度，切记"勿以恶小而为之"。

3) 诚实

诚实不同于诚信。诚信是指在人际交往中要真诚、讲信用、守承诺，更多时候指的是做人的问题。而此处所讲的诚实是指对待工作不弄虚作假、务求实际、实事求是。主要包括两个方面的内容。

(1) 对待工作的过程要诚实。在工作过程中，不要走过场，搞形式主义，要做到就事做事。

(2) 对待工作的结果要诚实。干成什么，就说成什么。不要夸大也不要缩小，更不能弄虚作假。错误的决策，往往来自于错误的信息。决策者一旦基于失真的信息而作出错误的决定，将会给整个组织造成非常大的损失。

在我们的现实生活中，大多数人说谎往往是因为他们认为这样做能逃避惩罚或者将利益最大化(当然，也有一些人是病态的说谎者)。说谎在短期内可能有助于实现自己利益的最大化，但是如果长此以往，在工作问题上说谎，将演变成说谎者从而在做人上出现问题。如果一个人在他人眼里人品不佳，其职业生涯的尽头也就不远了。

对大学生来说，培养诚实的职业精神，需要从自己身边的小事做起，在学习、生活中抵制说谎的诱惑，努力做到求真、务实。

2. 树立两种意识

1) 自立意识

《中国青年报》曾经报道过这样一个故事：有一个高中生学习成绩十分优异，但从小生活在父母的溺爱之下。高考时，他考上了名牌大学。然而，多年的衣来伸手、饭来张口的生活，让他失去了独自生活的能力。在学校里，他的生活几乎不能自理，不会到食堂打饭、不会洗衣服，只能不停地向家里诉苦。结果，到校不到半个月，他就偷偷地跑回家，再也不肯回学校去了。他的父母也没有办法，只好自食苦果，让他退学。

像上述主人公一样缺乏生活自理能力的大学生在我们的大学校园内，可能并不是少数。这样的大学生即便读完大学，也根本不可能在社会上立足，更别提为社会作出什么贡献了。不能自立的人，不仅会成为家庭的负担，而且还会成为社会的累赘。刚跨进大学校门的大学生要自立必须先学会自理，自理是自立的前提，自理能力也是一种最基本的能力。

自立是指个体从自己过去依赖的事物中独立出来，自己行动、自己做主、自己判断，对自己的承诺和行为负起责任的过程。自立贯穿于我们的整个人生，可以分为身体自立、行动自立、心理自立、经济自立和社会自立。

身体自立是指个体无需扶助而能直立行走；行动自立是指个体具备生活自理能力，如会自己洗脸、刷牙、洗衣服等；心理自立是指个体能独立思考、独立判断，自己作决定；经济自立是指个体不依赖父母或他人的经济援助而能独立生存；社会自立是指能够按照社会所规定的行为规范、责任和义务而行动。

学会自立是个人实现人格独立、开创事业的前提条件。因此，在大学阶段，我们应该树立自立意识，培养自立能力。香港富豪李嘉诚的儿子李泽楷，在美国留学期间，不仅不带保姆，反而自己打工挣零花钱。他没有钱吗？不是，他主要是要培养自己的自立精神。因为只有具备这种自立精神，才有可能在将来开创自己的事业。因此，不管家庭经济情况如何，我们作为一个成年人，从入校开始就要树立自立意识。一个人只有学会了自立，才可能赢得职业生涯的发展与成功。

2) 规划意识

马英九的父亲马鹤凌在教导子女时的一句经典名言诠释了规划意识的重要性，"有原则不乱，有计划不忙，有预算不穷"。这句话的意思是：一个人如果有了明确的信念与原则，便可以始终如一，立场就会坚定；一个人如果有了明确的计划，在面对多变的外在环境时，就不会手忙脚乱；一个人如果事先做好预算，生活就不会落魄。

如今，我们生活在一个瞬息万变的世界中，世界充满了不确定性。在我们的一生中，有许许多多的事情需要我们去完成，并且每个人的时间又是如此的有限。面对多变的外在环境、有限的时间、无限多的事情，为了充分发挥人的潜力，实现人生价值，就必须未雨绸缪，事先做好规划，机会也往往给予有准备的人。有了规划就有了行动的方向，我们做事也就不至于脚踩西瓜皮，滑到哪里是哪里；有了规划，就能做到忙而不乱。对事物的规划是多方面的，既包括对职业生涯的规划，也包括对时间、对学习、对工作任务、对日常花销的规划……

3. 学会三种本领

1) 学会做人

做人是指人们在人际交往中，所表现出来的对人、对事的原则和态度。著名教育专家孙云晓在《教育的秘诀是真爱》一书中指出："教育的核心是学会做人。"作为受教育者，当代大学生在大学学习的过程中首先应该学会做人。

"学会做人"是一个既现实又深奥的话题，学校里没有教人"如何做人"的教材，也没有开设"如何做人"的课程。如何"学会做人"，是我们应该长期用心思考的问题。在日常的学习和生活中，我们应该做一个有心人，从老师、同学、朋友的言行中去分析、去体会，在面对同一件事情时，应自问"别人为什么处理得比我好，从中我能学到些什么"。"学会做人"是逐渐积累的过程，它不仅是大学阶段的主要任务，也是整个职业生涯发展过程中的重要方面。统一集团创始人高清愿先生说："学问好不如做事好，做事好不如做人好。"充分说明"学会做人"在职业生涯发展中的重要性。

"学会做人"涉及面极广，但主要属于情商的范畴，如何修炼情商在本书的第8章会有详细的阐述。

2) 学会学习

Google中国区总裁李开复先生在哥伦比亚大学任助教时，曾有位中国留学生的家长向他抱怨说："你们大学到底在教些什么？我的孩子在计算机专业读完了大二，居然连Visi Calc都不会用！"李开复当时回答道："电脑的发展日新月异，我们不能保证大学里所教的任何一项技术在5年以后仍然管用，我们也不能保证学生可以学会每一种技术和工具。我们能保证的是，你的孩子将学会思考，并掌握学习的方法。这样，无论5年以后出现什么样的新技术或新工具，你的孩子都能游刃有余。"

大学不是"职业培训场"，而是一个让学生学会适应社会、适应不同工作岗位的平台。在大学期间，学习专业知识固然重要，但更重要的是要学习独立思考解决问题的方法，掌握自修之道。只有这样，大学毕业生才能跟上瞬息万变的未来世界。许多同学可能总是抱怨老师教得不好、懂得不多，学校的课程安排也不合理。"与其诅咒黑暗，不如点亮蜡烛。"大学生不应该只会跟在老师的身后亦步亦趋，而应主动走在老师的前面，培养自己的自学能力。

大学生与中学生在掌握知识方面是有区别的。中学生在学习知识时更多地追求

"记住"知识，而大学生就应当要求自己"理解"知识并能提出问题，对每一个知识点，我们都应当多问几个"为什么"。一旦真正理解了理论或方法的来龙去脉，我们就能举一反三地学习其他知识，解决其他问题，甚至达到无师自通的境界。

3) 学会做事

在大学阶段，还有一个非常重要的任务就是充分利用大学里的优质资源，培养自己的职业能力。在大学阶段，完成以下几件事情，将有助于培养我们做事的本领。

(1) 培养专业能力。专业能力是指从事专门工作所必须具备的能力。专业能力的获得主要靠专业学习，专业教育也是我国高等院校人才培养的主要方式。在培养专业能力的问题上，我们应该注意以下几个问题。

● "学什么"与"学成什么"

"学什么"指的是专业名称的问题，而"学成什么"指的是专业能力的问题。有的同学可能会错误地认为在一个就业前景好的专业里学习，将来肯定就能找到一份出色的工作。心存这种想法的同学简单地将专业名称与专业能力等同起来，在一个专业里学习不会让我们自动拥有从事与该专业相关的工作的能力。在现实社会中，我们也常常听到非专业的毕业生"抢"走了专业毕业生的工作岗位。原因就在于，用人单位更注重专业名称背后的专业能力。

● 培养专业能力途径的多样性

有的同学可能因为没有机会进入自己感兴趣的专业里学习而怨天尤人、自怨自艾，甚至自暴自弃。这样的人视野太狭窄，没有看到培养专业能力的途径的多样性。除了进入自己感兴趣的专业里进行系统的学习之外，其实我们还有其他很多选择，比如，辅修、有目的地选修感兴趣的专业的课程、向相关专业人士请教等。

● 专业基础知识的学习

能力是以知识为基础的，专业能力是以专业基础知识为基础的。在大学期间，我们一定要学好本专业要求的基础课程。因为，在科技发展日新月异的今天，应用领域里很多看似高深的技术在几年后就会被新的技术或工具所取代，只有深入学习专业基础知识才可以受用终身。而且，如果没有打下好的基础，我们也很难真正理解高深的应用技术。

(2) 学会使用办公软件。无论走到什么工作场所，都会看到在工作人员的桌上摆放着一台计算机。工作人员在计算机前敲敲打打处理各种工作，这就是现在的办公情形。如今，随着计算机的普及，以计算机为核心的办公自动化正在被广泛地应用，办公自动化也大大提高了我们的工作效率。因此，无论是对于计算机专业的学生还是非计算机专业的学生来说，学会使用办公软件都是必需的。

微软公司的Microsoft Office是人们广泛使用的办公软件。其中的Word、Excel和Power Point是人们使用最多的文字处理、电子表格制作和电子文稿演示工具。学会使用Word可以提高我们的写作速度，使我们的写作过程清晰明了，并可以帮助我们对自己的文章进行编辑、校对和修改。"一幅图能代替千言万语"，通过使用Excel，我们可以制作出各种各样的图(比如柱状图、饼状图)和表格来显示数字之间的相互关系。Excel还有一个非常重要的功能，它可以对数据进行一些简单的统计分析(虽然简单，但是非常实用)，进而形成图表。通过使用Power Point来进行演说，不仅可以让听众产生听觉刺激，而且还会产生视觉刺激，从而使我们的演说更加出色。

(3) 学会搜集信息。现代社会是一个信息社会，没有必要的信息，我们就无法顺利地开展学习和工作。因此，懂得如何搜集自己需要的信息对于任何学习和工作而言都是至关重要的。一位企业家认为，信息是谋求发展的关键。他这样写道："要么去狩猎，要么被猎取。我大部分的成就都源自于我拥有被人需要的信息。第一步，要了解别人需要什么；第二步，要拥有足够的资源，以便知道去哪里迅速地获取这些信息。速度是我着重强调的一点，企业需要速度，而当你搜集信息时，你必须做到有条不紊。"

作为一个处于信息社会的大学生，应该懂得到正确的地方去获取正确的信息。在大学阶段，学会搜集信息对于我们作出合理的学习或职业生涯决定、自主地开展学习活动也是非常有帮助的。学会利用图书馆、电子数据库、互联网搜索、问卷调查以及信息采访等途径都有助于提高我们信息搜集的能力。

搜索知识举例[①]

一、搜索原理

搜索引擎使用的是网页全文搜索，它是个大的索引表。在搜索引擎里面记录了每个网页上出现过哪些关键词，当你输入某个关键词进行搜索的时候，所有含有这

---

① 资料来源：http://wenku.baidu.com/link?url=GeFJDmyw-XrocLzgKuj4LidZgWAUQ3WncojccCwVJhYE_UAs2XZRSYPyMfXHFW9xG2j7TbDokFnJOkSMnvuRw5o1MrJf-WMO6uGgbP08wcG

个关键词的网页就会被找出来，并按一定的顺序排列。

二、搜索原则

将恰当的关键词输入搜索引擎。当关键词多于一个时，可按关键词的重要性次序输入搜索引擎。

三、搜索方式

1. 简单检索

在搜索引擎中输入关键词，然后单击"搜索"即可，系统很快会反馈查询结果。这是最简单的查询方法，使用方便，但是查询的结果不够准确，可能包含着许多无用的信息。

2. 高级检索

两大搜索引擎(www.baidu.com和www.google.com)都提供了高级搜索的功能。使用者可以根据个人需要选择相应的项目对搜索结果进行限制。

四、搜索常犯的错误

常犯错误1：错别字。当你觉得某方面内容网上应该有很多却搜索不到时，你应该先检查一下是否有错别字。

常犯错误2：关键词太常见。搜索引擎对常见词的搜索存在缺陷，因为这些词曝光率太高了，以至于出现在成千上万的网页中，使得它们不能被用来帮你找到有用的内容。所以，当搜索结果太多太乱的时候，你应该尝试使用更多的关键词或者符号来搜索，不要使用过于通用的词汇来搜索。

常犯错误3：不会输入关键词。不要把你想要搜索的全部内容当作关键词，比如，输入关键词"矿物资源专业的就业方向及从业要求"，当搜索结果太少、甚至没有的时候，你应该输入更简单的关键词。

(4) 培养写作能力。随着科技的进步和工作节奏的加快，书面沟通在当今社会中的作用已经越来越明显，任何行业都需要运用书面沟通来进行公务往来。对个人而言，随着职务级别的上升，书面沟通也变得越来越重要。因为，当你有一个想法时，如果你只能在口头上作出说明，那么你的影响范围仅限于说话的对象。但是，一页能够作出清晰说明的备忘录会在整个公司内被传阅，甚至会一代传一代。要形成良好的书面沟通，沟通者必须具备良好的写作能力。为了培养和提高我们的写作能力，在大学期间，应该尽可能地选修一些要求学生写日志、计划书和评估报告等以论文形式结课的课程。认认真真地完成这些课程，有助于提高自己的写作能力。另外，有些大学可能还会专门开设旨在帮助大学生为工作中可能遇到的对象写作的课程，这样的课程有助于培养我们的专门写作技能。总之，无论学习什么专业都需要我们具备良好的写作能力，大学也为我们提供了练习与培养写作能力的机会。

(5) 提高英语会话水平。能够用英语进行对话对于中国目前的现实状况而言，并不是迫切需要的。但是中国正在走向世界，在英语已经成为国际通用语言的情况下，能够用英语进行沟通就成为高素质国际化人才必须具备的一项本领。由于受到应试教育的影响，长久以来我们学习英语只是为了应对考试(即将英语当成知识来学习)，由此造成我们懂得的英语知识可能比外国人还多，但却难以清楚地表达。提高英语会话水平的根本是要学以致用，不能只"学"不"用"。大学也为我们将英语学以致用提供了许多便利条件。

现在有很多在中国大学学习的外国人，他们中的不少人为了学习中文，很愿意与中国学生对话、交流，这是很好的学习机会。此外，大家不要把学英语当作一件苦差事，完全可以用有趣的方法进行学习。例如，可以多听一些名人的对话或演讲，多看一些小说、戏剧甚至漫画。看英文电影也是一种很好的英语学习方式，看英文电影时，最好先带字幕看一遍，同时查生词、熟悉句式，然后在不带字幕的情况下再看一遍，仅靠耳朵去听。听英文广播是很好的练习英文听力的方法，大家每天最好能抽出半小时到一小时的时间收听英文广播并尽量理解其中的内容。在互联网上也有许多互动式的英语学习网站，大家可以在网站上通过做游戏、自我测试、双语阅读等方式提升英语会话水平。总之，勇于实践、持之以恒是提高英语会话水平的必由之路。

7.3.2 大学的学习方式

学习方式与学习方法是不一样的。学习方式较之于学习方法更为高级。学习方式相对稳定，学习方法相对灵活。学习方式不仅包括学习方法及其关系，而且涉及学习习惯、学习意识、学习态度、学习品质等心理因素和心灵力量。因此，从过去单一的学习方式转变为多样的学习方式对于促进大学学习具有重大的战略意义。

1. 听课

由于有的老师讲课水平不高或者节奏与自己的学习进度不一致，导致有的同学常常会错误地认为上课简直就是在浪费自己的时间，还不如自学。事实上，听课仍然是大学学习的主要方式，无论是经验丰富的老师还是新手，在讲课时都会根据授课内容，尽量地做到深入浅出。通过听老师的讲解，我们可以比较快地掌握知识以及加深对知识的理解。听课也为我们提供了与老师、同学之间交流、互动的机会。如果足够积极主动的话，在课堂上还能获得老师面对面指导的机会，这样的机会在课后是不容易得到的。

听课的效果取决于以下两点。

(1) 上课的态度。有的同学可能去上课了，但常常是"身在曹营心在汉"。上课并没有听课，学习效果自然不会好。

(2) 听课的技巧。针对重要的课程，课前一定要预习。通过预习可以对知识的重点、难点有个大致的了解，听课时才会加倍注意这些地方，听完后如果还是不能彻悟，也好在课间请教老师。听课的时候一定要集中注意力，跟着老师走，认真做好笔记，努力做到眼到、手到、耳到和心到。课后一定要及时地复习，作练习或总结，针对不懂的知识点，一定要查阅相关文献直至弄懂为止。

2. 读书

读书是人类获取知识、增长智能和培养个性品质的主要途径。学习不限于读书，但读书是学习的基础。要获取知识，就离不开读书，学习必须先从踏踏实实地读书开始。余世维博士曾经说道："成功的人一个月读一本书，非常成功的人一个月读两本书。"所以大学生要喜爱读书，不断提高读书的兴趣和自觉性，养成读书的好习惯。在读书的时候，不要只限于阅读与自己专业相关的书籍，而是要广泛涉猎。特别是应该多读一些文、史、哲、艺术等学科的书籍，加强自己在人文和艺术方面的修养。当然，读书也不只是阅读图书，还包括报刊等。

读书应有轻重主次之分，针对不同的书籍或内容，采取不同的策略，切忌对各类书平均用力。"五层塔形读书法"遵循了分类读书的原则，主张每个人应该根据自己的主攻方向、理想志趣进行纵向分层次式阅读。

(1) 泛读。泛读是指博览群书，广泛涉猎，快速阅读，只要理解和掌握书中的主要内容就可以了。泛读是在知识的海洋中一次走马观花式的巡礼，是博观约取的第一步。

(2) 通读。对于在泛读中确定的与自己专业或具体目标直接相关的那些书，要一本一本地逐页读完，通晓大意，以获得大体而完整的印象。

(3) 精读。对于在通读中遴选的重点部分，再反复精细地阅读，不仅要字斟句酌，而且要对全篇的基本内容或中心论点有准确的把握。

(4) 熟读。把精读的部分加以筛选，将其中某些篇章或段落进一步反复诵读，达到烂熟于心的程度。熟读不但能温故而知新，不断加深理解，而且还有利于提高写作能力。

(5) 背诵。读书虽不必死记硬背，但在融会贯通的基础上，努力背诵一些基本的、经典的、常用的、精彩的词句，却是十分必要的。

3. 实践学习

培根曾经说过："知识就是力量。"其实，这句话只讲对了一半，如果知识不用于实践，在实践中将知识转变为能力，知识就不会成为改造世界的力量。可见，读书是学习，实践也是学习，而且是更加重要的学习。中国也有句古谚语："听到的我会忘掉，看到的我能记住，做过了我才会真正明白。"因此，无论学习什么专业、何种课程，如果能在学习中努力实践，就可以更加深入地理解知识，做到融会贯通。

在大学里，我们应该多选修一些与实践相关的课程。并且在实践时，最好是与其他同学合作，这样，既可通过实践理解知识，也可学会如何与人合作，培养团队精神。如果有机会在老师手下做一些实际的项目，或走出校门兼职，只要不影响学业，这些做法都是值得鼓励的。外出兼职或做项目时，不要只看重金钱(除非生活上确实有困难)。有时候，即便对待遇不满意，只要有锻炼的机会，也值得试一试。参加一些义务活动比如义务咨询、暑期义务支教等，都将有助于我们从实践中获取知识，培养解决问题的能力。

4. 在交往中学习

《礼记·学记》中讲道："独学而无友，则孤陋而寡闻。"大教育家孔子说道："三人行，必有我师焉。"韩愈说道："闻道有先后，术业有专攻。"生活在我们周围的每个人，事实上都可以成为我们学习的对象(他们身上或多或少都有某些地方值得他人学习)，关键在于你有没有一颗学习的心。比如，与学识渊博的人交往，可以学到更多的知识；与积极乐观的人交往，可以培养自己积极向上的人生观；与脚踏实地的人交往，可以培养自己踏实稳健的工作作风；与诚实守信的人交往，可以培养自己抵御说谎诱惑的能力。人际交往更是人与人之间传递信息的快速通道，也是人们处理信息的有效途径。处于对外开放的环境中的我们，一定要注意在人际交往中学习。

5. 网络学习

随着互联网技术的发展，网络已经逐渐成为人们获取信息、进行知识学习的一个非常重要的方式。网络就像一座大型图书馆，蕴藏着非常多的学习资源和学习机会。毫不夸张地说，如今，学任何专业的人都能在网络上找到与本专业相关的网站。这种网站的专业性非常强，是我们进行专业学习的一种非常重要的资源。比如，与人力资源管理专业相关的网站有中国人力资源管理在线、人力资源管理与开发、人力资源在线。BBS在网络上提供了人与人之间相互交流的平台。在这个平台上，人们可以进行互动，也可以留言、发布信息，BBS是人们互通信息、相互学习的好地方。学习园地中的资源比BBS更加丰富，它不仅提供人与人之间相互交流的平台，而且还提供非常多的下载资源，比如学习视频、课件、文章等。在线学习也叫网络化学习，它是在网上建立教育平台，学员通过网络进行学习的一种全新学习方式。在线学习突破了时空限制，让学习随时随地地进行。目前，在线课程、互动视频、在线协作学习和虚拟考察是几种比较典型的在线学习形式。

当然，可以利用的网络学习资源不只有上述几种。比如，人们常用的QQ也是可以利用的，关键在于我们如何利用。

6. 听讲座、听报告

大学里的各种各样的讲座和报告对于促进我们的大学学习，是非常有帮助的，特别是一些学术讲座和报告。原因是：①讲座或报告的内容往往涉及本领域内最新、最前沿的知识，而这些知识在一段时间内是不可能被纳入教材的；②"听君一席话，胜读十年书"是形容人们当听了别人的演讲或教导之后，顿感茅塞顿开、豁然开朗的心情，很多讲座或报告都有助于我们加深对知识的理解或解决心中的困惑；③在讲座或报告中，能学习到演讲人思考问题、分析问题以及解决问题的方法，这在书本上是没有的，而它往往比学习具体的知识更加重要。

思考题

请你结合自身情况和所学专业，针对自己的大学生活和所学专业制定一份规划。

第8章　情商修炼与职场发展

　　长期以来，"智商"这个词曾是我们评判一个人是否成功的重要标准，我们认为一个人只要有很高的智商，就很容易成就一番事业。的确，不可否认智商对个人的职业发展有着重要的影响。但是无数事实证明，在现实社会中，智商低下或超常的人并不多，大多数人都拥有正常的智商水平。由此可见，对于绝大多数人而言，智商的高低并不是决定个人职业发展成功与否的主要因素。

　　那么，除了智商之外，还有哪些关键因素影响着我们的职业发展呢？

8.1　情商与职业发展

8.1.1　情商的主要内容

　　20世纪90年代初期，美国耶鲁大学的心理学家彼得·萨洛韦和新罕布什大学的约翰·梅耶提出了与智力和智商相对应的概念——情感智力，并将其定义为"监察自身和他人的感情和情绪的能力，区分情绪之间差别的能力，以及运用这种信息以指导个人思维和行动的能力"，主要是指人在情绪、情感、意志、耐受挫折等方面的品质。

　　1995年，美国哈佛大学心理学教授丹尼尔·戈尔曼出版了《情感智商》一书，明确提出了"情商"的概念。他认为，情商是一个人重要的生存能力，是一种发掘情感潜能、运用情感能力影响生活各个层面和人生未来的品质要素，是指人对自己的情绪的控制管理能力和在社会上的人际交往能力，且更能决定一个人的成功和命运。戈尔曼在他的书中指出，情商不同于智商，不是天生注定的，主要包括认识自我情绪的能力、自我情绪管理的能力、自我激励的能力、了解他人情绪的能力以及人际关系的管理能力5个方面。

　　综合国内外的专业研究，情商主要包括以下6个方面。

(1) 自我情绪认识能力。即对自己的悲、喜、忧、乐等积极、消极情绪的觉察能力，也就是对自己的情感、情绪的自我反省、自我认识的能力。

(2) 自我情绪控制能力。即根据自身情况、环境状况、人际交往状况，把握、控制、适当表现、发泄自己情绪的能力。自我情绪控制不等于压抑正常的情绪表现和发泄，而是要求根据外部环境尺度与自己的内部尺度的统一，来适当控制或合理发泄情绪。

(3) 了解他人情绪的能力。即通过别人的姿态、语气、表情、动作等，了解、体察其情绪的能力。了解他人情绪要求有"同情心""同理心"。这是了解他人情绪、控制自我情绪、改善人际关系的一个重要条件。

(4) 预见未来的能力。即对各种事情的发展动态、趋势的把握及认识的能力。能否预见未来，根据具体情况及时采取行动或耐心等待，是衡量一个人自信心、持久力的重要参数。

(5) 人际关系协调能力。即与同事、同学、上级、下级、友人等和谐相处的能力，是一个人的社会适应能力的表现，是一个人成功的重要条件。

(6) 自我激励能力。即充分利用各种手段激发自己能动性、创造性的能力。充分认识自我、激发自我潜力是成功的内在动力。自我激励能力强的人能够顺利度过困境，也能在顺境中把握自己。

8.1.2　情商对职业发展的影响

《红楼梦》里，论亲疏、论才情，林黛玉和薛宝钗两人算得上势均力敌，可是，只有薛宝钗赢得了上至贾母下到婢佣的普遍好感，用现代的眼光看，薛宝钗成功的关键就是情商高。

职场也是一样的，当一个学生进入了特定的职业生涯领域，他的社会生活、经济生活等都会发生很多变化。进入企业后，要适应新环境；要努力工作，树立良好形象，建立自己的职业地位；除了成家立业以外，还要不断学习、提高自己，以避免知识和技能的老化。面对这些变化和未知的压力，我们不能原地踏步，只能调整自己的状态，使自己和社会的发展变化相适应。因此，在个体智力因素差距不大的情况下，情商就显得越来越重要了。

　　"一个人取得事业成功的根本原因归结于对情绪智商的培养。心态积极了，就容易激发创造力和潜力。"美国一家知名研究机构调查后发现，情商对工作的影响力是智商的9倍。国外有关专家研究表明，一个人取得成功有20%取决于智商，80%取决于情商。以往人们认为，一个人能否在职场中取得成就，智力水平是第一重要的，即智商越高，取得成就的可能性就越大。殊不知，除了具备必要的智商和工作技能外，还要具备一定的职场情商。现代社会"非我莫属"的工作职位毕竟太少了。绝大多数的职位、岗位是用人单位的市场，而用人单位往往以综合素质的高低为标准决定留用与否，"能工作"和"能有效地工作"是截然不同的概念和标准。有效地工作包括人的良好习惯、沟通能力、适度地自我表现能力等，而这些就是一个人在职场中情商的外在表现。掌握科学理论和专业技术是重要的，但是，要将科学理论和专业技术有效地应用和发挥出来，就必须要有良好的情商，即良好的习惯和心态等。

　　在中国当前大学生人才就业市场中，招聘单位常常在招聘广告中明确地写着"应聘者需具备良好的组织、协调能力及团队协作精神"。对此，一些单位的负责人解释，企业的发展不是一两个人成就的，而是靠全体员工的共同努力，这就需要员工不仅业务熟练，富有亲和力，还需具有善沟通的"高情商"。不论是理论研究者，还是企业实干家，都普遍肯定了良好的情商对个人职业发展所产生的正面影响。

8.1.3　大学生应如何培养自己的情商

　　智商是先天赋予的，而情商是可以培养的。情商如同人的影子，表现在学习、生活的各个方面。因此，作为当代大学生，我们应当有意识地在学习、生活的细节中培养良好的情商。同时，我们应该认识到，每个人都有自己的性格和特点，情商的培养是为了帮助我们成为更好的自己，而不是刻意地将自己改变成另外一个人。

　　在大学几年的学习、生活中，大学生可以从以下几个方面加强情商的培养。

1. 吃亏是福

　　"吃亏是幅"，单从字面上理解，肯定以为这是傻子的理论。吃了亏不发怒，不伺机报复已是不错了，还要认定吃亏是一种福气，乍一听，说不过去。强调吃亏是福，就是要锻造和打磨个体的一种承受能力，使其学会甚至习惯了承受，这样做起事来就能百折不挠，在哪儿倒了，在哪儿爬起来，成为一粒蒸不熟、煮不烂、打不碎、响当当的金豌豆。再者，吃亏可以强化记忆，促使吃亏者进行自我反思并了解人情世故，可以从中总结经验，得出教训。经验教训会提醒我们哪些事可以参与，哪些事不能涉足，现在吃亏就是为了以后少吃亏，或者不吃亏。

在学习以及生活中，我们有些同学总是感觉自己做得多、获得少，自己吃了大亏。殊不知"做得多"已经为自己积攒了很多的实践经验，并在无形中提升了处理和解决问题的能力，而这些能力也自然成了我们初入职场的竞争优势之一。大多数在校期间就从事学校各部门学生助管工作的同学，在求职过程中都比其他没有同样经历的同学在为人处事方面表现得更得体和出色，也理所当然地受到了用人单位的青睐。要知道，这些学生助管在同学们休闲娱乐时，可能还在忙于辅助老师处理各种事务工作，这曾被很多同学认为是在吃亏做傻事。然而，最后受益的还是这些当初被认为做傻事、吃大亏的同学。

2. 注重细节

情商是个人管理情绪的能力，是个人综合素质的体现。每一个行为，无论是大型的谈判会议还是朋友间的卿卿细语，都可以反映一个人的情商。人的一言一行、一颦一笑，都是整个人内心的真实写照。有些同学平时就很注意自己的语言表达习惯，"您""请""谢谢"等这些常被人忽视的用语常常出现在这些同学的语言中。虽然这些都是语言表达的细节，但是就靠这一个个细节的不断积累，使得这些同学养成了礼貌用语的习惯，也使得这些同学同样受到他人的尊重与喜爱。情商的修炼不仅仅是读几本书、听几个讲座、做几次活动、记下几条行为准则就可以完成的，而是要将那些有益的心得和体会融入自己每一个细小的行为中去。

3. 驾驭情绪

驾驭自己的负面情绪，努力发掘、利用每一种情绪的积极因素，是一个高情商者所应具备的基本素质，也是一个人成功的基本条件。

生活中大量的不良情绪都与性格有关，因此，要保持健康的情绪状态，就要对自己的性格特征有所了解以趋利避害。一般来说，性格特征趋于外向的人，比较开朗、乐观，遇到不顺心的事情时，大多易于在情绪上自我解脱，因而适应环境变化和经受生活挫折的能力较强，但他们的情绪波动较大，常常出现情绪紊乱的情况。有时我们会看到在食堂排队买饭的同学为一点小小的摩擦就控制不住自己的情绪，从而发生口角，甚至大打出手。等到两败俱伤且情绪稍微平稳时，双方又开始后悔自己当初冲动的行为。而性格趋于内向的人，遇到不顺心的事情就处于忧虑状态不能自拔。因此，外向性格的人应该随时注意自我情绪的变化，多动脑筋来保持平静和沉稳，克制冲动，防止情绪的剧烈波动影响自我宁静的心态。而内向的人就需要学会排遣不良情绪，遇到不顺心的事情要向亲朋好友倾诉，以获得他人的劝慰和帮助，从而使不良情绪得到排遣。

驾驭情绪有如下几个方法。

(1) 解除不良刺激源。如果一个人因对周围环境感到不适而感到焦虑，对于短期而言，可以通过忍耐、适度宣泄得以平衡；而对于长期而言，就要找到使自己情绪不好的刺激源，从根源上解决问题。可以尝试通过这三种方法来解除不良情绪：第一，改变自己去适应环境。主动改变自己的观念和态度以接受并适应环境。第二，改造环境使之适应自己。当环境可改变时就主动改造环境，从而消除环境带来的不良情绪。第三，离开环境。当自己不能适应环境，又无法改变环境时，就可以选择离开这个给自己带来不良情绪的环境，去寻找新的环境。

(2) 与快乐的人为伍。情绪是可以感染的，与快乐的人相处，可通过他们积极乐观的情绪来影响自己以消除或减少消极悲观的情绪。

(3) 转移自己的注意力。当受不良情绪困扰时，你可以转移自己的注意力，把精力放在学习、工作或者其他事情上。这并不意味着逃避不良情绪，而是要使自己先走出不好的情绪状态，待心态平和后再来分析不良情绪产生的原因并寻求适当的方法和途径来解决。

(4) 适度地宣泄。在实际生活中，始终以积极乐观的心态面对不顺心的事情是非常难的。人们在控制情绪时往往用得最多的是忍耐和调整，但是每个人的忍耐力也有一定的极限，当情绪的烦躁、内心的痛苦累积到一定程度时，最终是要爆发出来的，且大多是非理性的。因此，在实际生活中，也要懂得适当地宣泄，将内心的痛苦有意识地释放出来。这里要注意的是，宣泄情绪必须要在法律和道德允许的范围内进行，违反法律和道德的宣泄(如辱骂、诽谤等)都是错的。

4. 管理时间

"一寸光阴一寸金，寸金难买寸光阴。"时间是最稀有的资源，具有不可替代性、不可逆转性，它对每一个人都是公平的，一天24小时，对谁都一样。大学几年的时间对于每个在校的同学来说也是同等的，但是，几年后每个同学的表现和成绩却有所不同。为什么拥有同样的时间却有不同的表现？一个重要的原因就在于每个同学管理时间的方法有所差异。有些同学能科学、合理地管理自己的时间，能把学习、实践、休闲安排得井然有序；而有些同学却疏于时间管理，看似把时间安排得十分紧凑，但是却没有任何成效，在无形中浪费了宝贵的时间。所以，我们必须学会管理时间，在大学学习期间养成良好的时间管理习惯，并争取在这有限的时间里学习更多的知识、掌握更多的技能。

管理时间的方法很多且因人而异。遵循下面几个时间管理原则，每个人都可以设计出适合自己的管理方法。

(1) 建立时间观念。在当今瞬息万变的社会，时间变得更为重要，高效、守信成为评价一个人甚至一个企业的标准之一。我们必须在心中建立时间观念，要合理运用时间，不断学习，不断提高，不被时间抛弃。

(2) 凡事要有计划。建立了时间观念，不等于就可以管理好时间，还应该学会给自己制订合理的计划，然后按照计划有步骤地实施。而这一点，对于时间观念不强的人来说尤为重要。制订的计划，既可以给自己指明下一阶段的努力方向，又给事后检查执行情况提供了依据。

制订计划时的注意事项：第一，计划要有时效性，有短期、中期和长期之分，这样才能更及时、更难确地反馈计划的执行情况。第二，计划要有可实现性，不能好高骛远地制定自己无法达到的目标，这样的目标不仅不能给自己带来动力，有时反而促成了自己的惰性。因此，要正确地评价自己的能力，将目标设置得略高于自己所能达到的程度，以鞭策自己不断努力。第三，计划最好具有可测量性。制订计划时，避免使用诸如"良好""不错""不差"等模棱两可的词语，应将计划达成的目标量化，使得在自检时能更好地找到目标与努力程度的差距。

提前制订计划是为了更好地指导自己和检查自己，但计划并非行动的唯一准则，在实际操作中，也许会遇到很多事先没有考虑周全的问题，那么这个时候就需要我们相应调整计划或者灵活地处理计划与现实之间的矛盾。

(3) 善于"创造"时间。前文提到过，时间是最稀缺的资源，是不可再生、不可逆转的。这里却要"创造"时间，两者是否矛盾呢？我们要学会"创造"时间，就是要我们学会在有限的时间里，寻找更多经常被我们忽略或浪费的时间。我们常常在排队、等车的时候花费很多时间，想想我们是否可以利用这些时间做一些别的事情呢？其实时间就是这样一点一点挤出来的，积少成多，在时间公平分配的情况下，你就可以拥有比别人更多的时间。

(4) 提高做事效率。提到时间，我们就会讲到效率。的确，要管理好自己的时间，就要有高效率的执行力。当确认了方向，要去做一件事时，就应该雷厉风行地去做，并且做好，不能三天打鱼两天晒网。等待和拖拉只会使自己越来越没有行动的热情和力量，久而久之就会养成拖拉的习惯，一件一件的小事情就会像滚雪球一样越滚越大，当你发现时已经无法解决了。

因此，我们在做每一件事情时，先想好采取怎样的方法和途径能达到最好的效果，然后一心一意地去执行。对每件事情，我们也要分清主次，主要的问题先解决，然后解决次要的问题，一个一个处理。这样既有条理，又能在无形中提高做事的效率。

5. 学会沟通

沟通也需要学习吗？回想我们的日常生活，室友之间也经常为一些小事闹得不愉快。比如，李同学在家养成了经常晒鞋子的习惯，一天艳阳高照，他想把大家的鞋子都放到室外晒晒，但是窗台太小放不下所有的鞋子。李同学心想自己的鞋子经常晒，这次就先晒其他室友的，于是他就把其他三个不在寝室的室友的鞋子放到窗外去晒。没想到等他出去上课后，突然卜起了暴雨。当大家下课赶回寝室时，窗外的鞋子也全"泡汤"了。李同学觉得虽然结果不好，但自己是在做好事，应该不会被室友误会，所以只是诚心地说了一句"对不起"就没再作其他解释。而其他三个同学虽然嘴上没说什么，但是心里都觉得李同学是在故意捉弄他们。从此，他们就开始疏远李同学。这个真实的案例说明，沟通并不简单，沟通需要学习。一方面，沟通不仅仅是简单的对话，而是知己知彼的心灵交流。良好的沟通建立在高情商之上，高情商的人自省能力强，是善于聆听自己内心的人，他们能很好地将自己的情绪调整到一个最佳状态，并用流畅的语言和得体的动作表达感情，在与人交往时，他们很容易实现有效沟通。因此，良好的沟通必须从了解自我开始，了解自己的情绪变化，摆正自己的位置，在沟通中才可能扬长避短，达到沟通的目的。另一方面，只有了解自己的情绪才能更好地了解他人的情绪，也就是我们常说的"换位思考"。沟通时，多设想如果自己在对方的处境下，会有怎样的感受。先了解自己的感受，这样才能更真实地了解对方的感受。

沟通时还必须尊重对方的感情。只有尊重对方的感情才能赢得对方的信任。在信任的基础上，沟通的双方才会有心与心的交流。此外，在沟通时还要学会控制和调整自己的情绪。由于每个人的立场、获得的信息、价值观等不同，每个人对待问题的态度也会有所不同。因此，在沟通中难免会出现观念上的差异甚至抵触的情况。这时候，就需要我们控制和调整自己的情绪，不能大动干戈、恼羞成怒。待双方都调整好各自的情绪，恢复平静、理智的心态时，再作沟通也为时不晚。

6. 培养团队精神

团队精神就是团队成员为了共同的目标和利益而相互协作、尽心尽力的意愿和作风，是将个体利益和整体利益相统一从而实现团队高效率运作的动力，其核心就是团队成员具有共同的理念、信念和目标。

前复旦大学校长杨福家院士认为，21世纪的高等教育，第一个要强调的就是教会学生怎样做人，如何在团队中与人相处。他说："今天的科学试验已经不像20世纪初那样，仅靠一两个人就可以获得科研成果了，就拿发现第六个夸克(顶夸克)存在的证据来说吧，发现者是两个实验组，每个实验组都超过300个工作人员，加起来将近800人。身为其中之一，要与其他人很好相处，讲起来容易，做起来并不容易。很多人从小就是尖子，尖子与尖子碰到一起，肯定有人不再成为尖子，有些人这时便承受不了。我感到这个课题值得我们每个教师深入思考，如何教育学生与人相处。"

在经济全球化的今天，企业在招聘过程中越来越强调团队精神。企业内部也越来越注重团队建设。与人协作不仅使自己受益也让别人受益，只有懂得协作的人，才能明白协作对自己、对别人乃至整个团队的意义。

培养团队精神，对团队的发展有好处，对团队中的每一个成员的发展也有好处。在这个基础上，我们在培养团队精神时还应注意以下几点。

(1) 热爱组织。热爱组织是培养团队精神的基础和前提。只有热爱组织的人，才能产生与组织休戚相关、荣辱与共的真实感情，始终站在组织的立场克服个人的利己思想，以组织利益为重；也只有热爱组织的人，才能主动维护团队的名誉，自觉维护团队形象。

(2) 形成一致的价值观。一个团队中，如果每个人的价值观相差甚远，就不利于沟通和协作。因此，在一个团队中，应先形成一个基本一致的价值观，在相同的价值观的引导下，团队成员会更容易地团结在一起。

(3) 小我服从大我。在团队中学习或者工作，就要将团队的利益放在第一位，要纵观全局，不可拘泥于眼前和局部。所以，当小我利益与团队利益发生冲突时，应该努力使小我服从大我、个人服从团队。

8.2 人际关系与职业发展

人际关系管理既是情商的重要内容之一，也是在现代社会发展中不可或缺的一种资源。这个世界上具有某种专业能力的人很多，然而并不是每一个人都能获得成功，很多人抱怨自己怀才不遇，为什么？其中一个重要的原因就是这些人在情商方面，尤其在人际关系处理方面有所欠缺。

因此，了解人际关系对职业发展的影响并掌握人际交往的技巧就成了我们在大学期间应该学习的"必修课"。

8.2.1 人际关系是职业发展的重要资源

美国著名的企业家、职业生涯指导专家卡耐基说过这样一句话："一个人事业上的成功，只有15%是由于他的专业技术，另外的85%是靠人际关系、处事技巧。"也许这句话有失偏颇，但是在相同的智商、同等的学历和工作技能的条件下，谁的人际关系好，谁的人脉资源丰富，谁的事业就能得到更好的发展，这一点是不可否认的。

　　"据《华尔街日报》针对人力资源主管与求职者所进行的一项调查结果显示，有95%的人力资源主管是通过人脉关系找到适合的人才，而且有61%的人力资源主管认为，这是最有效的方式。"这一数据至少说明，人际关系在企业招聘过程中是发挥了作用的。对于企业来说，与传统的履历表相比，人际关系是一种更为可靠和准确的求才途径。这是因为，推荐人了解被推荐人的情况，且不会拿自己的信誉开玩笑。对于求职者来说，人脉资源越丰富，他在职场上获得的信息就越多，相对来说，机会也会越多。因此，人际关系是我们职业发展的重要资源，即人际资源。

　　"拉关系、走后门"，求职时过于讲交情，这些做法只适用于计划经济时代或社会转型时期。在市场经济完善的背景下，应聘者只有借助自己的综合实力方能获胜。当应聘者的各项条件没有较大差异时，那么，良好的人际关系和丰富的人脉资源就能成为求职路上的有力武器。

　　人在一生中会结识很多人，同学、校友、师兄弟的关系在人的社会关系中占有很大的比例。从中学到大学，再到进入社会，经过多年的历练，许多同学在社会上取得了一定的社会地位，有了一定的经济基础。能够和曾经一起寒窗苦读的同窗好友联手打天下，无疑是很多人的美好愿望。同学资源是个人人际资源中的重要一项，我们必须学会珍惜同学资源，在平时的学习、生活中与同学建立良好的友谊，构建和谐的人际关系。

　　良好的人际关系可以成为我们有效的人脉资源，并为我们的工作及职业生涯发展创造一个良好的发展空间。

8.2.2　人际交往的原则与技巧

　　作为个人可迁移能力的一个方面，良好的人际交往能力可以为我们带来良好的人脉资源。良好的人际交往能力并非通过理论知识的学习就可以获得，它需要我们在遵循以下5项人际交往原则的提前下，在日常的学习生活中不断地实践和培养。

1. 交互原则

　　社会心理学家强调，我们在人际交往、人际关系的确立与维持中，必须首先遵循交互原则。大量研究发现，人际关系的基础是人与人之间的相互重视、相互支持。任何人都不会无缘无故地接纳我们、喜欢我们。别人喜欢我们是有前提的，那就是我们也要喜欢他们，承认他们的价值，支持他们。

在人际交往中，喜欢与厌恶、接近与疏远是相互的。在一般情况下，喜欢我们的人，我们才去喜欢他们；愿意接近我们的人，我们才愿意接近他们。而对于疏远我们、厌恶我们的人，我们的反应也是相应的，对他们也会疏远、厌恶。古人云："爱人者，人恒爱之；敬人者，人恒敬之。"为什么会有这种现象呢？心理学家福阿夫妇发现，任何人都有保护自己的心理平衡的倾向，都要求自身同他人的关系保持某种适当性、合理性，并根据这种适当性、合理性使自己的行为与他人的关系得到解释。这样，当别人对我们作出一个友好的行为，对我们表示接纳和支持时，我们也会感到"应该"作出回应。这种"应该"的意识会使我们产生一种心理压力，迫使我们对别人也作出相应的接纳行动。否则，我们的行为就是不合理、不适当的，就会妨碍自己以某种观念为基础的心理平衡。

落实交互原则可以从以下方面着手。

(1) 平等互敬。人际交往首先要坚持平等的原则，无论是因公还是因私交往，人与人都没有高低贵贱之分，要以朋友的身份进行交往，才能深交。切忌因工作时间短、经验不足、经济条件差而自卑，也不要因为自己学历高、年轻、貌美而趾高气扬。这些心态都会影响人际关系的顺利发展。

交往小技巧：记住对方的姓或名，主动与人打招呼，称呼要得当，让对方觉得有礼貌、备受重视，给人以平易近人的印象。

(2) 相互包容。主要是指心理相容，即人与人之间的融洽关系，与人相处时的容纳、包涵以及宽容、忍让。主动与人交往，广交朋友，交好朋友，不但交与自己性格相似的朋友，还要交与自己性格相异的朋友，求同存异、互学互补，处理好竞争与相容的关系，更好地完善自己。

交往小技巧：学会面带微笑，学会经常说"没关系"。

2. 互惠原则

人际关系的交互原则强调了人际交往行为的相互对应。在日常生活中，我们更多的时候还需要保持人际交往的对等性。换句话说，人际交往存在功利性。当然，这里的功利不仅仅包括金钱、财物、服务，更多地包含情感、尊重等。也就是说，人们都希望人际交往是值得的。例如，在人际交往中获得知识，得到关心、支持、帮助，或是使感情有所依托等。不值得的交往是没有理由去实施的，不值得的交互关系也没有理由去维持，否则我们无法保持心理平衡。所以，人们的一切交往行动及一切人际关系的建立与维持，都是人们根据一定的价值观进行选择的结果。对于那些对自己来说是值得的，或是得大于失的人际关系，人们就倾向于建立和维持；而对于那些对自己来说不值得，或是失要大于得的人际关系，人们就倾向于逃避、疏远或终止。

互帮互助是互惠原则的重要表现形式。人际交往是一种双向行为，故有"来而不往非理也"之说。只有单方获得好处的人际交往是不能长久的，所以要双方都受益，不仅是物质的，还有精神的，所以交往双方都要付出和奉献。

交往小技巧：常常说"我们……"。

3. 诚实守信

交往离不开诚信。诚信的基本含义是守诺、践约、无欺。通俗地表述就是说老实话、办老实事、做老实人。古有"一言既出、驷马难追"的格言，今有"诚信为本"的原则，这都是要我们做有诚信的人。诚信不仅是一种品行，更是一种责任。就个人而言，诚信是高尚的人格力量；就企业而言，诚信是宝贵的无形资产；就社会而言，诚信是正常的生产生活秩序；就国家而言，诚信是良好的国际形象。在交往过程中，我们不应该信口开河、轻易许诺，一旦许诺就要全力以赴地去实现，以免失信于人。

交往小技巧：作出承诺之前一定再多问自己一遍"真的可以做到吗"。

4. 守法有德

人际交往的复杂性，使交往者在交往中有可能出现不正常的需要和越轨行为。因此，人际关系的发展需要有一个社会准则，这就是法律法规和道德伦理。人际交往中，双方的一切交往活动必须是遵守法律法规、符合道德规范的，是对他人和社会无害、无损的。也只有把这两者作为界定线，我们的人际关系才能得到健康的发展。

在工作领域中，有利于工作和事业发展的人际关系，就应该尽可能地建立和发展；在生活领域中，有助于培养、提高生活情趣，有助于提高生活质量，有助于家庭和睦、邻里团结、社会稳定的人际关系也应积极地建立和发展；在学习过程中，一切有益于交流思想、探讨问题、相互启发、获得知识的人际关系就要努力地建立和发展。

交往小技巧：牢记"己所不欲，勿施于人"。

5. 其他原则

(1) 自我价值保护。大量的社会心理学研究证明，任何一个人，其心理活动的各个方面都存在一种防止自我价值遭到否定的自我支持倾向。我们在人际交往中应该充分注意这一点。

(2) 人际吸引水平增减原则。人际吸引水平增减原则，通俗地讲，是指在人际交往中，我们对别人的喜欢不仅仅取决于别人喜欢我们的量，而且还取决于别人喜欢我们的水平的变化与性质。我们最喜欢的是喜欢我们的水平不断提高的人，而最厌烦的是喜欢我们的水平不断降低的人。

8.3 职场成功的基本要素

一个人在职场上的成功取决于多方面因素，是多项因素相互促进、共同作用的结果。在人才辈出、竞争激烈的新世纪，积极构建多维的智能结构，切实满足动态的社会需求，选择适合个人成长和发展的职业路径，找准职业发展的起点，具备良好的职业化素质是职场成功的基本要素。

8.3.1 构建多维的智能结构

中国的入世加快了经济发展步伐，社会需要更多的高素质复合型人才。因此，想要在未来的职场中备受青睐，大学生在校学习期间就应该构建多维的智能结构，成为社会所需的复合型人才。

何谓复合型人才？专家指出，不仅在专业技能方面有丰富的经验，还具备较高的相关技能。复合型人才也可以说是多功能人才，体现在知识复合、能力复合、思维复合等方面，其特点是多才多艺，能在多种领域中大显身手。

构建多维的智能结构是要求学生在踏实构建和掌握本专业知识体系的同时，根据自己的兴趣爱好以及对社会需求的判断来学习和构建其他相关知识或能力体系。不能片面地理解为各种专业知识和技能都要学一点、懂一点、会一点，成为一个职场"万金油"。相对于"专业型"或"复合型"人才来说，"万金油"型的人在初入职场时能从事的基础性事务工作较多，但是这类人在职场中的最大特点就是"多一个不显眼，少一个无伤大局，可有可无"。因此，当企业需要优化组织结构时，"万金油"型的员工将是最容易被忽视和淘汰的。

为了帮助学生更好地构建多维的智能结构，学校出台了辅修/双学位、第二学士学位等培养办法，为学生提供了能够系统学习跨专业知识、构建复合知识体系的机会和条件。除了有效利用学校提供的机会，作为学生本身，我们还必须通过自学和实践来学习非本专业知识与锻炼相关技能，把自己打造成一个多功能的复合型人才。

8.3.2 满足动态的社会需求

在这个瞬息万变的时代，社会需求在不断地变化和更新。马克思主义认为，社会存在决定社会意识。那么，社会需求是客观存在的，它不以人的意志为转移。我们在职场上也必须遵循这个规律，即任何职业的成功都必须以满足国家、社会和他人的需求为前提。一个人只有密切关注并及时满足职业活动所服务的对象的需求，才能在职场活动中获得成功。

职业源于社会分工与社会需求，而社会需求不是一成不变的，它随着时代的变迁和社会经济的发展而变化。怎样判断动态的社会需求？我们可以从以下三个方面来分析和判断。

(1) 分析国家宏观经济发展及社会发展趋势。社会需求的变化，取决于经济和社会发展的变化。21世纪的中国，将大力发展电子信息、生物工程等高科技产业。而随着国家全面建设小康社会步伐的加快，能源、交通、环保、建筑等行业也将得到更进一步的发展，相关行业的人才，将受到用人单位的欢迎。

(2) 分析国家微观层面经济发展形势。我们必须要了解，各地的经济发展重点不同，对不同行业的人才需求也不同。我国经济发展的不平衡，也导致了不同经济发展水平的地区对不同行业人才的需求的差别很大。

(3) 分析国家政治、经济体制改革发展趋势。在WTO的规则体系下，我国将进一步推进党政机关的机构改革，加强国有企业的现代企业制度建设，完善金融体制，发展多种所有制经济。随着相关政策的调整，汽车业、信息工业、农业、纺织业、媒体业、教育业、文化产业等，都将面临新的发展，也孕育着新的就业机会。

满足社会需求并不是一味否认个人的专业和兴趣，而是要我们在激烈的职场竞争中，学会发现社会需求，并将自己的专业和兴趣与之有机地结合起来，从而抓住机遇，发挥特长与优势。

8.3.3 选择合适的职业发展路径

世界上没有两个完全相同的人，每个人的兴趣爱好、优势特长、价值观等个体特征都是不同的。有的人喜欢与抽象的观念打交道，而有的人则喜欢与具体事物打交道；有的人期望工作能提供给自己足以自由支配的金钱而不惧怕冒风险，而有的人则期望在一定时间内，不会被轻易解雇，收入稳定；等等。不仅每个人的个体特征是有差异的，而且不同的工作对人的要求也是不一样的。在职场竞争中，为什么有的人能够成功，而有的人却屡战屡败呢？就是因为成功者选择了一条适合自己的职业发展道路。因此，在职业发展过程中，除了要满足社会需求，我们还必须选择适合自己的职业发展路径。

"职业辅导之父"帕森斯于1909年提出了人职匹配理论，为我们选择合适的职业发展路径提供了有效的理论工具。帕森斯认为，在职业选择的过程中，最重要的是要做到人职匹配，并强调以下三大要素或条件：①清楚了解自己的能力、能力倾向、兴趣、资源、局限以及其他特质；②清楚了解职业成功必备的条件，以及在不同职业工作岗位上所占有的优势、劣势和补偿、机会和发展前途；③合理推论上述两类资料的关系，做到两者之间的协调和匹配。

人职匹配是个人进行职业选择、职业指导人员进行职业指导以及人才成功学最为经典的理论原则之一。在现实生活中，有些人之所以能在平凡的岗位上，干出不平凡的事情，为社会创造巨大的物质财富或精神财富，根本原因在于他们与所从事的工作匹配度很高，从而能使他们爱业、敬业、乐业。只有做到人职匹配，个人才能适应工作，从而使个人和社会都同时受益。

就业不仅仅是找一份工作，而是应该将我们的性格、兴趣、能力与素质以及价值观等特征与职位相匹配。人职匹配程度越高，说明我们与职位的适应性越强，也就越容易找到适合自己发展的职业路径。只有选择了适合自己的职业发展路径，我们才有可能将个人的能力优势充分发挥出来，将来成才的概率才会大，成才的速度才会快，从而为社会作出更大的贡献。

8.3.4　找准职业发展的起点

孟子曰："天将降大任于斯人也，必先苦其心志，劳其筋骨，饿其体肤，空乏其身，行拂乱其所为，所以动心忍性，增益其所不能。"一代名将曾国藩曾说："天下大事当于大处着眼，小处着手。"他是这么说的，也是这么做的，才使得他最终获得了清廷的信任，将大权牢牢地掌握在自己手中，实现了自己的宏图霸业。

想必每位同学都能明白这样的道理，但是当自己面对职场时，却又成了汉代那位高唱"大丈夫志在千里，何以扫一屋"的陈蕃。很多大学毕业生都眼高手低，一心想着做企业的管理者，而不愿意从事基层和基础的事务性工作，认为那是在埋没人才。要知道基层是积累经验和锻炼能力最好的地方。所有的成功者无一不是从基层、从小事做起，在这些细节中不断实践，总结成功和失败的经验，提升自身的能力，从而一步一步走向成功。

我们应该积极调整自己的心态，认清职场成功的起点就是从小事做起、从基层做起，创业则应从小规模做起。企业需要员工在基层了解和熟悉各项业务和技能，国家更需要我们在基层锻炼各种能力。目前，国家为大学毕业生提供了到基层锻炼的广阔空间和施展才华的舞台。作为当代大学生，我们是新世纪的人才，是未来建设知识经济的中坚力量，是祖国的希望，我们更应该响应祖国的号召，满足国家的社会需求，完成国家、社会所赋予的历史任务，到祖国最需要的地方去建功立业。

8.3.5　具备良好的职业化素质

职业化素质是职场成功的基础。很多人都在谈论"职业化"，那么，究竟什么是"职业化"呢，职业化包含哪些内容呢？很多人都在探讨"职业化"，"职业化"的定义也是五花八门、众说纷纭、莫衷一是。归纳起来，关于"职业化"的真正内涵，大致有如下几种比较有见地的说法。

"职业化"就是职场行为与操守规范，是职业人训练有素的体现，在职业资质、职业态度、职业意识、职业道德、职业行为、职业技能等方面充分符合企业与职场的需要。

"职业化"是国际化的职场准则，是职业人必须遵循的第一游戏规则，是职场人士应具备的基本素质，是国家与国家之间、企业与企业之间、企业与员工之间、员工与员工之间必须遵守的道德与行为准则。想参与职场竞争，想要成为职场中的成功者，想要取得职业生涯的辉煌，就必须懂得和坚守这些职场规则。

"职业化"是一种潜在的文化氛围，是一种在职场中专用的"语言"和行事规则。在职场中的人都用这种"语言"说话，都遵循这种行为和道德准则来办事；而一个非职业人往往不能运用和遵循这种"语言"和行事规则，因此总是和职业人士不合拍，从而给人以"非职业"人士的印象。

"职业化"是一种精神、一种力量、一套规则，是对事业的尊重与热爱，是孜孜不倦的精神，是追求价值体现的动力，是实现事业成功的一套规则。简单地说，就是职业的价值观、态度和行为规范的总和。

"职业化"就是为了达到职业的要求所应具备的素质和追求成为优秀职业人的历程。职业化有很多外在的素质表现，比如着装、形象、礼仪礼节等；也有很多内在的意识要求，诸如思考问题的模式、心智模式、内在的道德标准等。

"职业化"是指按职业的标准化、规范化、制度化的要求塑造自己。即在合适的时间、合适的地点，用合适的方式，说合适的话，做合适的事。

"职业化"就是以最小的成本，追求最大的效益；就是以此为生，精于此道；就是细微之处做得专业；就是用理性的态度对待客户、企业、同事、老板和自身；就是专业和优秀，别人不能够轻易替代；就是不断地进行富有成效的学习；就是责任心、敬业精神和团结协作……

综上所述，"职业化"的基本特征主要有以下几点：①"职业化"就是训练有素、行为规范；②"职业化"就是尽量用理性的态度对待工作；③"职业化"就是细微之处能体现专业；④"职业化"就是思想要奔放、行为要约束、意识要超前；⑤"职业化"就是个性的发展要适应共性的条件；⑥"职业化"就是在合适的时间、合适的地点，做合适的事情；⑦ "职业化" 就是职业技能的标准化、规范化、制度化。

大学生如何逐步成长为一个职业化人士呢？总体来说，应着重培养以下几个方面。

1. 职业资质

职业资质就是从事本职业的基本素质和能力要求，是能够胜任本职业的基本标准，是对从业人员在必备知识和专业经验方面的基本要求。资质是能力被社会认同的证明，如MBA、注册会计师、注册医师、注册律师等就是一种资质。获得一定的资质是具有一定职业标准能力的外在证明。

每一种职业都有相应的职业资质模型，都有一个相对公平、公正的准入标准，从而形成对从事该职业的独特要求，因此，拥有职业资质是职业化最基本的要求。作为一个职业人，必须具有良好的职业资质，这是进入某一职业领域的通行证。例如，会计人员必须获得会计从业证书，律师从业人员必须获得律师资格证书，职业经理人最好能够获得MBA证书，等等。

2. 职业意识

"意识"意味着清醒、警觉、注意力集中等，"意识"意味着受意愿支配的动作或活动。正是通过意识，我们分析因果关系，想象现时不存在的情景和发生的可能性，计划未来的行动，用我们预期的目标来指引行为。职业意识表现为职业敏感、职业直觉，甚至是职业本能的思维过程。

要成为职业人，你需要具备的职业意识主要有：角色意识、目的意识、问题意识、行动意识、变革意识、计划意识、老板意识、客户意识、成本意识、利润意识、市场意识、营销意识、经营意识、战略意识、效率意识、质量意识、责任意识、团队意识、创新意识、服务意识、完美意识、细节意识、舍弃意识、系统意识、健康意识、危机意识、人才意识……

3. 职业心态

人与人之间只有很小的差异，这种差异就是对事对物的态度，这种差异往往造成人生结果的巨大差异，导致成功或者失败。个人事业能否成功，不仅仅取决于才华，最重要的是态度。态度决定行为，行为决定习惯，习惯决定性格，性格决定命运。想改变自己的命运，就要从改变自己的态度开始。

心态将决定我们的生活方式。唯有心态良好，你才会感觉到生活与工作的快乐。

成为职业人，需要具备的职业心态主要有：积极的心态、主动的心态、双赢的心态、包容的心态、自信的心态、给予的心态、行动的心态、学习的心态、老板的心态、羞耻的心态、奉献的心态、服从的心态、竞争的心态、专注的心态、感恩的心态……

4. 职业道德

人类脱离动物界，便产生了道德观，在早期的原始社会就产生了道德的萌芽。道德是随着社会经济的不断发展而不断发展的，没有永恒不变的抽象道德。

人生在世，最重要的有两件事：一是学做人，一是学做事。做人和做事，都必须受到道德的监督和约束。所谓道德，就是依靠社会舆论、传统习惯、教育和人的信念的力量去调整个人与个人、个人与社会之间关系的一种特殊的行为规则。简单地说，道德关注的是人的行为"应该"怎样和"不应该"怎样的问题。

职业道德是指从事一定职业劳动的人们，在特定的工作和劳动中以其内心信念和特殊社会手段来维系的，以善恶进行评价的心理意识、行为原则和行为规范的总和，它是人们在从事职业的过程中形成的一种内在的、非强制性的约束机制。

职业道德是事业成功的保证，职业人必须具有一定的职业道德。职业道德的主要内容：爱岗敬业、诚实守信、办事公道、服务群众、奉献社会……

5. 职业行为

行为是指机体种种外显动作和活动的总和，具体来说是指一个人说了什么、做了什么和想了什么。根据社会伦理和组织所要求的行为规范，每个人的行为都可以分为正确的行为和错误的行为。职业行为就是成为职业人要坚守的正确行事规范。

职业行为包含职业人对工作、对企业、对老板、对同事、对客户、对自己等方面的行为规范。坚守这些职业行为，就是职业化素质的成熟表现。

6. 职业技能

职业技能是工作岗位对工作者的专业技能的要求，职业化必备的职业技能主要有：角色认知、正确的工作观与企业观、科学的工作方法、职业生涯规划与管理、专业形象与商务礼仪、高效的沟通技巧、高效的时间管理、商务写作技巧、团队建设与团队精神、人际关系处理技巧、商务谈判技巧、演讲技巧、会议管理技巧、客户服务技巧、情绪控制技巧、压力管理技巧、高效学习技巧、激励能力提升、执行能力……

思考题

请你谈谈情商修炼对职场发展的重要性。

第9章　自信、潜能与素质拓展训练

　　曾经有一位大学生到一家非常著名的企业去应聘。在等待面试时，他听到面试官询问他前面的面试者一道计算题："12乘以14等于多少？"他听到这个问题时感到非常奇怪，不知面试官的用意何在，但他还是默默地在心里把这道计算题仔细地算了几遍，并把答案记了下来。轮到他面试时，面试官果然又问了他这道计算题，他很快就把答案说了出来。面试官又追问了他一句："你确定这个答案是正确的吗？"这时他犹豫了，虽然他事先就在头脑里计算了好几遍，但他仍然不敢作出肯定的回答，结果他落选了。原来面试官并不是要考他的计算能力，而是要考他的自信心，他的犹豫不决实际上就是他没有自信的表现。可见，对于大学生来说，在大学期间有意识地培养自信心和开发自己的潜能是非常重要的，它将有助于你在职业生涯中更好地把握机遇、发展自己，创造职业和人生的辉煌。

9.1　自信是成功的一半

9.1.1　自信与职业成功

　　在日常生活中，人们常常忽略了自信对于职业成功的重要性，认为一个人要获得职业上的成功，首先要拥有聪明的头脑、杰出的才能、能言善辩的口才、良好的家庭背景……那么，一个人的职业成败真的完全取决于能力的高低或出身的好坏吗？

　　有一个人，他倾其全部财产投资于一个小型制造领域。由于世界大战的爆发，他无法取得他工作所需的原料，因此只好宣布破产。金钱的丧失，使他大为沮丧。于是，他离开了妻子儿女，成为一名流浪汉。他对于这些损失无法忘怀，而且越来越难过，后来甚至想跳湖自杀。一个偶然的机会，他看到一本名叫《自信心》的书。这本书给他带来了勇气和希望，他决定找到这本书的作者，请作者帮助他再度站起来。

当他找到作者，说完他的故事后，那位作者却对他说："我已经以极大的兴趣听完了你的故事，我希望我能对你有所帮助，但事实上我却没有能力帮助你。"他的脸色变得苍白，低下头，喃喃地说道："这下子完蛋了。"作者停了几秒钟，然后说道："虽然我没有办法帮助你，但我可以介绍你去见一个人，他可以协助你东山再起。"闻言流浪汉立刻跳了起来，抓住作者的手，说道："看在老天爷的份上，请带我去见这个人。"于是作者把他带到一面高大的镜子面前，用手指着镜子说："我介绍的就是这个人，在这个世界上，只有这个人能够帮你东山再起。除非你坐下来，彻底认识这个人，否则，你只能跳进密歇根湖。因为在你对这个人作充分认识之前，对于你自己或这个世界来说，你都将是个没有任何价值的废物。"他朝着镜子向前走了几步，用手摸摸他那长满胡须的脸，对照镜子里的人从头到脚打量了几分钟，然后退后几步，低下头开始哭了起来。

几天后，作者在街上碰见了这个人，几乎认不出来了。他的步伐轻快有力，头抬得高高的。他从头到脚打扮一新，看起来很成功。"那一天，我离开你的办公室时，还只是一个流浪汉。我对着镜子找到了我的自信。现在我找到了一份年薪三万美元的工作。老板先预支了一部分钱给我的家人。我现在又走向成功之路了。"他还风趣地对作者说："我正要前去告诉你，将来有一天，我还要再拜访你一次。我将带上一张支票，签好字，收款人是你，金额是空的，由你填上数字。因为你介绍我认识自己，幸好你要我站在那面大镜子前，把真正的我指给我看。"那人说完后，转身走入芝加哥拥挤的街道……

其实，一个人能否获得职业的成功，关键取决于他有没有自信。关于自信与职业成功，有两个非常著名的故事。

故事一：尼克松是我们极为熟悉的美国总统，但就是这样一个大人物，却因为一个缺乏自信的错误而毁掉了自己的政治前程。1972年，尼克松竞选连任。由于他在第一任期内政绩斐然，所以大多数政治评论家都预测尼克松将以绝对优势获得胜利。然而，尼克松本人却很不自信，他走不出过去几次失败的心理阴影，极度担心再次遭遇失败。在这种潜意识的驱使下，他鬼使神差地干出了令他后悔终生的错事。他指派手下的人潜入竞选对手总部的水门饭店，在对手的办公室里安装了窃听器。事发之后，他又连连阻止调查、推卸责任，结果在选举胜利后不久便被迫辞职。本来稳操胜券的尼克松，却因缺乏自信而导致惨败。[①]

故事二：小泽征尔是世界著名的交响乐指挥家。在一次世界优秀指挥家大赛的决赛中，他按照评委会给的乐谱指挥演奏，然而，他敏锐地发现了不和谐的声音。起初，他以为是乐队演奏出了错误，就停下来重新演奏，但还是不对。他觉得是乐谱有问题。这时，在场的作曲家和评委会的权威人士坚持说乐谱绝对没有问题，是他错了。面对在场的所有音乐大师和权威人士，他思考再三，最后斩钉截铁地大声说："不！一定是乐谱错了！"话音刚落，评委席上的评委们立即站起来，报以热烈的掌声，祝贺他大赛夺魁。原来，这是评委们精心设计的"圈套"，以此来检验指挥家在发现乐谱错误并遭到权威人士"否定"的情况下，能否坚持自己的正确主张。前两位参加决赛的指挥家虽然也发现了错误，但终因随声附和权威们的意见而被淘汰。小泽征尔最终因充满自信而摘取了世界指挥家大赛的桂冠。[②]

既然自信对一个人的职业成败有如此重要的影响，那么，到底什么是自信呢？自信，就是受挫不气馁、失败不灰心、顺利不自负，无论在什么样的情况下都坚定不移地相信自己能够获得成功，坚信"我行，我可以"。一个自信的人才能对自身能力进行科学的评估，才能有主见，才能作出他人未做之事。缺乏自信的人，则很容易产生心理上的自我鄙视、自我否定、自我挫败。

一个自信的人，首先是一个敢想的人。敢想就是确立自己的目标，并有所追求。不自信者决不敢想，连想都不敢想当然谈不上什么成功了。著名数学家陈景润，由于语言表达能力差，教书吃力，考评总是不合格。但他发现自己长于科研，于是增添了自信心，致力于数学研究，后来终于成为著名的数学家。

一个自信的人，其次是一个敢干的人。只是敢想还很不够，目标只停留在口头上，无论如何都是不能实现的。一个自信心很强的人，必定是一个敢于行动的人。他绝不会对生活持等待、观望的消极态度，他会在行动中、实践中展示自己的才

---

① 资料来源：http://diary.51.com/item/lizhaohappy/diary/10041197.html

② 资料来源：http://wenku.baidu.com/link?url=3eeYqF1CFAuP0mZRb6KS22CQIrAhlyJkLs2ddJyEK2vc1EvLp53TVWiyWAvZJdJF4ulFRwXu5170lMfAEIndDqO65vJCzDuA2H2HsjvIaH_

华。当然这里说的敢想、敢干，都不是盲目的，更不是主观主义的空想、蛮干。德国精神学专家林德曼通过亲身实验证明了这一点。1900年7月，林德曼独自驾着一叶小舟驶进了波涛汹涌的大西洋，他在进行一项历史上从未有过的心理学实验，预备付出的代价是自己的生命。林德曼认为，一个人只要对自己有信心，就能保持精神和肌体的健康。当时，德国举国上下都在关注林德曼独自驾舟横渡大西洋的悲壮冒险，在此之前，已经有一百多名勇士相继驾舟横渡均遭失败，无人生还。林德曼推断，这些遇难者并非败给了自己的体能，主要死于精神崩溃、恐慌与绝望。为了验证自己的观点，他不顾亲友的反对，亲自进行了实验。在航行中，林德曼遇到了难以想象的困难，多次濒临死亡，他眼前甚至出现了幻觉，运动感觉也处于麻痹状态，有时真有绝望之感。但是只要这个念头一出现，他马上就大声自责："懦夫！你想重蹈覆辙、葬身此地吗？不，我一定能成功！"终于，他胜利地渡过了大西洋。

一个自信的人，还是一个敢于面对现实、不怕挫折的人。其实，人在一生之中难免会遭遇挫折，要想事业有成，就要敢于面对现实、不怕挫折。面对困难，面对逆境，不屈不挠、百折不回。只有敢想、敢干、敢于面对现实而不怕挫折的人，才能事业有成，成为真正的强者。

9.1.2 如何提升自信

关于自信，有这样一个非常有趣的哲理小故事。期末考试时，生物学教授在发试卷前对他的20位高年级学生说："我很高兴这学期教你们，我知道你们学习都很努力，而且你们之中有很多人暑假后将进入医学院。因此，我提议，任何一位愿意退出今天考试的同学都将会得到一个'B'！"学生们欣喜万分，很多学生站起来，走到教授面前，感谢他，并签上了自己的名字。又有一位学生走出教室后，教授看着剩余的少数学生问："还有谁？这是最后的机会了。"又有一个学生站起来，签上名字走了。教授关上教室的门，对着剩余的几个学生说："我对你们拥有的自信感到非常高兴，你们都将得到'A'！"

在日常生活中，人们常常会像那些没有自信的学生一样，因为缺乏自信而失去更好的机会。因此，对于想要获得职业成功的你来说，学会提升自己的自信心是非常有必要的。那么，怎样才能提升自己的自信心呢？

首先，要认识到世界上没有任何一个人是和自己一样的，自己是独一无二的，正因为自己身上的优点和缺点，才构成了"独特的我"。你不必和别人比高低，也不要拿别人的标准来衡量自己，因为你不是别人，也永远不可能用别人的标准来要求自己。

其次，要树立独立的自信心。要学会从自己的角度而不是从社会的角度来评价自己。一个人的自信心并不是通过和别人的比较才能建立起来的，真正的自信心应当是当自己身处逆境或事情未做好时，仍然相信自己能克服困难、能把事情做好。因此，你应学会根据自己的实际情况，树立独立的自信心。

最后，还要善待自己的缺点。一般来说缺点有两种，一种是可以改进的，如不良的学习习惯、恶习等；另一种则是不可能改进的，如身材矮小、相貌不佳以及其他不能矫治的缺陷等。对于那些可以改进的缺点，就应学会勇敢地承认它并积极地去改正它；对于不可能改进的缺点，则要坦然地承认它、接受它，并尝试着通过其他优势的发挥来加以补偿。

你只有相信自己是独一无二的，树立独立的自信心，并学会善待自己的缺点，才能真正地接纳自己，才能找到自信，实现自己的价值。

1. 自我肯定练习

一个人之所以缺乏自信心，是因为他常常采取一种自我否定的思维方式，总是认为"我不行""我的能力很差""我什么也做不了"等，从而极大地影响了生活和事业的成功。要改变这种自我否定的思维方式，就必须不断地进行自我肯定练习，从而改变自己对生活的态度和期望。

一般来说，自我肯定可以默不作声地进行，也可以大声地说出来，还可以在纸上写下来，甚至可以歌唱或吟诵。每天坚持进行有效的自我肯定练习，能够逐步抵消多年的自我否定的思维习惯。你可以这样说，"在我所从事的领域，我是出类拔萃的""我有足够的时间、能力、智慧来实现自己的美好愿望""谁说我比别人差，既然我们考入同一个学校，就证明我不比别人差""每天我都激励自己去实现人生目标""我树立了积极、健康的自我形象""我找到了自信、热情的自我"等。

总体说来，在运用自我肯定时应遵循以下原则：第一，始终要以现在时态而不是将来时态进行肯定。例如，应该说"我现在很幸福"，而不能说"我将来会很幸福"。第二，始终要以最积极的方式进行肯定。肯定所需要的，而不是不需要的。不能说"我再也不偷懒了"，而要说"我越来越勤奋，越来越能干了"。这样做可以保证我们总是创造积极的思想形象。第三，肯定词越简短，也就越有效。肯定应该是能够传达强烈情感的清晰陈述，情感传达得越多，给人的印象越深，如"我真棒"。第四，在进行自我肯定时，尽可能努力创造一种相信的感觉，一种它们已经真实存在的感觉。

2. 制作优点小卡片

找些小卡片，把它们分成两种颜色：一种代表优点，另一种代表缺点，在每张卡片上写一个优点或缺点。可以通过自我反省、询问亲朋好友等形式尽可能多地把自己的优点或缺点记下来。然后确认哪个优点还没发挥，怎么去发挥这个优点；哪个缺点是你可以不在乎且可以忽略的，把这些可以忽略的、不必在乎的缺点去掉。这样做你就会发现自己的优点比缺点多，使你能够集中精力发挥自己的优点，克服自己的缺点。当心情不好的时候，随时把优点小卡片拿出来阅读，进行积极的自我暗示，久而久之，自己对事物的看法也会逐渐变得积极起来。

3. 捕捉成功的心理体验

一个人之所以会缺乏自信心，是因为他体验到了失败的感觉并夸大了这种感觉。因此要增强自信心，就要多创造机会让自己体验到成功的喜悦。首先，要学会正确看待成功和失败，要想使自己能够捕捉到成功的心理体验，就不要轻言放弃，要不怕失败、勇于尝试，如果因为害怕失败而不敢去尝试做某件事，从表面上看确实没有失败，但实际上不敢去尝试也就意味着失去了一次成功的机会。其次，要有意识地去创造成功的体验。其实，看一个人有没有价值，根本不必进行深奥的思考，也不必问别人。有人需要你，你就有价值；你能做事，你就有价值；你能做成多大的事，你就有多大的价值。因此，你可先选择一件自己较有把握也较有意义的事情去做，做成之后，再去找下一个目标。这样，你可以不断收获成功的喜悦，又能在成功的喜悦中不断走向更高的目标。每一次成功都将强化你的自信心，弱化你的自卑感。一连串的成功则会使你的自信心趋于稳固，当你切切实实地感觉到自己能干成一些事情时，你还有什么理由怀疑自己的价值呢？可见，自信是一点一点积累起来的。

4. 不要一味地与别人攀比

俗话说："人比人，气死人。"如果你总是希望自己处处超人一等，必然会变得心胸狭窄，整日被嫉妒心搅得心神不定。所以，不必为自己某些地方比别人强而沾沾自喜，也不必为自己某些方面不如别人而灰心丧气。其实人与人之间是缺乏可比性的，例如，要比较驴与青蛙谁更优秀，如果比跑步，驴要比青蛙优秀；如果比游泳，青蛙则要比驴优秀。因此，你应学会经常暗示自己："我和别人是不一样的，我不和别人比，我只比较自己的现在和自己的过去，并努力发挥自己的潜力。"

9.2 开发潜能

9.2.1 认识潜能

曾经有这样一个真实的报道，有一个年轻的母亲，在她两岁多的孩子睡着后，她就把孩子独自留在家里，到附近的菜市场去买菜。买完菜她匆匆地往回赶，走到居住的楼下时，由于惦记着儿子，她不由得朝自家的窗户方向看了一眼。这一看吓了一跳，她看到窗台上有个黑点在挪动。"糟了！"她大叫一声，疯狂地往前跑，边跑边喊："孩子，不要往外爬！"但是孩子根本听不见，他看到妈妈朝他挥手，兴奋得手舞足蹈，拼命地往外爬。这时要跑到楼上去阻止儿子已经来不及了，这位母亲想无论如何都要在孩子掉下来以前接住他，于是她就拼命地往前跑。结果在孩子掉下来的一刹那，这位母亲刚好跑过去伸出双臂把孩子稳稳地接住了。这件事在当地引起了轰动，电视台记者也来了，他们要重现这一人间奇迹。于是，他们找到这位母亲，用一个布娃娃做实验，让她把布娃娃接住。可是，试验了一次、两次、三次，都失败了，这位母亲根本接不住这个布娃娃。

为什么会这样呢？心理学家认为，这是因为在孩子掉下来的一刹那，这位母亲自身的潜能被激发出来了，而事后却再也没有办法把潜能调动起来。这里的潜能，是指人类原本具备却从未使用的能力，也就是存在却未被开发与利用的能力。

有的心理学家认为，潜能深藏在人类的深层意识当中，也就是潜意识当中。潜意识是由精神分析学派的创始人弗洛伊德提出来的。弗洛伊德认为，所谓的潜意识是相对于意识而言的，是你意识不到却又实实在在影响你的行为和心理活动的心理结构，它不能被你直接观察到，无论你如何向内或向外搜索，都是徒劳的。弗洛伊德还认为，意识犹如冰山浮出水平面的一角，而潜意识就是埋藏在水平面下方那不知多厚、多大的部分。也就是说，人类没有开发出来的潜能，就犹如埋藏在水平面下那不知有多厚、多大的冰山一样，是非常巨大的，而人类所显现的能力只是冰山浮在海面上的一角而已。

现代科学也证实，人类的大脑确实有着巨大的潜能。据科学研究发现，大脑约有140亿个可划分为5000万种不同类型的神经细胞，神经纤维总长为地球至月球之间距离的4倍。这些神经细胞可以储存的信息量为1015比特，是美国国会图书馆(藏书1000万册)藏书所含信息量的50倍，而其传递信息的速度为100米/秒。如果一个人能够发挥自己一半的大脑功能，那么可以轻易学会40种语言、背诵整本百科全书、获得12个博士学位……

但遗憾的是，人类在日常生活中只发挥了自身能力的极少一部分。世界上最聪明的人也没有使用其储存量的1%。也就是说，人们的聪明才智还远未被充分发挥出来，它们仍处于沉睡之中。如美国学者詹姆斯研究发现，普通人只开发了他所蕴藏的能力的10%，与应当取得的成就相比较，人类不过是半醒着的，只利用了身心资源的很小很小的一部分。著名的心理学家奥托则认为，一个人所发挥出来的能力，只占他全部能力的4%，也就是说，人类还有96%的能力未发挥出来……

如果这些说法正确，导致潜能未被完全开发的原因又是什么呢？随着脑生理科学的发展，人们已对脑组织及脑功能有了更多的了解。早在1983年，心理学家已将人们的才能划分为独立的7个类型，它们分别是：语言才能、音乐才能、数学才能、空间认识才能、肌肉运动才能、自我认识才能和外界认知才能。当然，仅就这种区分而言，还可以认为这是一种人为的抽象行为。但令人感兴趣的是，最新的脑生理科学的发展也证实了在人们的大脑中存在着与这7种才能相对应甚至种类更多的神经传导系统。它们相互独立，功能各异，且每一个传导系统还存在着更为细小的独立传导系统。而所有独立的传导系统最终都汇集到大脑的前头连合区，由前头连合区综合协调各个神经传导系统，亦即人们的各种才能。由此似乎可以说，就一位杰出的数学家而言，他之所以杰出，仅是因为他的数学才能被充分发挥了，但他的其他才能却可能仍然处于休眠状态，如果他能对自己的其他才能加以发掘，他完全可能集数学家、外科专家甚至运动健将的头衔于一身，因为人类的大脑组织已为人类创造了一种可以获得任何才能的先天条件。据此，也就不难理解为什么有的人甚至连加减法都难以学会，却具有出色的绘画或音乐才能；有的人虽然因病失语，但他的计算能力依然不变；有的人虽然语言能力健全，但是一出门就找不到回家的路……原因就在于大脑的不同功能系统都是相对独立的，局部的功能障碍不一定会引起其他功能的衰退，有时反而会促进其他功能的发展。

9.2.2　潜能开发的方法

科学事实证明，任何一个平凡的人都蕴藏着巨大的潜能，只要他的潜能得到发挥，就可以干出一番惊天动地的事业。因此，作为当代大学生，在对自己的职业生涯进行规划时，必须要重视自身的潜能开发和利用，才能真正地有所作为。那么，怎样才能更好地对自己的潜能进行开发和利用呢？

1. 明确你最想要的

有这样一则寓言故事。过去，在同一座山上，有两块相同的石头。三年后，两块石头发生了截然不同的变化，一块石头被雕刻成了神像，每天都受到很多人的敬仰和膜拜，而另一块石头却被雕刻成了木鱼，每天都要让和尚在自己身上敲出"哆哆"的声音。"木鱼"石头极不平衡地说道："老兄呀，在三年前，我们曾经同为一座山上的石头，今天产生这么大的差距，我的心里特别痛苦。""神像"石头答道："老兄，你还记得吗？在三年前，曾经来了一位雕刻家，你害怕割在身上一刀刀的痛，你告诉他只要把你简单雕刻一下就可以了，而我那时对未来充满向往，不在乎一刀一刀割在身上的痛，所以产生了今天的差异。"

为什么相同的两块石头却得到了如此不同的待遇呢？它们的差别就在于："神像"石头非常明确自己想要的，所以忍受着割在身上一刀刀的痛，努力地塑造自己，最终成为人人敬仰的神像！而"木鱼"石头并不明确自己想要的是什么，随遇而安，最终则只能成为无人关注的木鱼。其实，人与人之间的际遇又何尝不是如此呢？也许同是儿时的伙伴、同在一所学校念书、同在一家单位工作，经过若干年后，你会发现儿时的伙伴、同学、同事都变了，有的人变成了"神像"石头，而有的人则变成了"木鱼"石头。能够变成"神像"、实现自己的理想和目标的人，是因为他们非常明确自己将要怎样生活在这个世界上、未来将要成为一个什么样的人、自己最想得到的是什么。如果一个人不明确自己最想要的是什么，就会像一辆没有方向盘的超级跑车一样，即使有最强劲的发动机，也不知道该跑到哪里去。

"人生教育之父"卡耐基说："我们不要看远方模糊的事情，要着手身边清晰的事物。"不管你是希望拥有财富、事业、快乐，还是期望得到其他东西，都要明确它的方向在哪里、我为什么要得到它、我将以何种态度和行动去得到它。

因此，大学生在进行职业生涯规划时，不妨考虑以下几个问题。

假如给你一次机会，让你选择5个你想要的事物，而且都能让你梦想成真，你第一个想要的是什么？如果只能选择一个，你又会做何选择呢？

假如生命危在旦夕，你一生中最大的遗憾是什么？

假如给你一次重生的机会，你最想做的事情是什么？

一旦发现了你最想要的，就把它明确下来，明确就是力量。它会根植在你的思想意识里，深深烙印在脑海中，让潜意识帮助你达成想要的一切。在这个世界上没有做不到的事情，只有想不到的事情，只要你能想到，下定决心去做，你就一定能得到。

2. 培养积极的心态

心态是指一个人对自己、对他人以及对生活所持有的态度、评价和看法。积极的心态是指一个人无论面对怎样的处境或困难，都始终能够保持一种积极、乐观、向上的态度、评价和看法；在看到事物不利的方面的同时，更能看到有利的方面以及希望，从而增强信心，始终保持积极的情绪多于消极的情绪。而消极的心态则刚好相反。

关于心态与个体的潜能开发和利用，有两则流传很广的故事。

故事一：两个推销员到非洲推销皮鞋，第一个推销员看到非洲人都赤着脚，感到非常沮丧："这些人都没有穿鞋子的习惯，怎么会买我的鞋子呢？"于是他失望地打道回府了。另一个推销员看到非洲人都赤着脚，感到惊喜万分："这些人都没有鞋子穿，看来这里的皮鞋市场潜力大得很呀！"于是想方设法向非洲人推销皮鞋，最终获得了成功。①

故事二：一个妇女陪丈夫驻扎在一个沙漠中的陆军基地里，丈夫经常外出演习，她一个人留在陆军的小铁皮房子里，奇热无比，又无人和她聊天，周围都是不懂英语的墨西哥人和印第安人。她很难过，写信对父母说她想回家去。她的父亲给她回了一封信，信中只有两行字，但这两行字却永远留在她心中，并改变了她的生活。这两行字是："两个人从牢中的铁窗往外望，一个看到的是泥土，另一个却看到了星星。"从此，她决定在沙漠中找到星星。她观看沙漠的日落，寻找几万年前留下来的海螺壳；她和当地人交朋友，互送礼物；她研究沙漠的植物……她把原先认为最恶劣的生活遭遇变成了自己一生中最有意义的冒险，并为此出版了一本书——《快乐的城堡》。②

其实，对那两个推销员来说，他们面对的是同样的处境，为什么一个获得了成功、另一个却失败了呢？那位妇女，她的环境并没有改变，为什么她能从原来的沮丧中摆脱出来并获得成功呢？这是因为他们的心态不同，结果也就截然不同。当人面临困境时，消极的心态会让人退缩，并陷入失败的深渊；积极的心态会让人积极、乐观，并获得意想不到的成功。可见，心态在很大程度上决定了一个人能否在事业上取得成功。一个人拥有了积极的心态，就相当于成功了一半，因为积极的心态有利于潜能的开发和利用，而消极的心态则会抑制潜能的开发和利用。

那么，怎样才能拥有积极的心态呢？

首先，要避免用"绝对化的要求"来要求自己。所谓绝对化的要求，是指一个人总是以自己的意愿为出发点，对事物怀有必定发生或不会发生的信念，这类信念常与"必须""应该"等词语联系在一起。例如，有的人认为"我只要付出了努力，就必须获得成功"，但事实上一个人的成功除了和个人的努力程度有关之外，

---

① 资料来源：http://wenku.baidu.com/link?url=zAKtzY_Joi6yXB0sxVHYdSxENpNBGYrhz2Yle_83kpipCOjZ1SouwEGA12uNz5_MK6kTAiKSVCvgAeKJVjmjExlbxWd21r1xY4lT5psu5gy

② 资料来源：http://www.docin.com/p-386639978.html

还受到许多因素的制约。如果一个人不考虑实际情况，只是绝对化地要求自己只要付出努力就必须获得成功，一旦失败，就很容易产生消极的想法。

其次，要避免"过分概括化"地评价自己。过分概括化是一种以偏概全的不合理的思维模式，其特征是以一件事或几件事来评价自身的整体价值。例如，当你在求职时接二连三地遭到了拒绝，你就对自己产生了怀疑，认为求职失败是因为自己没有能力、自己不行造成的，这就是一种以偏概全的过分概括化的想法。事实上，你在求职时接二连三地遭到了拒绝，有可能是因为你没有根据自己的优势和特点来寻找用人单位，或者是你应聘的单位并不适合你，而不是因为你没有能力。如果你总是"过分概括化"地评价自己，就必然会抑制潜能的开发和利用。

最后，还要避免"糟糕至极"的想法。所谓糟糕至极，就是认为一件不好的事情发生后会带来非常糟糕的后果。例如，当你某次求职遭到失败后，你就认为再也没有单位会录用你，不管自己再怎么努力也都不可能找到工作了，结果越想越没有信心，再也提不起求职的劲头来。这就是一种糟糕至极的想法，它会使你对自己丧失信心，从而抑制你去开发和利用自己的潜能。

3. 运用积极的自我暗示

心理暗示在我们的日常生活中可以说是无所不在的。例如，你在购买商品时常常会不自觉地购买电视广告介绍的商品，这实际上是因为你每天被迫重复观看那些广告，广告不断地暗示你，影响你的判断力，你就在不知不觉中相信它了。

心理暗示，是指通过语言、动作，以一种含蓄的方式，对自己或他人的认知、情感、意志以及行为产生影响的心理活动过程。而自我暗示是心理暗示的方法之一，是指自己利用心理语言来影响自己的情感、意志以及行为的心理活动过程。

不同的心理暗示，往往会对人的行为产生不同的影响。例如，你本来约好星期天和朋友出去玩，可是早上起来往窗外一看，下雨了。这时候，你如果想："真糟糕！下雨了，哪儿也去不成了，闷在家里真没劲！"你就会感到非常沮丧，再也提不起做事的兴趣来了。但你如果能换个角度想："下雨了，也好，正好可以在家里读读书、听听音乐。"你就会兴致勃勃地去做你想做的事情。可见，心理暗示对人的影响有两种，一种是消极的，一种是积极的。消极的心理暗示会让你心情沮丧，行动消极；积极的心理暗示会让你情绪振作，行动积极。

一些科学事实也证实了心理暗示对人确实有两种不同的影响。

故事一：第二次世界大战期间，有一个囚犯被判处了死刑，科学家告知他将被以放尽血液的方式处死。行刑时，死囚被带到一间隔音的房间里，捆绑在床上，蒙上眼睛，随后他感到有人用刀在他的手腕上割了一下，并听到了血"滴答、滴答"往下流的声音。10个小时后，死囚的心脏停止了跳动。事实上，死囚的手腕并没有被割破，他所听到的"滴答、滴答"的声音是科学家事先准备好的一个滴水装置发出的声音。那么，这个死囚为什么会死掉呢？就是因为他不停地暗示自己："糟了！糟了！我的血在不断地往下流，我很快就要死掉了！"在这种消极的自我暗示下，他果然死掉了。①

故事二：20世纪初，一位很有名气的法国药剂师在出售药品时，遇到了一位没有处方的顾客，一直缠着他要买一种能治好他的顽症的药。这个药剂师很无奈，为了打发他走，就给了他几颗没有药性的糖衣片，并对该药的药性大大鼓吹了一番，终于把这位顾客打发走了。数日后，这位顾客又找到了这位药剂师深表感谢，说他推荐的药治好了自己的顽症。为什么毫无药性的糖衣片能治好顽症呢？这实际上就是积极的自我暗示在起作用。由于这位顾客对那位很有名气的法国药剂师的医术深信不疑，在这种积极的自我暗示下，几颗没有药性的糖衣片就变成了灵丹妙药，治好了他的顽症。②

因此，你如果想要更好地开发和利用自己的潜能，就应学会合理地利用心理暗示。你要有意识地经常进行积极的自我暗示，并长期坚持下来，才能够使积极的自我暗示自动地进入潜意识，左右你的思维，改变你的潜意识，形成良好的习惯。潜意识就像一片肥沃的土地，如果不在上面播下成功意识的良种，就会野草丛生、一片荒芜。自我暗示就是播撒种子的控制器，你要经常进行积极的自我暗示，利用潜意识不分真假的原理，从而达到用积极的想法渐渐取代消极的想法的目的，自动地

① 资料来源：http://www.docin.com/p-738160755.html
② 资料来源：http://wenku.baidu.com/link?url=qaMu2w4ZY1tnMCA8SGgO5DbPBC54NnIGTz_XGte XKp4W2W0UUS3W7PKYJpYz530EQt7o8Agzvmh-kQiarFUCQlck4IUZ7ubdJJHDMmgYCEy

把成功的种子和创造性的思维植入潜意识的大片沃土，为潜能的开发和利用打下坚实的基础。

4. 听音乐开发大脑潜能

近些年来，随着科学的进步和社会的发展，人们对大脑潜能的开发越来越重视。其实，音乐是开发大脑、健脑益智的绝好方式，健脑益智的最简单易行的办法就是经常听一听那些婉转悠扬、旋律优美的音乐。历代学者、医学家多推崇此法，中国元代就曾有音乐治愈元帝的健忘症之说。

近年来，国内外许多专家认为音乐具有开发右脑潜能、调整大脑两个半球功能的奇特功效。例如，美国加利福尼亚大学戈登·肖教授将78名3岁到4岁且智力水平相当的幼儿分成三组，一组学习莫扎特和贝多芬的音乐曲，一组学习计算机，一组不接受训练。结果，9个月后，他通过拼图游戏对这三组孩子进行智力测试时发现，学习音乐的孩子智力得分平均提高35%，而另两组孩子则几乎没有提高。现代科学还发现，音乐对神经系统的影响可直接从脑电图中得到验证。音乐对大脑电波活动的影响十分明显，优美的音乐能对脑电波活动产生有益的作用，特别是舒缓安静的乐曲，常使脑细胞的电波活动与曲子的频率趋于同步化，而当曲子频率加快时，大脑的兴奋程度也相对增加，使大脑更能集中注意力，思维功能得以加强。

科学研究证明，音乐对智力确实有启迪作用，而且长期听音乐，还可以明显改善记忆力。其中的道理何在呢？这是因为，人的大脑分左、右两个半球，大脑左半球负责完成语言、阅读、书写、计算等工作，被称为"语言脑"；大脑的右半球负责完成音乐、情感等工作，被称为"音乐脑"。一般情况下，只有一个半球起主导作用，比较发达的这个半球叫"优势半球"。"优势半球"在左侧的人，即左脑发达的人喜欢抽象思维；而右脑发达的人喜欢形象思维。一般情况下，右脑不如左脑工作量大，尤其是在紧张的学习和工作中，左右脑的活动程度更加悬殊。进行逻辑思维的左脑往往忙得不可开交、疲惫不堪，而右脑却有较多的空闲，从而造成左右脑的功能失调。由于"音乐脑"能使人产生创造力、联想力、直观力、想象力及灵感，所以如能设法开发利用"音乐脑"，将会提高人类的智能。著名心理学家劳伦斯强调："只有当大脑右半球即'音乐脑'也得到充分利用时，这个人才最有创造力。"

因此，非常有必要通过听音乐等手段来开发右脑的功能。不过需要指出的是，节奏异常强烈的音乐听多了反而对大脑有害处。

9.3 素质拓展训练

拓展训练，又称"外展训练"，英文为Outward Bound，意思是一艘小船离开安全的港湾，勇敢地开始探险历程，去接受一个个挑战，战胜一个个困难。这种训练起源于第二次世界大战。当时，许多英国军舰在遭到德国潜艇袭击后沉没了，只有少数人在灾难中幸存，但幸存者并不是体能最好的人，而是求生意志最强和经验丰富的老兵。他们顽强抗争，坚持到最后。针对这种情况，汉思等人创办了"阿伯德威海上学校"，训练年轻海员在海上的生存能力和船触礁后的生存技巧，使他们的身体和意志都得到锻炼。战争结束后，许多人认为这种训练仍然可以保留。于是拓展训练的独特创意和训练方式逐渐被推广开来，训练对象也由最初的海员扩大到军人、学生、工商业人员等各类群体，训练目标也由单纯的体能、生存训练扩展到心理训练、人格训练、管理训练等。

9.3.1 素质拓展的基本方法

1. 社会实践与志愿服务

培养学生的奉献意识、社会责任感，使学生接触社会、了解国情，并在实践中提高解决实际问题的能力，从而提升全面素质。广大学生应重视社会实践活动，积极参与寒假和暑期的社会实践活动。

2. 学术科技与创新创业

努力营造校园内的科技氛围，培养学生的创新意识。开展科普宣传活动，举办科技宣传周活动、社区科普宣传活动，了解科学知识，培养科学精神；开展课外学术科技活动，组织电脑科技竞赛、网页设计竞赛、Flash设计竞赛等活动。

3. 文化艺术与身心发展

开拓创新、提升层次，建设先进的校园文化；挖掘学生潜能，拓展学生素质。在开学初列出详细的学生活动菜单，供学生选择，保证活动的内容丰富多样，满足学生对各种活动的要求。如英语演讲比赛、主持人大赛、联欢晚会、各类体育比赛等。

4. 社团活动与社会工作

充分发挥学生社团组织的积极性和创造性，鼓励学生社团开展具有社团特色的校园文化活动，并加强对社团干部的培养。

5. 开展专业的体质拓展训练

高空项目：攀岩、巨人梯、求生墙、小泰山、绳网、空中飞人、空中抓杠等；

平地项目：信任背摔、蜘蛛网、电网、核弹头、创新呼啦圈、盲人摸号、团队舞等；

水上项目：游泳、跳水、扎筏、划艇、漂流等；

野外项目：天然攀岩、速降、拉练、野外生存、露营、汽车越野等。

9.3.2 户内游戏

1. 生涯拍卖

1) 活动目的：职业价值的选择

(1) 认识价值观。

(2) 了解自己的价值观。

本主题活动主要应用角色扮演和价值辨析两种心理辅导方法，通过价值澄清，让学生自我反省，对自己的行为负责任，从而澄清自己的价值观。

2) 活动规则和程序

(1) 给每人发一张纸，纸上打印：①豪宅；②巨富；③一张取之不尽、用之不竭的信用卡；④美貌贤惠的妻子或英俊博学的丈夫；⑤一门精湛的技艺；⑥一个小岛；⑦一所规模宏大的图书馆；⑧长命百岁；⑨一个勤劳的仆人；⑩三五个知心朋友；⑪一份价值50万美元并每年可获得25%纯利收入的股票；⑫名垂青史；⑬一张免费周游世界的机票；⑭和家人共度周末；⑮直言不讳的性格和百折不挠的勇敢。

(2) 每人象征性发给1000元，代表一生的时间和精力。

(3) 将15项人生的美事和优良品质作为商品逐一进行拍卖，参与游戏的人员可以用自己手中的积蓄购买这些商品。100元起拍，欢迎竞价。

(4) 当主持人连喊三遍，无人再出高价的时候，锤子就会落下，这项"商品"就属于你了。

3) 组织学生讨论

(1) 你为什么要用全场最高价得到此样东西？

(2) 有的同学什么都没有买，为什么？

(3) 在拍卖过程中，你有什么感受？

(4) 假如现在已经到了生命的终点，你是否会对自己的选择感到后悔？这个东西是否是你最想要的？

(5) 金钱是否能带来幸福和欢乐？有没有一些东西比金钱更重要？

2. 沟通训练

1) 活动目的

一个人的成长和事业的成功都是从沟通开始的。通过沟通中的语言、非语言训练增进友谊，把握交往中的用语、语气、语调及行为表现，可使对方理解你的心情和用意，达到互相沟通的目的。同时也要学会观察别人的语言表达和行为表现。通过训练活动，可使同学们进一步认识和了解人际沟通的特点。

2) 活动程序

(1) 将全体成员分组，每组8～10人。

(2) 宣布确定的4组对话。

甲：你好。

乙：你好。

甲：今天天气真好啊！

乙：喂，不错。

甲：你今天有空吗？

乙：有什么事？

甲：我想……

乙：……(可自由发挥)

(3) 宣布要求：①各小组经过讨论后，必须选出一位男生、一位女生作为代表参加表演。②参加者通过必要的语气和体态重复表达这4组对话。③每一组要变换4种身份来表演，即正常的普通朋友、想确定恋爱关系的朋友、有成见且见面就互相讨厌的人、警察与小偷。

表演特殊要求：充分表达4类不同身份的人物的心态和行为，表演要到位，不同身份要对应不同的表情、动作、姿态。

(4) 在全体成员中选出3～5人组成裁判小组。

3) 具体操作

(1) 各小组任意一男、一女展开练习，其他人可以提改进意见。

(2) 各小组选出一位男生、一位女生作为代表参加表演。

(3) 准备好的小组可以先上场表演，其余人观看。

(4) 表演者须变换4种不同的身份来表演。

(5) 裁判宣布评分结果，选出最佳表演者。

(6) 大家畅谈表演的感受和体会。

3. 思维训练

1) 活动目的：创新能力的培养

(1) 让学生明确创新思维不是一件难事。

(2) 了解创新思维的方法。

创新思维是一种智力活动，是一种发现问题、积极探求的心理取向，是一种善于把握机会的敏锐性，是一种积极改变自己、改变环境，创设条件以解决问题的应变能力，它是人类思维活动的高级过程，是一种复杂的心理活动。创新意识，就是求佳求异意识。这种意识表现为好奇性、想象性、敢于冒险、敢于向困难和权威挑战等心理倾向。创新思维不是与生俱来的，教育在创新思维的培养和发展中起着无法替代的作用。因此，关注学生创新思维的培养是素质教育的灵魂。

2) 活动过程

游戏准备：准备如图9-1所示的影印件。

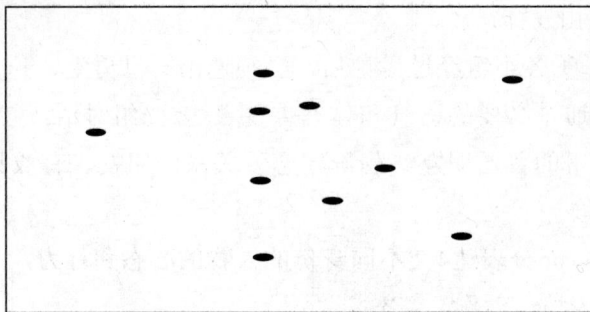

图9-1   创意训练图

游戏程序：请用笔连接图上所有的点，看谁连接出来的最富有意义。

提示：如可以画出一个五角星等。但是富有创意的结果，远远超出我们的想象。

3) 组织学生讨论

(1) 你觉得创新难吗？

(2) 如何进行创新？

教师小结：创新思维包含发散思维(从不同的角度思考问题)、横向思维(从问题的外部思考)、逆向思维(从反面思考)、联想(运用模仿、对比、类比等手段)。创新思维具有开放性、自主性、独创性以及连续性。创新思维不是与生俱来的，所以应积极培养自己的创新意识和创新能力。

9.3.3   户外素质拓展

户外素质拓展运动课程是集体育、教育、心理、植物、动物、地质、地理、旅游、探险、法律等众多学科于一身的新型户外运动项目，是以学生为主体，以"先行后知""边行边知""愈怕愈行"等为目的的体验式的学习方式，打破了传统的以"教"为主的教育模式，让学生在愉快、积极、刺激的参与中，在大自然中，学到知识、掌握技能、领悟道理。

户外素质拓展课程通过信任背摔、死亡电网、空中抓杠等一系列游戏，运用体验式教学方式，使学生在不知不觉中提升自己。通过参加野外生存训练能让学生在参与中体会到团队协作的意义和与人合作的方法。这样的拓展训练，可使学生认识自身潜能，增强自信心，以开放的心态应对变化，积极进取，磨炼战胜困难的意志。同时，能让学生认识群体的作用，增进对集体的参与意识与责任心，改善人际关系，学会关心人，更为融洽地与群体合作。

1. 信任背摔

1) 活动目的

(1) 克服心理恐惧。

(2) 活跃集体气氛，增强团队凝聚力。

(3) 促进相互信任和理解。

2) 活动准备

(1) 一块平整的场地。

(2) 所需器材：①背摔台一个，约150厘米高；②捆手布2～3条，约60厘米长；③体操垫一块。

(3) 人员要求：10人以上35人以下，组成若干小组，参与人为15人以上时，约需70分钟。

3) 活动布置

(1) 集合学生，介绍项目名称和活动要求。

(2) 活动要求学生轮流站在高台上双手握于胸前，直立向台下倒下，台下有全体学生保护其安全。

(3) 挑选10～20名下方保护人员，摆成保护伞姿势。要求一对一地面对面排队，双臂向前平举，伸到对面学生胸前，与对面学生双手相握，形成"手臂垫"。

双腿呈弓箭步，学生倒下去要注意手臂用力，抬头看着倒下的队员。将倒下的学生接住后，用"双腿抬肩法"将学生平稳放下。在开始之前，教师应先用身体下压学生手臂，让学生感受到重量并提供足够的托力。

(4) 教师站在台上，用捆手布将学生的手捆住。从捆上布条到喊完口号前，教师必须用手握住布条以防学生突然倒下。教师站在学生侧旁，提醒台下学生注意后，可以开始让所有学生按顺序完成该项目。

(5) 上下口令要统一。

台上学生大声问台下学生："准备好了没有？"

台下学生齐声回答；"准备好了！"

台上学生听到回声后，大声喊："一，二，三！"

口令呼应完后，台上学生直接挺身向后倒下。

4) 注意事项

(1) 要求全体学生摘去手表、胸针、发卡、眼镜等可能造成伤害的物品；

(2) 第一位背摔者可以由学生自报，但要将体重比较轻的学生排在第一位，体重较重的学生应排在中间，并可以适当地增加保护人员；

(3) 有心脏病、脑血管病、高血压及严重腰伤者不能参加；

(4) 背摔台的四脚应稳固结实；

(5) 要注意台面木板是否结实；

(6) 防止学生倒下时将教师同时拉下；

(7) 教师在台上后移时应注意防止摔下；

(8) 教师要检查背摔者身上是否有硬物等危险物品；

(9) 未经上下口令呼应不得操作；

(10) 台下学生接住台上学生后不得将其抛起；

(11) 禁止将接住的学生顺势平放在地面上。

5) 讨论

(1) 谈谈突破心理障碍和挑战自我的意义；

(2) 通过对比看和做之间的心理差别，体会换位思考和相互理解的重要意义；

(3) 体会相互信任的重要性；

(4) 理解按要求进行挑战是最安全的；

(5) 有些事情未能做或未能做好，并不是能力不行而是无法突破心理障碍，而心理素质是可以通过锻炼加强的；

(6) 不是不能做而是不敢做，这不是能力问题而是心理问题；

(7) 无法突破心理保护层的人，现有的能力也很难发挥；

(8) 不断冲破心理保护层是取得成功的关键；

(9) 关键在于不断地突破自己，走出第一步。

2. 连环手

1) 活动目的

团队项目，让学生体会解决团队问题的步骤，了解聆听在沟通中的重要性，以及感受团队合作、永不放弃的精神。

2) 活动准备

(1) 一块平整的场地；

(2) 约15人为一组；

(3) 大约需10分钟。

3) 活动程序

(1) 教师让每组队员站成一个面向圆心的圆圈。

(2) 教师发布指令：“先举起你的右手，握住对面那个人的手；再举起你的左手，握住另外一个人的手。现在你们面对一个错综复杂的问题，即在不松开手的情况下，想办法把这张乱网解开，最后形成一个大家手拉手围成的大圆圈。”

(3) 乱网一定可以解开，但答案会有两种，一种是一个大圆圈，另一种是两个套在一起的环。

(4) 如果在尝试过程中实在解不开，教师允许学生决定相邻两只手断开一次，但必须迅速封闭。

4) 注意事项

不能抓住自己身边队员的手，自己的两只手不能同时抓住另外一个人的两只手。没有教师的批准，在任何情况下，队员的手都不能松开。教师应该多鼓励学生坚持到底，尽量不松手。

5) 引导讨论

(1) 开始时的感觉是怎样的？思路是否很混乱？

(2) 当解开一点以后，你的想法是否发生了变化？

(3) 在这个过程中，你是否体会到“胜利往往就是再坚持一下”？

3. 瞎子背瘸子

1) 活动目的

锻炼学生的沟通配合能力，活跃气氛。

2) 活动准备

(1) 选择一个路段，在路中间设置一些障碍。

(2) 准备眼罩若干。

(3) 两个人一组，选三组进行比赛。

3) 活动规则

选择6名学生，三男三女，组成三个小组。男生背女生，男生当"瞎子"，用眼罩蒙住眼睛，女生扮"瘸子"，为"瞎子"引路，使其绕过路障，达到终点，最早到达者为赢。其中，路障设置可摆放椅子，须绕行；气球，须踩破；鲜花，须拾起，递给女生。

4) 讨论

(1) 在比赛过程中，扮演"瞎子"的男生和扮演"瘸子"的女生在沟通的过程中有什么感受？

(2) 比赛中，你有哪些地方表现得比较好，哪些地方还需要改进？

(3) 你认为在沟通过程中最重要的是什么？

思考题

请你谈谈树立自信心、挖掘潜能、开展素质拓展训练对职业发展的意义。

参考文献

[1] 刘雪梅. 大学生职业能力开发与训练. 大连：大连理工大学出版社，2008

[2] 田超颖. 情商决定人生. 北京：朝华出版社，2009

[3] 高桥，王辉. 大学生职业发展与就业指导教学指南. 北京：中国出版集团现代教育出版社，2008

[4] 姚格群. 职业生涯规划与发展. 北京：首都经贸大学出版社，2003

[5] 施恩. 职业锚：发现你真正的价值. 北京：中国财政经济出版社，2004

[6] 罗双平. 职业生涯规划. 北京：中国人事出版社，1999

[7] 洪凤仪. 生涯规划自己来. 台北：台湾扬智文化事业股份有限公司，2000

[8] 李进宏，陈琳. 大学生职业生涯规划. 武汉：武汉理工大学出版社，2005

[9] 黄俊毅，沈华五，胡潇文. 大学生职业生涯规划. 北京：清华大学出版社，2010

[10] 文青，艾加. 大学生职业发展与就业指导. 北京：研究出版社，2010

[11] 顾雪英. 大学生职业指导. 北京：人民教育出版社，2005

[12] 彭澎，等. 生涯规划实务. 北京：清华大学出版社，2008

[13] 沈之菲. 生涯心理辅导. 上海：上海教育出版社，2000

[14] [美]理查德·尼尔森·鲍利斯. 你的降落伞是什么颜色？北京：中信出版社，2002

[15] 赵北平，雷五明. 大学生涯规划与职业发展. 武汉：武汉大学出版社，2006

[16] 郭志文，李斌成. 大学生职业生涯规划. 武汉：华中科技大学出版社，2008

[17] 杨秀英，刘雪梅，胡建宏. 大学生职业生涯规划与成功训练. 北京：北京交通大学出版社，2010

[18] 王丽娟，李亚军，许辰. 大学生职业生涯规划与发展. 南京：南京大学出版社，2011

[19] 杜映梅，等. 职业生涯规划. 北京：对外经济贸易大学出版社，2005

[20] 鄢烈洲. 大学生学习与职业生涯规划. 武汉：武汉理工大学出版社，2008

[21] 李晓波，李洪波. 大学生职业生涯规划与发展. 北京：化学工业出版社，2010

[22] 陈黎东. 高职学生职业生涯规划理论与实践. 开封：河南大学出版社，2008

[23] 卜欣欣，陆爱平. 个人职业生涯规划. 北京：中国时代经济出版社，2004

[24] 葛玉辉，宋志强. 职业生涯规划管理实务. 北京：清华大学出版社，2011

[25] 张文著. 职业生涯规划论稿. 南昌：江西教育出版社，2008

[26] 王云霞，戚朝霞. 职业生涯规划与实务指导. 西安：西北大学出版社，2007

[27] 邱建卫. 做自己人生的CEO：职业生涯规划八大兵法48条军规. 广州：广东经济出版社，2005

[28] 钟谷兰，杨开. 大学生职业生涯发展与规划. 上海：华东师范大学出版社，2005